国家社科基金
GUOJIA SHEKE JIJIN HOUQI ZIZHU XIANGMU
后期资助项目

数据资本及其对
中国经济高质量发展的
驱动效应研究

景 杰 著

上海交通大学出版社
SHANGHAI JIAO TONG UNIVERSITY PRESS

内容提要

本书在运用现代经济学的基本原理、方法和大数据技术工具等,探究数据资本的演进规律和运行机制的基础上,根据创新、协调、绿色、开放、共享的新发展理念要求,进一步对其经济效应进行系统分析,提出充分发挥数据资本作用、推动经济高质量发展的对策建议。主要内容包括数据资本的演进机理研究,数据资本的测度与运行机制研究,大数据技术的开发应用与创新发展研究,数据资本的"市场计划经济"特点与协调发展研究,线上消费扩张升级与绿色发展研究,数据资本的垄断本质与开放发展研究,以及人工智能的深度应用与共享发展研究。

本书适用于经济学相关领域学者参考使用。

图书在版编目(CIP)数据

数据资本及其对中国经济高质量发展的驱动效应研究 /
景杰著. — 上海:上海交通大学出版社,2024.3
    ISBN 978-7-313-30496-4

    Ⅰ.①数⋯　Ⅱ.①景⋯　Ⅲ.①中国经济—经济发展—
研究　Ⅳ.①F124

    中国国家版本馆 CIP 数据核字(2024)第 062135 号

数据资本及其对中国经济高质量发展的驱动效应研究
SHUJU ZIBEN JI QI DUI ZHONGGUO JINGJI GAOZHILIANG FAZHAN DE QUDONG XIAOYING YANJIU

....

著　　者:景　杰	
出版发行:上海交通大学出版社	地　　址:上海市番禺路 951 号
邮政编码:200030	电　　话:021-64071208
印　　刷:上海新艺印刷有限公司	经　　销:全国新华书店
开　　本:710mm×1000mm　1/16	印　　张:18.5
字　　数:352 千字	
版　　次:2024 年 3 月第 1 版	印　　次:2024 年 3 月第 1 次印刷
书　　号:ISBN 978-7-313-30496-4	
定　　价:78.00 元	

国家社科基金后期资助项目
出版说明

后期资助项目是国家社科基金设立的一类重要项目,旨在鼓励广大社科研究者潜心治学,支持基础研究多出优秀成果。它是经过严格评审,从接近完成的科研成果中遴选立项的。为扩大后期资助项目的影响,更好地推动学术发展,促进成果转化,全国哲学社会科学工作办公室按照"统一设计、统一标识、统一版式、形成系列"的总体要求,组织出版国家社科基金后期资助项目成果。

全国哲学社会科学工作办公室

前　言

2017 年 2 月,英国《金融时报》发表《呼之欲出的数据资本主义》一文,认为我们正从金融资本主义时代迈向数据资本主义时代。在技术发展的经济逻辑上,数据资本主义的中心词是数据资本。因此,数据资本主义可理解为"数据资本—主义",即数据资本的理论和应用。

2018 年 3 月,美国对中国发起贸易战,4 月开始对中国的数据技术和设备生产企业如中兴、华为等实施一系列制裁。对此,尽管有各种不同的分析和表述,但研究者都认为这是国家利益之争。可是,国家利益不是一个抽象的概念。要回答什么是国家利益,就要进一步追问国家利益是谁的利益。对美国而言,国家利益就是垄断资本的利益。2008 年的美国金融危机,标志着垄断资本对旧市场的利用日趋饱和,其扩张本性必然要求寻找并占领新的市场——数据市场,从金融资本、金融垄断转变为数据资本和数据垄断。中美围绕华为、中兴的角力,本质上就是国际垄断资本对全球数据垄断的冲动,和华为、中兴之间的矛盾被激化。随着 5G 的商业化应用,其技术设备已成为数据垄断的物质技术基础,而华为、中兴的 5G 系统拥有领先的技术水平和市场份额,将会削弱、动摇垄断资本进行数据垄断的基础,阻滞其全球数据垄断进程。因此,中美矛盾冲突的深刻动因在于美国意图进行全球数据垄断,是资本运动规律使然。

2019 年 10 月,中共十九届四中全会审议通过《中共中央关于坚持和完善中国特色社会主义制度、推进国家治理体系和治理能力现代化若干重大问题的决定》,提出健全劳动、资本、土地、知识、技术、管理、数据等生产要素由市场评价贡献、按贡献决定报酬的机制,明确了数据的资本属性。2020 年 11 月,中共十九届五中全会审议通过《中共中央关于制定国民经济和社会发展第十四个五年规划和二〇三五年远景目标的建议》,强调以推动高质量发展为主题,明确要求建立数据交易流通等基础制度,推动数据资源开发利用。因此,系统研究数据资本及其经济社会作用,具有重要的理论和实践意义。

本书为国家社科基金后期资助重点项目(21FJY003)结项成果。2021年7月1日,本书完成第一稿,进一步修改后于2022年7月定稿,论证提出了数据资本的概念体系和功能体系。第一,数据资本是数据资源转变为数据资产,经过市场流通成为货币化的来源和最终价值。数据资本通过信息透明机制以获取超额的数据利润,由此激发数据垄断,并推动自发市场向自觉市场转变。第二,我国内地数据资本存量逐年增长,经济密度约为15%。数据资本对经济高质量发展具有直接驱动效应,对邻近地区经济高质量发展具有间接效应,单一成分在不同投入规模、不同地区等也存在一定的抑制作用。因此,要根据数据资本的基本规律,充分发挥其对经济发展的推动作用。

本书由景杰主持研究并修改定稿,撰写分工:第1、2、4、12章,景杰;第3章,王瑞;第5章,邱苗苗;第6章,景杰、陆悦;第7章,姚春生;第8章,秦艺;第9章,冯晨;第10章,李亚红;第11章,周亲。

数据资本是一种新要素、新现象。对其进行探索性研究,我们是"摸着石头过河"——小心摸石头、大胆过河,难免存在不足和错误,望读者朋友和同行专家批评指正!

景　杰

2023 年 9 月 3 日

目　录

1 导　论

2020 年 11 月,中共十九届五中全会审议通过《中共中央关于制定国民经济和社会发展第十四个五年规划和二○三五年远景目标的建议》,强调以推动高质量发展为主题,要求建立数据交易流通等基础制度,推动数据资源开发利用。这表明数据已经成为经济活动必不可少的生产要素,是十分重要的经济资本。

——2017 年 12 月,习近平在主持中共中央政治局就实施国家大数据战略进行第二次集体学习时指出,建设现代化经济体系离不开大数据发展和应用,要构建以数据为关键要素的数字经济。

——2019 年 10 月,中共十九届四中全会审议通过《中共中央关于坚持和完善中国特色社会主义制度、推进国家治理体系和治理能力现代化若干重大问题的决定》,提出健全劳动、资本、土地、知识、技术、管理、数据等生产要素由市场评价贡献、按贡献决定报酬的机制。

——2020 年 3 月,《中共中央、国务院关于构建更加完善的要素市场化配置体制机制的意见》提出,要加快培育数据要素市场。

因此,加强对数据资本演进规律和经济社会作用的研究,对于促进数字经济与实体经济深度融合,推进国家治理体系和治理能力现代化,推动中国经济高质量发展,实现“十四五”规划和二○三五年远景目标具有重要意义。

1.1　大数据及其经济价值

1.1.1　大数据的兴起

大数据,指传统软件工具在一定时间内无法捕捉、管理和处理的数据集,是一种海量、高增长、多样化的信息资产,需要采用新的模式进行数据处理,使其拥有更强的决策能力、洞察发现能力和流程优化能力。麦肯锡全球研究院将大数据定义为无法在一定时间内使用传统数据库软件工具对其内容进行获取、管理和处理的数据集合。[①] McAfee A 认为大数据是分析的另一种表达,是通过从海量数据中获取知识,并将其转化成商业优势的一种智能化活动。[②]

2013 年前后,大数据开始被广泛应用。We Are Social 和 HootSuite 合作发布的《2020 全球数字报告》显示:数字、移动和社交媒体已成为全世界人们日常生活不可或缺的一部分,现在有超过 45 亿人使用互联网,社交媒体用户已超过 38 亿。2013—2020 年,中国内地网购用户数量稳步上升,2018 年突破 6 亿人,2020 年达到 7.49 亿人(见图 1-1)。

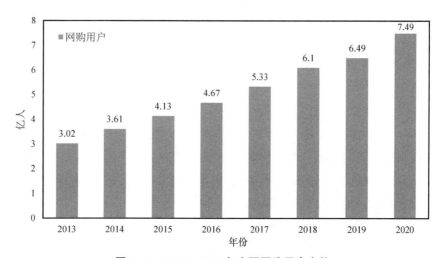

图 1-1　2013—2020 年中国网购用户人数

数据来源:iiMedia Research(艾媒数据中心)。

1.1.2　大数据的特点

大数据之所以成为"大数据",不仅仅是因为规模大,而且还具有区别于传统数据的典型特征。一般认为,大数据的特征主要有 volume(大量)、

---

① Manyika J，Chui M，Brown J，et al. Big Data：The Next Frontier for Innovation，Competition and Productivity［R］.McKinsey Global Institute，2011.

② McAfee A，Brynjolfsson E. Big Data：The Management Revolution［J］. Harvard Business Review，2012(12)：3-9.

variety(多样)、velocity(高速)、value(价值),即"4V"。[①]

第一,数据规模巨大。从字面意义理解,大数据就是数量巨大的数据。国际权威机构 Statista 统计,2016—2019 年的全球数据量分别为 18 ZB、26 ZB、33 ZB、41 ZB(1ZB=10 万亿亿字节)。国际数据公司 IDC 预计,2025 年全球数据量将是 2016 年的 9 倍,超过 2020 年的 3 倍,达到 163 ZB(见图 1-2)。我国的大数据也在快速增长,大数据产业规模年均增长率超过 50%,2020 年数据总量超过 8000 EB,占全球的 20%。从支付宝和微信公开的数据来看,这两个国内互联网应用软件巨头的产品活跃用户分别达到了 9 亿和 10 亿。携程全平台 3 亿用户每天可产生 50 TB 以上的海量数据。

图 1-2　2016—2025 年全球数据规模统计及预测

数据来源:IDC,Seagate,Statista。

第二,数据呈现多样性。大数据产生于人类活动的各个空域、各个时点,具有全时空的多样性。如用户在线的浏览记录、购买记录、聊天记录、网上图片、网络通话等,都会留下大量的、各种各样的痕迹数据,从而呈现出多样性的特征。可以说,人类生活的多样性决定了大数据的多样性。

第三,数据产生与处理的速度快。大数据的产生非常迅捷,主要是通过互联网的点击、触屏等技术实现瞬时存储、处理和传输。随着巨型、大型

---

① 维克托·迈尔-舍恩伯格,肯尼思·库克耶.大数据时代[M].周涛,等,译.杭州:浙江人民出版社,2013:12.

计算机技术的发展,强大的算力和先进的算法使得大数据的处理速度不断加快,许多平台已经实现了对大数据的实时分析和处理。

第四,数据产生更大的价值。大数据技术的发展和广泛应用,使得数据已经渗透到社会的各个方面、生活的各个角落,成为越来越重要的经济要素。一方面,消费者可以通过大数据检索自己所需要的产品,企业可以通过大数据获取市场需求信息,使供给和需求更加有效匹配,实现消费者满意度和企业效益同步提升。另一方面,数据要素价值化又会通过市场交易流通,开辟经济活动的新领域。两方面相互作用,将极大地提升全社会的生产效率。

1.1.3　数据的经济价值

大数据技术的快速发展和广泛应用,引起人类生活方式、生产方式的深刻变革。数据在很大程度上决定经济价值、重塑社会结构,进入生活的最深层,被称作"新石油""信息石油"。2017 年,英国《金融时报》提出"我们正从金融资本主义时代迈向数据资本主义时代"。

2015 年 8 月,国务院印发《促进大数据发展行动纲要》,提出"以企业为主体,营造宽松公平环境,加大大数据关键技术研发、产业发展和人才培养力度,着力推进数据汇集和发掘,深化大数据在各行业创新应用,促进大数据产业健康发展"的指导思想。我国陆续设立了贵阳大数据交易所、西咸新区大数据交易所、上海数据交易中心等大数据交易机构,推动大数据的商业化。

2020 年 3 月,《中共中央、国务院关于构建更加完善的要素市场化配置体制机制的意见》提出加快培育数据要素市场,包括推进政府数据开放共享、提升社会数据资源价值、加强数据资源整合和安全保护,要求"培育数字经济新产业、新业态和新模式,支持构建农业、工业、交通、教育、安防、城市管理、公共资源交易等领域规范化数据开发利用的场景;探索建立统一规范的数据管理制度,提高数据质量和规范性,丰富数据产品;研究根据数据性质完善产权性质;制定数据隐私保护制度和安全审查制度;推动完善适用于大数据环境下的数据分类分级安全保护制度,加强对政务数据、企业商业秘密和个人数据的保护"。因此,数据作为新生产要素,其资本属性日显突出,具有十分重要的经济价值。

1.2 数据资本的演进路径

在现代市场经济条件下,大数据技术的广泛应用使金融资本发展到全球金融资本后向数据资本转变,其演进具有历史的、技术的和经济的路径。

1.2.1 历史路径

在信息经济学中,数据资本和金融资本相对应,是当代金融资本主义发展到全球金融资本主义的产物。

金融资本主义是金融资本主导社会政治经济,通过金融系统进行的货币财富积累凌驾于产品生产过程之上的经济制度。在这一制度中,从储蓄到投资的金融中介活动成为整个经济的主宰,并对政治与社会发展产生深刻影响。

资本主义的根本特征是资本的无限扩张。自 20 世纪后半期以来,金融资本结合、带动商业资本和工业资本夺取全球市场,逐步主宰全球经济,金融资本主义迅速发展成为全球金融资本主义。正像马克思所说的那样,资本的无限扩张使资本主义危机成为必然,为了克服危机,资本主义不仅要夺取新的市场,而且会更加彻底地利用旧的市场。

全球金融资本主义的形成,表明资本主义夺取新市场、利用旧市场达到一个新阶段。2008 年在欧美国家爆发的金融危机,对全球经济造成强大的冲击和深远的影响,历经数年世界经济才缓慢复苏。这次危机,标志着资本主义对旧市场的利用已日趋饱和,其扩张本性必然要求寻找并占领新的市场。

几乎在金融资本主义向全球金融资本主义发展的同一时期,新的信息通信技术快速进步及其广泛应用,为金融资本的扩张创造了一个新市场,也提供了扩张的技术手段。这个新市场,就是以数据资源和大数据技术为核心的数据市场,当代金融资本也必然向数据资本演进。

1.2.2 技术路径

现代信息科学与技术的发展和应用,带动资本运动方式不断变化,与技术体系同步,从信息资本、数字资本向数据资本演进。

1.2.2.1 信息资本

1970 年前后,信息和文化领域的商品化进入加速阶段,一方面是包括电信、文化产业、广告业与移动产业等为一体的美国信息产业对商业资本积累的追求,另一方面是美国政府对信息商品化的推动,开始通过信息和信息技术进行资本扩张和信息垄断。"信息社会"和"后工业"理论认为,信息的经济价值来自其作为一种资源的内在特质,信息已经成为社会组织的变革根源,信息和知识正在取代资本和劳动力成为生产的决定性要素。

随着现代信息科学与技术的发展,数据在信息资本中的作用日益显现,信息资本表现出数据化的演进倾向。米格尔·巴普蒂丝塔·努涅斯(Miguel Baptista Nunes)通过对苹果公司 iPad 的演化发展案例研究,提出信息在各类要素中具有核心地位,知识服务促进创新的过程,包括数据分析、信息提取、知识发现作为创新工具,为国家、社会及公司提供的支持。①

1.2.2.2 数字资本

20 世纪末,数字技术取代模拟技术成为信息技术主流,推动信息资本向数字化转变,数字资本成为主要经济资本。1990 年前后,全球电信业完成了一场从上到下的大变革,在互联网带动下,企业通过对信息通信技术的大规模、持续的投资,以实现利润的新增长,传统的工业资本开始让位于人力资本和数字资本,数字资本逐渐成为世界的主要生产要素。知识驱动的经济资本,通过数字信息资源与互联网获得优势,其瞬时和几乎全球免费使用而不增加成本等特点,使数字资本变得越来越重要。②

在数字技术条件下,资本与数字技术的结合创造了以一般数据为支撑的数字平台,通过基于平台的数字劳动生产规模庞大的数据。大数据不仅成为社会财富的表现、社会生活的记录,也成为数字资本的价值来源和核心要素。因此,数字资本的价值在于数据的大规模积累,也必然向数据资本演进。

1.2.2.3 数据资本

近年来,信息科学与技术在大数据领域的突破,使互联网产业在规模和深度上快速发展,数据的存储、检索和加工已成为经济与社会交换中的主要资源,数据资本正在快速形成、扩张,表现出越来越强大的经济社会影响力。研究认为大数据所拥有的经济社会功能,正在成为一种全新的国家实力要素,一方面大数据是国家实力的组成部分,另一方面基于大数据的加入,国家实力的其他各构成要素获得无形倍增,使得整体国家实力获得

---

① Nunes M B. Knowledge Services:The Missing Link Between Knowledge Management and Innovation[R]，Zhuhai：ICPE 2019,2019.

② Syuntyurenko O V，Gilyarevskii R S. Tasks of Information Support of Innovative Economic Development and the Role of Engineering[J].Scientific and Technical Information Processing,2017,44(2):107－118.

巨大提升,并由此提出大数据实力(BD power)的概念。① 大数据实力的基础是其经济实力,本质上就是大数据的经济资本功能。

快速增长的数据对金融资本的重塑,进一步强化了数据的资本属性。近40年来,全球政治、经济加速金融化,促进了生产全球化和通过信息、通信技术增加资本流通,使得私人控制的数据快速增长,消费者数据成为重塑金融资本的结构性力量。② 随着信息技术和互联网的普及,越来越多的投资者从互联网上收集信息进行分析,通过点击鼠标和键盘输入在虚拟网络中积累了大量的非结构化信息,这些数据逐渐成为资本市场大数据的基本来源。③ 研究表明大数据分析可以创造超额价值,通过对18816家意大利公司的数据分析,发现大数据分析与市场绩效具有积极的交互作用,对中小企业的作用更为显著。④

数据资本具有推动经济增长的作用。随着大数据等新兴技术的发展,与数据相关的新业态、新模式迅速崛起,数据作为日益重要的生产要素,与土地、资本等传统生产要素相比,对推动经济增长具有倍增效应。⑤ 数据资本在生产效率和数据处理效率上具有创新特性,数据资本积累具有拉动宏观经济增长的潜在能力。⑥ 人类生产生活经验不断被数据化和价值化,数据已经成为最核心的生产要素,也是资本竞相掠夺的目标资源。⑦ 推动数据要素市场快速健康发展,要依托具有公信力的公共数据平台、数据中间商进行交易与共享,在公平、合理、非歧视原则下平衡数据财产权保护与数据充分利用两种价值。⑧

1.2.3 经济路径

由于消费电子产品的全球化普及,其通过互联设备带来的二级后果——数据的演进逻辑为:价值数据—数据资产—数据资本,即从数据资

① 胡键.基于大数据的国家实力:内涵及其评估[J].中国社会科学,2018(6):183-192.

② Roderick L.Discipline and Power in the Digital Age:The Case of the US Consumer Data Broker Industry[J].Critical Sociology,2014,40(5):729-746.

③ Ye M,Li G.Internet Big Data and Capital Markets:A Literature Review[J].Financial Innovation,2017,3(1):80-97.

④ Dong J Q,Yang C H.Business Value of Big Data Analytics:A Systems-Theoretic Approach and Empirical Test[J].Information & Management,2018,57(1):103124.1-103124.9.

⑤ 戴双兴.数据要素市场为经济发展注入新动能[N].光明日报,2020-05-12(16).

⑥ 徐翔,赵墨非.数据资本与经济增长路径[J].经济研究,2020,55(10):38-54.

⑦ 黄再胜.数据的资本化与当代资本主义价值运动新特点[J].马克思主义研究,2020(6):124-135.

⑧ 申卫星.论数据用益权[J].中国社会科学,2020(11):110-131.

源到数据资本。

价值数据是指通过大数据分析,可以揭示未知的相关性、市场趋势、客户偏好和其他有用信息,其中隐藏有技术价值、商业价值、行业价值等,通过专业的分析系统和软件,可以进一步明确有什么新的机遇、如何有效营销并更好地为客户服务、怎样才能发挥竞争优势以提高运营效率。这种预期所带来的经济利益的数据也是重要的经济资源。

数据资源具有极高的科学和技术含量,其社会属性和其他资源明显不同。传统资源的社会属性是以所有权为基础,通过确定其所有权转变为资产。一般来看,公民个人和社会组织的活动就是产生数据的矿藏,数据资源当归其所有。但是,这种矿藏型的数据是碎片化的,通常情况下很难获得市场收益,只有通过技术处理将碎片化数据加工成大数据,才会产生商业价值。因此,数据资源社会属性的核心在于数据控制权,通过对数据的控制将数据资源转化为数据资产。

当数据资产被投入经济活动并取得市场收益时,数据资产就进一步转变成数据资本。作为资本的数据,在为企业带来经济效益的同时,也使企业不断强化对数据的收集、开发和利用,成为企业不断累积、开发和利用新数据的驱动因素。因此,数据资本通过控制数据以控制经济活动,并将进一步控制社会生活,从而实现其不断获得超额利润的目的。

1.3 数据资本的定义

1.3.1 数据资本的定义

现有研究对数据资本的定义极少,且表述比较简略,对其概念规定不甚明确。在国内,有研究将数据资本定义为数据化的生产要素,为仅有的一篇直接定义数据资本的文献。① 也有研究使用"数据资本主义"一词,提出信息资本主义向数据资本主义转变。国外研究在数据资本主义的框架中论及数据的资本性质,认为数据资本主义是与金融资本主义相对应的概念,但未明确定义数据资本。在这里,"数据资本主义"可理解为"数据资本—主义",即数据资本的理论和应用。

根据数据资本的演进路径分析,其定义具有以下三个方面的特征。

---

① 徐翔,赵墨非.数据资本与经济增长路径[J].经济研究,2020,55(10):38-54.

第一，数据资本是对资本形态的进一步抽象。在金融资本主义时代，资本形态从有形的物质资料转变为高度抽象的货币，因为货币的价值尺度和交换手段等职能，使货币资本可以交换各种物质资本而满足经济活动的需要。随着信息科学和技术的发展，货币职能逐步数据化，资本形态可以进一步抽象为数据，使得资本运动方式从金融资本发展到数据资本，但其本质没有改变。

第二，大数据技术的商业化应用是数据流通的物质技术基础。面对数量庞大、来源多样且高度碎片化的原始数据，以前的信息技术由于运算速度慢、人力消耗大，以及技术设备功耗高、体积大等限制，难以实现对数据的有效利用。实现商业化应用的大数据技术以其先进的算法、强大的算力，能够对庞大、繁杂的原始数据进行快速处理、瞬时传输且操作日益简便，使数据具有商品属性而进入市场交易流通。正是有了大数据技术的商业化应用，数据达到可交易流通的状态，才能成为数据资本。

第三，数据资产化是数据资本化的前置条件。市场有效运行的一个前提，就是清晰界定稀缺资源的产权。尤瓦尔·诺亚·哈拉里（Yuval Noah Harari）提出，数据是未来世界上最宝贵的资产，谁控制了数据谁就能控制未来。[①] 和传统资源相比，数据资源具有明显不同的稀缺性，清晰地界定数据产权将数据资产化，对数据资源最终转变为数据资本更加重要。数据从生成、收集、存储、处理、分析、传输到应用，每一节点都涉及权属问题，使界定数据产权更为复杂，对数据资本化也更为关键。

因此，数据资本就是数据资源转变为数据资产，经过市场流通成为货币化的来源和最终价值，是大数据技术条件下资本运动的新方式，是一个和金融资本相对应的概念。

1.3.2 研究意义

自党的十九大提出高质量发展以来，经济高质量发展研究十分活跃，相关成果不断涌现，主要集中在经济高质量发展的内涵、机制、路径和评价，以及产业、行业、区域的高质量发展等方面，其中有以下两点：

第一，推动经济高质量发展必须转变发展方式，加强数字经济和实体经济融合。国家发展改革委经济研究所课题组基于 2000—2016 年的数据

---

① （WEFORUM）. World Economic Forum Annual Meeting：Will the Future Be Human？ ［EB/OL］. https://www. weforum. org/events/world-economic-forum-annual-meeting-2018/ sessions/will-the-future-be-human.

分析,提出经济发展质量变革、效率变革、动力变革是推动经济高质量发展的根本途径,要以贯彻新发展理念为基本遵循,推动互联网、大数据、人工智能和实体经济深度融合,不断增强产业高质量发展的支撑能力。[①] 任保平等提出,数字经济驱动经济高质量发展,在于其提高产业基础能力、产业链现代化水平,形成高质量增长点,要加强数字基础设施建设,推动信息化和工业化的深度融合。[②]

第二,数据要素、互联网资本对经济高质量发展具有推动作用。盛磊提出数据到数据要素资源,是包括感知、传输、存储、计算、分析、应用的过程,要进一步打通数据链、激活数据资源要素,推动数据应用从消费领域向产业领域融合,推动数字化、智能化融合基础设施升级,为经济高质量发展提供现实路径。[③] 王文涛等提出,互联网资本对民营企业创新具有积极效应,且创新效应更为明显,要推动互联网和实体经济深度融合,实现民营经济高质量发展。[④]

2020 年 10 月,习近平在中共十九届五中全会上强调“新时代新阶段的发展必须贯彻新发展理念,必须是高质量发展”,指出“以推动高质量发展为主题,必须坚定不移贯彻新发展理念”。完整准确全面贯彻创新、协调、绿色、开放、共享的新发展理念,推动经济高质量发展,已成为我国经济发展的新要求、新任务,也是经济学研究的新课题。

《中共中央关于制定国民经济和社会发展第十四个五年规划和二〇三五年远景目标的建议》明确要求:开发利用数据资源,推动经济体系优化升级,实现高质量发展。因此,立足新时代新阶段,以马克思主义理论为指导,根据经济科学的基本原理和方法,从技术经济学、计量经济学、政治经济学和新发展理念的视角,综合运用大数据技术、数理统计等研究方法,对数据资本的基本规律和经济社会作用进行系统研究,具有十分重要的意义。一是在理论上,通过对数据资本内涵、本质和特点的系统分析,提出数据资本的概念体系,对数据资本及其运动规律作出经济学解释。二是在实践上,根据数据资本的基本规律,按照新发展理念的五个维度,通过对数据资本驱动经济高质量发展的效应进行实证分析,提出发挥数据资本作用以

① 国家发展改革委经济研究所课题组.推动经济高质量发展研究[J].宏观经济研究,2019(2):5-17.

② 任保平,李佩.以新经济驱动我国经济高质量发展的路径选择[J].陕西师范大学学报(哲学社会科学版),2020,49(2):113-124.

③ 盛磊.以数据要素资源助推经济高质量发展[J].学术前沿,2020(17):9.

④ 王文涛,曹丹丹.互联网资本与民营经济高质量发展:基于企业创新驱动路径视角[J].统计研究,2020,37(3):72-84.

推动经济高质量发展的对策建议。

1.4　研究内容、方法和学术创新

1.4.1　研究内容

本书以数据资本为对象，根据经济科学的基本原理，对其概念规定和基本规律进行系统研究，按照新发展理念的五个维度论证数据资本对中国经济高质量发展的驱动效应，并进一步提出对策建议。

第一，数据资本的演进路径和概念。以大数据技术的发展和深度应用，其经济、社会价值快速扩张为基点，系统分析数据资本演进的历史路径、技术路径、经济路径，论证数据资本的概念规定和研究意义，形成数据资本的基本概念。

第二，数据资本的本质和特点。根据数据资本作用下市场经济活动从信息不对称向信息透明转变，生产者可以按照需求信息进行生产经营，以获取超出传统市场利润的数据利润并由此激发数据垄断的逻辑，分析信息透明机制和数据垄断模式，并通过机器学习技术对市场信息的分析，验证在合适的算法下能够实现对个性化商品销售量的预测，从而实现规模化定制生产以获取超额的数据利润，论证数据资本驱动的信息透明机制对市场经济体制的重构，形成数据资本驱动的信息透明机制和数据利润理论、数据垄断理论。

第三，数据资本的交易流通规则。在数据资本本质和特点的理论基础上，从数据权利和义务关系分析数据资本的市场特点，对数据确权、反数据垄断、数据安全和保护进行论证、阐述，形成数据资本的市场交易流通基本规则。

第四，中国数据资本存量的价值测度。根据劳动价值理论、边际收益理论构建数据资本价值测度的指标体系，运用会计学方法对全国和省级区域的数据资本存量进行价值测度，分析其时空异质性和数据资本密度，论证我国数据资本的规模、结构和分布特征。

第五，数据资本对中国经济高质量发展的驱动效应。按照新发展理念的创新、协调、绿色、开放、共享发展五个维度及其要求，参照相关理论分析和国际经验，对中国经济高质量发展进行水平测度，在此基础上对数据资本是否及如何影响经济高质量发展进行实证分析，论证其对中国经济高质量发展的驱动效应，确认数据资本是经济发展的新动能。

第六，数据资本推动中国经济高质量发展的建议。综合数据资本及其驱动经济高质量发展的规范研究和实证分析,按照《中共中央关于制定国民经济和社会发展第十四个五年规划和二〇三五年远景目标的建议》的要求,提出发挥数据资本作用、推动中国经济高质量发展的建议。

1.4.2　研究方法

第一,经济学研究方法。根据经济科学的基本原理,系统梳理数据资本演进的历史路径、技术路径和经济路径,对数据资本的概念、信息透明机制、数据利润、数据垄断等进行规范研究,论证数据的权属和交易流通规则,并对数据资本进行价值测度分析。

第二,大数据技术方法。在现代经济学研究方法的基础上,运用遗传算法(genetic algorithm, GA)优化的 LightGBM、XGBoost、RFR 等大数据技术方法,利用典型企业数据对数据资本驱动的信息透明机制进行实证分析,以检验、支撑关于数据资本的基本观点。

第三,数理统计研究方法。在规范分析基础上,运用指标体系和空间计量模型、面板门槛模型、中介效应模型等方法,利用 2005 年以来的面板数据,从新发展理念的五个维度对经济高质量发展进行水平测度,对数据资本影响高质量发展进行实证分析,论证数据资本对经济高质量发展的驱动效应。

1.4.3　学术创新

第一,以数据资本为研究对象。数据资本是一种新要素、新现象。本书以数据资本为对象,对其基本概念和基本规律进行理论研究,并按照新发展理念的五个维度论证其对经济高质量发展的驱动效应,通过经济学解释形成数据资本的理论体系。

第二,多视角的聚焦式研究。本书从技术经济学、计量经济学、政治经济学和新发展理念的视角,对数据资本进行聚焦式研究,系统论证其演进路径、信息透明机制和数据垄断、数据交易流通规则,以及数据资本的价值测度和对经济高质量发展的驱动效应。

第三,跨学科的研究方法。本书根据经济学基本原理,在现代经济学研究方法的基础上,综合运用大数据技术、数理统计等研究方法,通过机器学习算法和空间计量模型等,利用典型企业数据、省级面板数据进行实证分析,为数据资本的理论观点提供科学支撑。

2 信息透明机制与数据垄断

为了消除信息不对称导致的市场盲目性,人们进行了长期的历史探索。大数据技术的商业化应用,使市场从信息不对称向信息透明转变,可以有效降低市场盲目性。生产者按照需求信息进行生产经营,以获取超额的数据利润并激发数据垄断,由此形成数据资本驱动的信息透明机制和数据垄断模式。

2.1 信息不对称导致市场盲目性

在传统的市场机制中,价格一直被当成信息的浓缩,充当着信息传递的角色。但是,随着社会物质生活的极大丰富,价格作为信息传播的载体已经不能满足市场中买卖双方的需求,由此而产生了信息不对称(asymmetric information)。这种信息不对称不仅造成了市场交易双方的利益失衡,影响社会公平、公正,也导致了市场活动的盲目性,降低了配置资源的效率。为了克服市场盲目性,人们不仅进行了深入的理论研究,也进行了曲折的实践探索。

2.1.1 市场盲目性的根源:信息不对称

在市场经济活动中,商品生产者对市场的各种力量无法驾驭,只能按照商品经济的要求,自发地调节自己的生产经营活动,从而导致市场的盲目性。[①] 市场价格的盲目性就是市场盲目性的表现形式。

商品的市场价格受到多种因素的影响。一方面,价格的形成取决于社会必要劳动时间;另一方面,市场价格的高低又受到供需关系的影响。在社会生产水平稳定的情况下,供需关系对价格的形成起到决定性的作用,

---

① 闻玉银.对市场盲目性的再认识[J].南京师大学报(社会科学版),1987(2):14-18.

而且价格的变化又会反作用于社会生产。当供给不足时,商品的价格就会上涨,进而刺激生产者进入这一市场,随着产量的加大逐渐达到供需平衡。当需求不足时,商品的价格就会下跌,进而刺激生产者退出这一市场,随着产量的减少也逐渐达到供需平衡。在这一机制中,价格信息在市场中众多的生产者和消费者之间交互传递,要经历各个中间环节对信息层层加工,交易双方掌握的价格信息是不相同的,极有可能导致市场价格的扭曲。由此可见,市场盲目性的根源就是信息的不对称。

"信息不对称"最早由美国经济学家乔治·阿克洛夫(George A. Akerlof)在《"柠檬"市场:质量不确定性和市场机制》一文中提出,是指在市场中交易双方所掌握的信息不同,由于信息不对称,市场不能合理有效、科学地分配资源,因此会形成"逆向选择",对市场的运作产生严重的影响。[1] 以消费市场为例,市场的盲目性一方面是由经济个体所获取的信息和获取信息的能力不同导致的,另一方面是经济个体获取信息的多少受到多种社会因素制约,其中最重要的因素是社会劳动分工和专业化,在行业中越来越大的"信息差"体现在本行业的专业人员与非专业人员之间。由于社会分工越来越细化,社会成员之间的"信息差"也会越来越大。"信息差"带来的市场交易双方获取信息不对称、不完全,对经济社会的发展产生了极大的消极影响,如引起社会劳动资源的浪费、社会生产的波动等。这表明,信息不对称存在于市场发展的历史过程中,且随着社会分工的加深,其所带来的市场盲目性愈加明显。

为了解决信息不对称问题从而消除市场盲目性,历史上的苏联和东欧社会主义国家,以及中国从 20 世纪 50 年代到 1978 年改革开放之前,都建立了计划经济体制,试图通过计划手段增强市场信息的透明度,以避免市场的盲目性。

2.1.2　计划经济:另一种信息不对称

计划经济(command economy,planned economy)或计划经济体制,又称指令经济,是按照中央政府制定的计划开展经济活动,社会生产、资源分配和产品消费,包括生产什么、生产多少等由事先制定的计划决定,期望避免市场经济的盲目性、不确定性等问题。

为了克服市场的盲目性,使经济社会发展达到理想效果,马克思和恩

---

① Akerlof G A. The Market for "Lemons": Quality Uncertainty and the Market Mechanism[J]. The Quarterly Journal of Economics,1970,84(3):488 - 500.

格斯对资本主义市场经济存在的问题进行了深刻分析,提出计划经济的设想,是一次伟大的理论创新。马克思主义政治经济学聚焦社会物质资料的分配,认为资本主义市场经济存在信息不对称、市场盲目性等问题,造成了经济社会过程中巨大的浪费、效率低、分配不公等问题,主张通过计划解决这些问题。[①] 现有研究认为,虽然马克思和恩格斯都没有明确的提出"计划经济"这一概念,但是对于计划经济的一些原则性的设想,在各个时期的不同著作中都有所体现。斯大林将计划经济设想转变为实践模式,率先在当时的苏联建立并大力推行高度集中的"斯大林模式",即一般所指的"计划经济"。

2.1.2.1　苏联和东欧国家的计划经济体制

1906 年,列宁在《土地问题和争取自由的斗争》中首次提出"计划经济"的概念。1917 年后,随着十月革命的胜利,列宁按照马克思和恩格斯关于共产主义的构想,在苏维埃俄国实施完全排斥市场的"战时共产主义政策",开始在不发达国家推行社会主义制度、建设社会主义经济体制。但是,现实并没有朝着马克思和恩格斯所构想的方向发展。这个完全排斥市场的经济政策不能适应经济发展的要求,也不符合经济活动的客观规律,使得苏维埃俄国的经济状况开始恶化。1921 年 3 月,列宁废除了"战时共产主义政策",提出并实施"新经济政策",利用市场和商品货币关系发展经济。

1924 年列宁逝世后,"新经济政策"被逐步废除。1928 年,斯大林宣布停止实施"新经济政策",在全国范围内推行农业全盘集体化和社会主义工业化运动。斯大林认为,"新经济政策"不仅损害了共产主义的政治理想,也没有足够优秀的经济表现。由此,"中央政府计划模式"逐步建立并被进一步强化,形成了高度集中的计划经济。

第二次世界大战后,以苏联为首的社会主义阵营和以美国为首的资本主义阵营进入两极格局。东欧各国均建立了社会主义制度,开始实行计划经济体制。为了尽快展现社会主义制度的优越性,这些国家实施赶超资本主义国家的战略,以优先发展重工业为中心;为了实现这个目标,不可避免地要实行高度集中的计划经济。[②] 这一阶段,苏联和东欧国家把计划经济当成社会主义经济模式大力推行。但是,高度集中的计划经济模式其弊端

---

① 马克思恩格斯文集:第 1 卷[M].北京:人民出版社,2009:295.

② W.布鲁斯,K.拉斯基,布鲁斯,等.从马克思到市场:社会主义对经济体制的求索[M].银温泉,译.上海:格致出版社,2010:69-136.

逐渐显露,最终没有消除经济活动的盲目性,没能取得和资本主义国家市场经济的竞争优势,苏联、东欧等国的经济开始走向停滞、衰落。1990年后,随着苏联解体、东欧剧变,计划经济体制也退出历史舞台。

2.1.2.2 中国的计划经济体制

新中国成立之初,在战争的废墟上恢复经济,再加上之后的抗美援朝战争,客观上要求集中全国的力量和资源,建立高度集中的计划经济体制,以重建经济、保障战争、巩固新生的中国。同时,在中国如何建设一个社会主义国家,既无先例也无经验,只有向苏联学习,模仿苏联的计划经济模式进行国家建设。事实证明,当时的计划经济模式对经济的恢复、重建,确实起到了积极作用。

1952年年底,国民经济基本恢复,中共中央提出过渡时期的总路线,要求逐步实现国家的社会主义工业化,并逐步实现国家对农业、手工业和资本主义工商业的社会主义改造,全面确立社会主义的基本制度,把资本主义私人所有制改造成为全民所有制,把以农民和手工业者个体劳动为基础的私人所有制改造成为劳动群众集体所有制。到1957年第一个"五年计划"结束,社会主义改造基本完成,基本建立起公有制占绝对地位的完全的计划经济体制。1956年4—5月,毛泽东发表《论十大关系》的讲话,指出向外国学习一定要与中国实际相结合,阐述了中国社会主义建设的十大关系。1957年2月,毛泽东发表《关于正确处理人民内部矛盾的问题》的讲话,指出社会主义社会的基本矛盾仍然是生产关系和生产力之间的矛盾、上层建筑和经济基础之间的矛盾,提出正确处理人民内部矛盾的一系列方法、方针和政策。这两篇讲话的发表,开始了与中国实际相结合进行社会主义建设的探索。1962年1—2月,中共中央召开扩大的中央工作会议,初步总结大跃进以来经济工作中的经验教训,如工农业生产计划指标过高、基本建设战线过长、国民经济各部门的比例关系严重失调等,要求切实抓好国民经济的调整工作。1966年5月,历时十年的"文化大革命"开始,中国经济陷入困境。

1978年12月,中共十一届三中全会召开,中国进入改革开放新时期。1979年,邓小平和陈云首次提到计划经济和市场经济并不矛盾的概念。①1984年,中共十二届三中全会通过《中共中央关于经济体制改革的决定》,提出在公有制基础上"有计划的商品经济"。1993年,中共十四届三中全

---

① 安东尼·吉登斯.第三条道路——社会民主主义的复兴[M].郑戈,译.北京:北京大学出版社,2000:4.

会通过《关于建立社会主义市场经济体制若干问题的决定》,提出"社会主义市场经济"体制的基本框架。1995年,中共十四届五中全会通过《中共中央关于制定国民经济和社会发展"九五"计划和2010年远景目标的建议》,提出"从传统的计划经济体制向社会主义市场经济体制转变"。至此,历经40年的高度集中的计划经济体制也从中国逐步退出。

2.1.2.3 计划经济体制本质上也是信息不对称

计划经济体制在中国和其他国家的实践,其初衷是通过制定生产计划的方式解决市场盲目性问题,但是却忽略了制定计划的政府机构在信息收集与处理水平、能力上的有限性,使得经济计划并不能真实、全面地反映实际需求。因此,传统的计划经济体制并没能克服市场信息不对称的问题,并且正是自身在决策时的信息不对称,最终导致计划经济体制走向衰败。从经济学的角度来看,传统的计划经济体制围绕高度集权的中央政府展开,集合全国的劳动力和资源,实现对全社会生产和生活资料的有机分配,有利于贫困国家集中全社会有限的资源,调动全国的人力物力,快速实现建设成就。[①] 但是,随着生产力水平的发展变化,这种体制的弊端逐渐显露。

计划经济失败的原因之一就是信息不对称,其导致资源配置的盲目性、供需关系的不平衡性,是政府机构制定计划时由于信息不透明引起错误决策的表现。计划经济体制的假定前提是"完全信息":一是完全信息获取,人们能够获得各种经济社会信息,包括需求、供给、资源、生产力水平等;二是完全信息处理,计划部门能够及时有效地收集、处理这种规模庞大、复杂的原始信息,以完全满足制定计划的需要。只有具备以上的"完全信息",计划部门才能根据实际情况制定科学的经济计划,并按照这个计划组织全社会开展生产活动,实现资源的合理配置。但是,由于社会需求的多样性、易变性,政府部门并不能及时、全面获取制定计划所需的信息,也没有对信息进行快速、精确加工的能力,导致计划部门掌握的信息和真实信息不一致,即信息不对称。

计划经济体制可以理解为围绕中央政府的各部门、机构和各企业构成的深度学习机器,核心是中央定价机制。在市场经济体制中,价格是信息的浓缩,是衡量商品价值和服务价值的标准尺度,通过价格可以对不同商品、服务进行评估,但问题是过多关注价格而忽略了商品的其他信息。在

---

① 亚当·斯密.国民财富的性质和原因的研究[M].郭大力,王亚南,译.北京:商务印书馆,1972:5-19.

计划经济体制中,中央政府的定价过程要有效获取反馈信息,但是信息的层层报送、过滤与耽搁,会导致信息的滞后性、片面性等,经济活动的实际状态没有反馈到定价过程,制定的价格与价值及供需关系发生偏离。商品的价格信息是经济肌体的神经递质,如果不能真实反映价值和供需关系,就会造成资源配置的人为不匹配。

因此,计划经济体制本质上也是信息不对称,是另一种形式的信息不对称,即经济计划形式下的信息不对称。历史和实践证明,计划经济体制实际上陷入了另一种盲目性——主观盲目性。

2.2 数据资本驱动的信息透明机制

2.2.1 从信息不对称到信息透明

传统的计划经济体制的失败,是在实践中没有科学理解马克思和恩格斯设想的本意而走向失败。马克思和恩格斯设想的"计划经济",并非围绕中央政府展开的高度集权的计划经济体制,而是在信息透明基础上有计划的经济活动。

2.2.1.1 计划经济设想的信息透明要求

马克思、恩格斯对未来社会的计划经济设想,本身就隐含了信息透明的要求,只有在信息透明基础上才能实现。

第一,计划制定者的认识具有局限性。马克思主义关于实践与认识辩证关系的观点认为,人对自身和外界的认识是受实践范围制约的。市场有效的基本前提之一就是信息的对称性,即认为市场在信息充分、对称的前提下能够实现资源的有效配置。但是,现实中的市场信息往往是不对称的,并且也是不充分的。哈耶克曾提出,市场中的信息是分散的,并非是充分和对称的。面对市场信息的多样性、复杂性、易变性,以及真相假象混杂、表象本质并存等,计划制定者难以充分、准确地认识、把握市场信息。马克思主义关于真理相对性的观点,可以理解为人们一定程度的无知,计划制定者也不例外。对市场信息及其规律一定程度的无知,也就意味着在高度集中的计划经济体制中,计划制定者不可能获得完全信息以制定一个完美的计划,并有效组织经济活动。

第二,信息透明是"计划经济"设想的前提条件。马克思从成为共产主义者时就明确,"我们的任务不是推断未来和宣布一些适合将来任何时候的一劳永逸的决定"，在对关于未来社会的构想中并没有给出具体的描述。马克思自始至终都在强调没有永恒的真理，一切要以时间地点为转移。① 马克思和恩格斯反复提醒、告诫，无论是在自然界还是人类社会，都不存在绝对的真理，"纯粹"的现象是没有的。这就是说，实践活动要从实际出发、实事求是，充分掌握来自实际的信息，不能无视信息所反映的客观实际而照搬理论。计划经济体制的失败，就是把马克思和恩格斯的设想教条化，没有根据各国的国情和经济社会的发展阶段、发展水平组织经济活动，而是"一刀切"实行高度集中的计划经济体制，看似将马克思和恩格斯的"计划经济"设想表现出"纯粹"的面貌，实质上否定了科学理论在实践运用中的复杂变化，在执行过程中对经济活动实行强制性行政指令，忽视市场信息及其所反映的经济活动多样性和规律性，以主观意愿代替市场信息，人为造成经济活动的信息不透明。因此，无论是组织开展经济活动的什么具体模式，还是在执行过程中制定什么具体计划，都要掌握实际情况和客观规律，即以信息透明为前提。

第三，在信息透明基础上企业自主经营和宏观调控相结合，更接近"计划经济"设想。马克思主义认为，生产资料的全国性集中，将成为由自由平等生产者的联合体所构成社会的全国性基础，这些生产者将按照共同的、合理的计划自觉地从事社会劳动，因为社会必须合理地分配自己的时间，才能实现符合社会全部需要的生产。② 马克思和恩格斯强调共产主义社会实行生产资料由社会共同占有，社会生产的目的是满足全社会和全体人民的需要，随着按需分配制度的确立，商品、货币、社会分工的废除，市场经济和价值规律必然失去其基础和条件。因此，在生产力水平尚未达到按需分配的条件下，实行中央计划经济体制客观上具有相应的系统要求。一是民主集中制，制定计划要充分的征求地方的意见，避免中央政府一刀切，充分调动地方积极性。二是计划的科学性，制定计划要依据社会生产力水平以及生产关系的实际，要自觉遵循经济规律，充分调动市场主体的积极性。三是人的全面发展，制定计划要把人民的利益放在第一位，充分调动人民群众的积极性、主动性和创造性。上述系统要求表明，实行计划经济必须以信息透明为基础，即地方、企业和消费者的信息透明，按照客观规律对经济活动进行宏观调节、控制，而不是对具体生产经营活动进行直接干预。马克思、恩格斯将未来共产主义社会精辟地概括为"自由人的联合体"，很

---

① 马克思恩格斯选集：第4卷[M].北京：人民出版社，1995：229-239.
② 马克思恩格斯选集：第2卷[M].北京：人民出版社，1995：46.

难想象他们的"计划经济"设想是高度集中的计划经济体制,由一个制定经济计划的机构,根据极其有限的信息加上自己的主观意愿,规定千姿百态、千变万化的日常生活,要求人们按预定方案"过日子"。只有在信息透明的基础上,把高度集中的计划经济体制转变成企业根据市场需求进行有计划生产,与国家根据经济运行状况进行宏观调控相结合,才更接近马克思和恩格斯的"计划经济"设想。

2.2.1.2 信息透明的实现条件

在计划经济体制中,计划制定者面对纷繁复杂、快速变化且规模庞大的市场信息,并不具备相应的信息处理和数据分析能力。大数据技术深度应用和数据资本的诞生,为市场经济条件下实现信息透明创造了条件。

第一,技术的可能性。互联网和大数据技术的快速发展,为市场信息在全球范围内的交流与互通提供了技术条件。依托互联网,能够对市场活动中繁杂的大数据进行实时动态地收集、处理。通过大数据技术,能够对庞杂的市场信息进行数据挖掘并进行科学预测,人工智能技术和机器学习技术的迅猛发展使信息能够被充分利用。[1] 从技术上看,通过大数据处理技术对企业经营活动产生的数据进行收集、整理、分析,可以挖掘数据的核心价值。依靠数据的驱动,实现企业对产品的生产、销售、分配和消费制定科学合理的生产计划。[2] 这样就使市场信息通过数据链得到反映,从信息不对称向信息透明转变。人们希望通过强大的互联网系统和高效的信息处理技术,解决市场中存在的信息不对称问题,最大限度上实现高效的资源配置,在数据资本构建的技术系统上得以实现,具有现实的可能性。

第二,经济的可行性。数据资本实现的市场信息透明具有传统计划经济体制无法实现的优势。以大数据技术为核心的现代信息技术,可以通过收集真实的市场信息,预测市场消费需求,使企业制定合理的生产计划,按计划开展生产经营活动。这一经济过程的前提条件,就是要对数据的收集、处理和开发应用进行有效投入,即数据资本投入。传统的计划经济在制定计划时应该也考虑到整个社会的生产力水平,但难以顾及繁杂的市场信息。由于当时特定的历史环境和技术水平,传统的计划经济即使能够收集产品的供求信息,也不能对庞大的信息进行合理的处理。[3] 随着科学技

① 维克托·迈尔-舍恩伯格,肯尼思·库克耶.大数据时代[M].周涛,等,译.杭州:浙江人民出版社,2013:78-79.

② 秦宣.大数据与社会主义[J].教学与研究,2016(5):5-14.

③ 阿林·科特尔,W·保罗·科克肖特,李陈华,等.计算、复杂性与计划——再谈社会主义核算论战[J].当代世界社会主义问题,2007(2):26-53.

术的进步和经济社会的发展,依靠数据资本实现市场信息透明,已形成市场化的运行模式,完全具备经济上的可行性。

第三,"市场计划"的客观性。在数据资本驱动下,利用大数据技术对企业经营活动产生的数据进行收集、整理、分析、传输和应用,通过信息透明机制对产品的生产、分配、交换和消费制定相应的计划,其显著特征就是根据市场信息制定计划、按计划进行生产经营。这种"市场计划"不同于传统计划经济的政府计划,而是基于市场规律的计划,是对经济规律的客观反映。因此,在信息透明基础上制定"市场计划",可以降低市场盲目性及其根源——信息不对称,赋予经济发展的广阔前景。

2.2.1.3 基于数据技术的信息透明机制

在现代市场经济条件下,信息透明机制是指运用大数据技术的一系列方法工具,通过对市场信息进行收集、分析,以生成明确表达未来供需状态的数据信息,使市场信息不对称向信息透明转变,是数据资本利用信息技术对市场变化进行预测的经济社会过程。大数据实现了在大规模上做到小规模上做不到的事情,人们由此改变市场、组织机构,以及政府与公民关系的途径,取得新的能力或创造新的价值形式。[①] 这种新价值正是源于数据资本带来的信息透明。

第一,信息透明机制为企业创造了与消费者的沟通渠道。企业的信息透明不仅被企业的内部管理者或其他决策参与者使用,更重要的是体现在企业外部的利益相关者和关注者的决策监督使用。[②] 大数据为企业带来了与消费者真正沟通的机会,从数据中发掘潜在的商业价值。因此,企业通过用户终端收集消费者的个性化消费行为习惯,及时获取其需求信息,判断什么产品最受消费者欢迎,以准确调整产品结构和营销策略,为产品优化和开发提供指导方向,由此提升企业的核心竞争力。

第二,信息透明机制可以提高用户的消费体验。在信息透明的条件下,用户可以根据市场供给和产品数据进行决策,减少消费过程的不确定性,节省作出选择的时间,改善用户的消费体验。同时,在市场信息透明机制下,企业为消费者提供了定制自己心仪产品的机会,在产品设计、制造和销售的过程中考虑消费者偏好,从而形成一个逆向的生产流程,即生产计划不再由企业的决策者说了算,而是由消费者参与决定,在生产活动的起

---

① 维克托·迈尔-舍恩伯格,肯尼思·库克耶.大数据时代[M].周涛,等,译.杭州:浙江人民出版社,2013:9.

② Bushman R M, Smith A J. Financial Accounting Information and Corporate Governance [J]. Journal of Accounting & Eoonomics,2001. DOI:10.2139/ssrn.253302.

点上就以消费者为中心。

第三,信息透明机制可以使政府更好地为经济服务。从政府的角度看,由于掌握了大量的数据,如信用数据、财务数据、医疗数据、教育数据、住房数据等,政府部门能够比较全面地了解市场,把握市场的变化轨迹,推动政府经济社会管理的改革和创新,更科学、有效地为经济社会发展服务。同时,信息透明机制也有利于向社会传递经济宏观调控信号,通过政策信息的公开化、透明化引导市场预期,克服市场盲目性,提高经济运行的质量、效率。

2.2.2　信息全透明机制和信息半透明机制

随着社会分工的不断加深和细化,经济活动越来越专业化、复杂化,人们的生活方式越来越个性化、多样化,其需求也更加复杂化,信息的不对称性及其影响越显突出,信息透明正成为经济社会发展的基本要求。数据资本构建数据技术平台,可以有效收集、处理市场信息,包括直接市场信息和间接市场信息,通过大数据技术实现信息透明。

2.2.2.1　信息全透明机制:直接市场信息

直接市场信息是指明确表达供给和需求状态的市场信息。一直以来,生产者获取商品的需求信息,最常用、最直接的方式就是市场调研,如查阅历史资料、现场调查访谈等,但受人力、时间等限制所获数据量偏小,有时会有较大误差。

随着互联网技术的发展,市场调研由传统的线下调研向线上转变。一是在线进行资料查询、问卷调查、音视频访谈等市场调研。二是在电商平台通过预定、预售、众筹等方式,向市场发布产品信息,从消费者反馈信息获得需求数据。这种市场调研方式的创新,可以使制造商通过预售搜集信息,评估市场容量,判断消费行为的随机性和价格敏感性,得出预售和正常销售的最优策略及阈值。[①] 预定、预售、众筹等方式,通过获取直接市场信息向商家传递真实的消费需求,以信息完全透明改变了信息不对称。

信息全透明机制是指商家依托大数据技术平台,通过特定的手段与方式建立与消费者的直接联系,以获取直接市场信息,特点是获取市场信息真实、快速、高效。中国电商销售业绩表明,商家通过预定、预售、众筹模

---

① Boyaci T, Ozalp Ozer. Information Acquisition for Capacity Planning Via Pricing and Advance Selling: When to Stop and Act? [J]. Operations Research: The Journal of the Operations Research Society of America, 2018(5):1328-1349.

式,根据直接市场信息进行生产、销售,已取得良好的经济和社会效益。

但是,信息全透明机制通过预定、预售、众筹等获取直接市场信息的方式,只是针对特定的单一商品,获取的信息也只是特定的单一商品信息,并不能进行大规模应用。由于市场上商品品类繁多,型号、规格、功能、价格等千差万别,仅依靠直接信息的获取,难以全面实现市场信息透明。

2.2.2.2 信息半透明机制:间接市场信息

间接市场信息是指未明确表达但隐含有供给和需求状态的市场信息。对于间接市场信息,需要通过获取供需相关的基本信息和历史数据,如消费者的性别、年龄、收入水平和浏览、收藏的商品等信息,建立客户画像,并应用相关的人工智能技术和机器学习算法等建立分析模型,对消费者偏好进行预测。大数据的使用能够在效率、生产能力、税收和盈利方面,实现巨大收益的真正跃进和清晰机会。显然,间接市场信息具有繁杂、易变、规模庞大等特点,其收集、处理离不开大数据技术的支撑。

信息半透明机制,是指商家依托大数据技术平台,基于用户搜索行为、浏览行为、个人资料等间接市场信息,洞察消费者的个性需求,并根据市场的信息反馈,从利润最大化原则出发,确定各种生产要素的投入量。虽然间接市场信息并未明确表达市场供需状态,但数量巨大的间接信息经过大数据技术的处理,将其转化成商家生产经营所需数据,已进入商业化应用并不断发展。

第一,信息半透明机制为规模化定制生产提供了前提条件。规模化定制生产也称定制规模化(Customization-massing),是定制生产融合大规模生产的过程,其在保持定制生产优势的同时吸收大规模生产的优势,在满足客户个性化需求的同时寻求产品间的共性或相似性,利用模块化构建产品族,进而扩大客户群体和产品或零(部)件规模,达到定制生产和大规模生产两种模式平衡,使企业获得的效益最大。[①] 定制规模化生产不仅要细分市场,满足消费者的个性化需求,通过产品族的形式实现产品的多样化,而且还要考虑生产成本,分析产品间的相似性。信息半透明机制正好迎合了这个需求,通过对海量的间接市场信息进行数据处理,实现对一类产品的分析,提升市场预测的精度和效度,帮助企业实现大规模的定制生产。历史上,生产模式从手工作坊式的单件生产,到流水线大规模生产,再到规模化定制生产,每一次转变都是生产效益的跨越。

---

① 王建正,王思远,王莹,等.定制规模化——大规模定制研究新视角[J].现代制造工程,2014(5):136-140+117.

第二,信息半透明机制有利于提升全要素生产率。信息半透明机制对间接市场信息的加工处理,可以给企业带来实实在在的经济效益,促进经济的数字化转型发展。数字经济渗透于各个生产环节,逐渐改变生产过程中要素投入的种类和比例,打破了传统要素市场的束缚,进而通过加剧市场竞争和优化产业分工,减少资源错配和市场扭曲。[①] 一方面,企业对市场数据的需求,激发数据资本加大数据供给,推动数据商业化应用的发展和数据资本的扩张。另一方面,传统产业也会紧盯消费意愿和需求变化,利用市场数据积极调整经营模式,改善盈利状态。两方面相互促进、良性循环,将数据资本和传统要素深度融合,使各种要素得到充分利用,推动全要素生产率不断提升。

第三,信息半透明机制具备技术可操作性。数据价值的实现依托于信息的收集、整合、分类、加工和处理等科学技术与人类的思维方式。[②] 大数据分析的目的是从数据中挖掘出有价值信息,以借助这些信息实现对未来的预测。大数据技术包含数据采集、数据存储、数据挖掘、数据分析和应用等流程,其核心在于数据挖掘。数据挖掘通过复杂的统计学模型,提取有价值的信息并通过恰当的方式呈现出来,可以辅助决策者及时调整市场策略,最大程度上规避商业风险,其实现主要基于人工智能技术、大数据技术和数理统计方法等,已形成包括回归分析、偏差分析、聚类分析、关联分析、随机森林、XGBoost算法、人工神经网络等一系列较为成熟的分析挖掘技术,并得到实际应用。

回归分析。回归分析研究的主要对象是客观事物变量间的统计关系,是建立在对客观事物进行大量试验和观察的基础上,用来寻找隐藏在那些看上去是不确定的现象中统计规律性的统计方法。[③]如果拟合较优,根据自变量可以进一步预测,对于挖掘潜在客户和保持现有客户、分析产品生命周期和预测市场形势等营销活动都具有重要意义。

偏差分析。偏差分析可以有效地识别和预防异常信息,是探测数据现状、历史记录或标准之间的显著变化和偏离,如观测结果与期望的偏离、分类中的反常实例、模式的例外等,找出结果与预设量之间的差异。运用偏差分析可以将项目的进度和费用综合度量,从而准确描述项目的进展状

① 余文涛,吴士炜.互联网平台经济与正在缓解的市场扭曲[J].财贸经济,2020,41(5):146 - 160.

② Kahneman D, Tversky A. Prospect Theory:An Analysis of Decision Under Risk[J]. Econometrica,1979,49(2):263 - 291.

③ 何晓群.应用回归分析[M].北京:电子工业出版社,2017:5.

态,也可以预测项目可能发生的工期滞后量和费用超支量,从而及时采取纠正措施。

聚类分析。 聚类分析是一种数据归约技术,旨在揭露一个数据集中观测值的子集,可以把大量的观测值归约为若干个类,即若干个观测值组成的群组,群组内观测值的相似度比群间相似度高。[①] 聚类分析是一种探索性分析,不需要事先给出分类标准,而是对样本数据进行自动分类。若各类事物缺乏可靠的历史资料,无法确定共有多少类别,聚类分析可根据研究对象的特征将性质相近事物归入一类,使不同类间具有很大差异性,以减少研究对象的数目。借助聚类分析,企业可以通过推测对大量的、多样化的客户进行群体画像。

关联分析。 关联分析就是指在交易数据、关系数据或其他信息载体中,挖掘对象集合间的规律或模式的过程。[②] 关联分析可以找出相关因素以指导企业的生产经营活动,是通过寻找大量数据集中存在的关联或相关性,描述事物中同时出现的某些属性的规则和模式,并从大量数据中找出项目集之间的关联和相关关系。数据库中的关联分析通常可以分析出类似"某些事件的发生导致其他事件的发生"之类的规则。企业通过对客户购买行为的大数据进行关联分析,可以得知所售商品之间的连带性,以调整进货出货的策略。

随机森林。 随机森林就是由很多随机生成的树构成森林,由于生成树是随机的,所以是相互独立的,彼此没有关联或依赖性,故能够处理很高维度的数据,并且不用做特征选择。[③] 随机森林是基于 bagging 算法的集成学习算法,通过集成学习的思想将多棵树集成的一种算法,本质属于机器学习的一大分支——集成学习(ensemble learning)方法。随机森林作为新兴起的、高度灵活的一种机器学习算法,拥有广泛的应用前景,从市场营销到医疗保健保险,既可以用于市场营销模拟的建模,以及统计客户来源、保留和流失,也可用来预测疾病的风险和病患者的易感性等。

XGBoost 算法。 Boosting 是一种非常有效的机器学习方法。XGBoost 为提升技术的 Boosting 完全加强版本,不仅学习效果好,而且速度快,相比梯度提升算法在另一个常用机器学习库 scikit-learn 中的实现,其性能经常有 10 倍以上的提升。这种算法能够适用于复杂数据,应用场

---

① Robert I. Kabacoff. R 语言实战[M]. 高涛,肖楠,陈钢,译. 北京:人民邮电出版社,2016:342.

② 游皓麟. R 语言预测实战[M]. 北京:电子工业出版社,2016:105.

③ 游皓麟. R 语言预测实战[M]. 北京:电子工业出版社,2016:203.

景广泛,客户流失、产品销量、疾病分类等都能够实现较高的预测精度。

人工神经网络。进行神经网络预测的基本思路,是通过收集数据训练网络,使用神经网络算法建立数学模型进行预测,不需要预先确定样本数据的数学模型,仅通过学习样本数据即可以进行相当精确的预测。[①] 人工神经网络也简称为神经网络或连接模型,是一种模仿动物神经网络行为特征,进行分布式并行信息处理的算法数学模型。这种网络依靠系统的复杂程度,通过调整内部大量节点之间相互连接的关系,从而达到处理信息的目的。人工神经网络特有的非线性适应性信息处理能力,克服了传统人工智能方法对于直觉,如语音识别、非结构化信息处理方面的缺陷,使之在神经专家系统、模式识别、智能控制、组合优化、预测等领域得到成功应用。人工神经网络数据挖掘技术可以服务于企业经济预测、行业市场预测、公司效益预测等场景,也可用于人脸识别,通过与人脸数据库比对所输入图片中的人进行识别。

2.2.3 信息透明机制创造数据利润

数据利润是指数据资本带来的超出原有利润的利润,是一种额外利润。在经济活动中,数据资本驱动的信息透明机制,可以有效降低市场盲目性,从而提升资源利用效率,使企业获得额外的市场收益。这里的额外市场收益就是数据利润。数据利润来自两方面,一是数据资本的投入,通过收集、储存、处理、分析市场活动中的海量数据,将其转变为数据商品并进入市场交易,以获取相应的收益,是"由 0 到 1"的数据利润;二是数据资本的投入,在经济活动中和其他要素相互融合,使各种要素的整体功能得到更充分发挥,以增加市场收益,是"1+1>2"的数据利润。

数据利润的实现条件是数据资本驱动的市场信息透明机制。大数据技术推动市场信息的传递,互联网使得海量的数据能够得到储存,人工智能技术对海量数据的处理与分析将价值提取出来,大大提高了企业决策的科学性。在大数据技术商业化应用以前,企业决策的依据主要是管理者的经验,尤其是高层决策者依据个人经验的决断。有的企业虽然设置了决策支持部门,通过信息分析进行市场研判,但面对庞杂的市场数据,传统的技术手段难以进行大规模处理,实际上就是信息不透明或基本不透明,最终也难以保证决策的科学性。随着大数据技术的广泛应用,数据资本推动了市场信息的有效传递,市场信息透明机制不断发展和完善,为企业决策的

---

① 游皓麟.R语言预测实战[M].北京:电子工业出版社,2016:320.

科学性提供了现实条件。只有在信息透明机制基础上的科学决策,才可以实现超出经验决策的市场收益,获得数据利润。

数据利润的现实基础是数据资本驱动的资源配置效率极大提高。大数据技术深度融入企业生产经营活动,可以提高资源配置的效率,如数据本体和标注能够有效解决数据超载问题,帮助企业从大量的数据流中识别有价值的数据,并对其进行多维度分类;匹配算法能够在市场中找到交易对象并选择出最优者;机器学习技术可以运用数据搭建学习器,以高效识别个人偏好,并赋予不同偏好相应的权重,帮助企业有针对性地开展生产活动,且当发生决策偏颇时,智能系统会给予提醒,并提出建议以辅助决策。这不仅使得生产者能够接收到真实、有效的市场信息,而且使信息传递的滞后性,以及由此产生的决策和执行的延时性等问题得到改善,提高资源配置的实际效率。因此,生产者能够及时获取消费者的真实信息成为强大的卖家,并不是因为每一次决策都是正确的,而是因为每一次行动都是高效的。这样,以每一次高效行动的不断累积,使资源配置效率得到极大提高,为数据利润提供可持续的市场来源。

2.3　数据资本的垄断本性

2.3.1　经济金融化和全球垄断

经济金融化是指金融业占经济总量的比重不断上升,并由此对经济社会产生越来越大反作用的过程。经济金融化发端于20世纪70年代,金融成为经济发展不可或缺的工具,其作用和影响不断增强,程度也不断加深。经济金融化的产生和发展,客观上是经济发展对金融支持和服务的需求扩张,金融工具被广泛应用于经济活动,对经济发展起到了有效的促进作用。经济发展带动了国民收入的增加,有更多的社会资金进入金融市场寻求投资机会,为经济金融化的扩张提供了资本供给;同时,金融市场的投资回报或回报预期,通过财富效应间接刺激需求,两者的相互作用加快了经济金融化的发展。

经济金融化的发展推动了金融垄断。随着经济金融化的发展,金融业逐步从服务于经济的服务业,转变为经济活动的重心。以美国为例,其经济活动的核心更多的是管理、流动、增值金融资产等财富,而不是生产物质产品。① 一方面,大量金融衍生工具的开发与应用,使金融业务量呈现出爆炸式的增长,金融业规模急剧膨胀,并通过自我循环使金融资本实现最大限度的增值。另一方面,现代经济发展对金融业的依赖,使金融部门超越实体经济部门,形成金融资本对经济的控制。金融资本的广泛应用使得国家经济发展更加迅猛,经济的重心从生产转向金融,金融资本的比重不断上升,金融资本因其自身特点使得资本能够快速集中,为垄断的形成提供了条件,开启了"垄断金融资本主义时期"。② 这表明金融垄断是经济金融化及其快速发展的必然产物。

经济全球化使金融垄断发展成全球金融垄断。国际货币基金组织(IMF)认为,经济全球化是指跨国商品、服务贸易和资本流动的规模、形式增加,以及技术的广泛迅速传播,使世界各国经济的相互依赖性增强。20世纪90年代,经济全球化开始快速发展,通过国际分工在全球范围内进行资源配置,经济活动的效率得到提高,也使各国间经济的相互依赖程度日益加深,促进了金融国际化进程,逐步形成跨国贷款、跨国证券发行和跨国并购体系,全球主要金融市场在时间上相互接续、在价格上相互作用和联动,形成了金融全球化、资本全球化,使经济金融化发展到全球经济金融化,从而形成全球金融垄断。全球金融垄断实质上就是全球经济垄断,也必然带来经济危机全球化。

全球垄断带来经济危机的全球化,迫使金融资本开辟新市场——数据市场。一直以来,经济金融化被认为对经济发展具有促进作用。但金融业的急剧扩张,使商业银行和依赖于不稳定融资结构的整个经济,都已面临巨大风险。③ 随着一次又一次对全球经济造成重大影响的金融危机爆发,经济金融化及其导致的全球金融垄断,对金融资本的反噬愈加严重,尤其是2008年的金融危机,表明资本对旧市场的利用已日趋饱和,其扩张本性必然要求寻找并占领新的市场。由于现代信息技术的发展和广泛应用,现实世界的货币流通逐渐转变为数字化流通,并在流通过程中产生大量数据,形成了涵盖各个产业部门和消费领域的数据市场。数据市场的广阔发展空间和数据利润的巨大诱惑,以及更便于资本迅速集中的特点,成为垄

---

① 保罗·斯威齐,哈里·马格多夫,张雪琴.生产与金融[J].政治经济学报,2014(2):98-106.

② Foster J B, Magdoff, F. Monopoly-Finance Capital[M]//The Great Financial Crisis. New York:Monthly Review Press,2009:69.

③ Magdoff H, Sweezy P M. Banks:Skating on Thin Ice[M]//The End of Prosperity. New York:Monthly Review Press,1977:43-44,47,50-51.

断资本最合适的新市场。由此,金融资本转变为数据资本,金融垄断也发展为数据垄断。

2.3.2 数据资本的国际垄断

数据资本的国际垄断,是指数据资本在全球范围内为追逐垄断利润而进行的跨国数据垄断,其主要特点是垄断资本操纵国家机器,利用经济、技术和国际政治等优势强占国际数据市场以攫取超额利润,本质上是全球数据垄断。数据资本的国际垄断不仅发生在以美国为主的发达经济体和新兴经济体之间,也发生在美国和其他发达国家之间,甚至是美国及其盟国之间,但主要是在发达经济体和新兴经济体之间,集中表现为美国对中国企业的打压、制裁。

2018 年 3 月 22 日,美国总统特朗普签署对华贸易备忘录,宣布将对从中国进口的 600 亿美元商品加征关税,并限制中国企业对美投资并购。美国贸易代表莱特希泽表示,加征关税将包括航空、铁路、新能源汽车和高科技产品等。

2018 年 4 月 16 日,美国商务部宣布在未来 7 年内禁止中国中兴通讯公司向美国企业购买敏感产品,包括零部件、软件和技术。6 月 7 日,美国商务部部长罗斯表示,美国政府与中兴通讯达成协议,要求中兴通讯再次缴纳 10 亿美元罚金(2017 年 3 月已支付 11.9 亿美元罚金)并改组董事会,以换取解除相关禁令。7 月 12 日,美国商务部表示已经与中兴通讯签署协议,对中兴通讯的禁令将在其向美国支付 4 亿美元保证金之后解除。

2018 年 12 月 1 日,加拿大政府应美国的要求在温哥华逮捕了中国华为公司副董事长、首席财务官孟晚舟。2019 年 5 月 15 日,美国商务部下属工业和安全局宣布将华为等关联企业列入出口管制"实体名单",名单所列企业或个人购买或通过转让获得美国技术需获得有关许可。此后,美国政府采取了一系列针对华为的制裁措施,包括要求有关国家在 5G 通信领域排除华为,甚至在已建成的 4G 通信系统中将华为设备拆除。

2020 年 7 月 31 日,特朗普表示将禁止抖音的国际平台 TikTok 在美国运营。美国国务卿蓬佩奥表示,美国正在"考虑"禁止包括 TikTok 在内的中国应用程序,因为这些应用程序可能会向中国政府传递敏感信息。8 月 6 日,特朗普签署行政令,将在 45 天后禁止任何美国个人或实体与 TikTok、微信及其中国母公司进行任何交易。特朗普称,与 TikTok 一样,微信也会自动采集用户的大量信息,这可能让中国获取美国人的个人和专有信息。

美国对华为、中兴的制裁，是为进行国际数据垄断而掌握数据技术设备的控制权。美国宣称华为、中兴的技术不安全，会造成数据泄密，中国政府会通过华为、中兴的技术设备进行监控。显然，这是一个借口。尽管华为的5G技术与所谓安全问题并无关系，但是美国依然以危害国家安全为由将华为认定为其联盟体系，如北约、"五眼联盟"，以及有双边贸易关系的亚洲国家的共同威胁。[①] 华为遭到美国政府的封杀，是因为其在5G技术设备上的领先地位，而5G技术是支撑数据资本的基础条件，也是实现数据垄断的强大技术壁垒，可以对美国大资本进行国际数据垄断形成有效阻断。全球范围内形成的数字经济，大都是由以美国为首的金融资本垄断体系生成的，以美国为首的发达经济体的通信设施和互联网体系是全球大多数国家数字经济产业的基础。[②] 美国先进的信息通信技术，长期以来都在全球范围内保持绝对的领导地位。以5G技术为核心的新一轮信息技术革命，正在由消费领域向产业生产过程延伸，实现互联网向物联网的转变。华为的5G技术一旦被广泛接受和应用，对美国信息通信技术领导地位造成的冲击，将会使其长期以来对互联网的绝对控制权受到严重挑战，数据垄断的基础将被极大削弱。因此，美国对华为、中兴的制裁，是为了掌握数据技术设备的控制权，并进一步实现数据资本的国际垄断。

美国对TikTok、微信的制裁，是为进行国际数据垄断而掌握数据应用的控制权。投资银行Piper Sandler的调查表明，在最受美国青少年欢迎的社交媒体平台中，TikTok处于第三位。2020年春季调查结果显示，美国青年群体使用的传统社交软件Twitter和Facebook的比例分别为41%和36%，使用TikTok软件的比例超60%。这表明TikTok在美国拥有极大的市场份额，对一直在全球保持高市场份额的美国本土软件带来了冲击。2020年9月，爱尔兰数据监管机构向Facebook下达一项初步命令，要求对方停止将欧盟用户的相关数据传输到美国。由于美国政府每年都会以国土安全为由，要求Facebook公司向其提供用户的隐私数据，美国政府依此推断中国政府也会要求TikTok公司提供美国用户的数据，于是下令禁止TikTok在美国运营，还游说其他国家对TikTok进行封杀。这样既可维持美国数据应用企业的垄断地位，美国政府也可获取用户数据以强化数据垄断，获得并保持对数据应用市场的控制权。

美国政府对华为和TikTok等中国企业的制裁，本质上是为了维护自

---

① 马骊.中美竞争背景下华为5G国际拓展的政治风险分析[J].当代亚太,2020(1):4-29.

② Foster J B. The Financialization of Capitalism[J]. Monthly Review,2007,58(11):1-12.

身的数据霸权地位。"数据霸权"的享有者很可能获得数字社会的独裁权力。[①] 以美国为首的发达经济体,凭借其信息通信技术的领先地位和数据应用市场的先发优势,意图通过数据垄断获取巨额垄断利润。以华为为代表的通信技术新领导者和以 TikTok 为代表的服务型互联网企业新生力量,冲击了"美国体系"的数据垄断和数据霸权。美国的一系列制裁,从表层上看是美国两党的政治斗争,体现的是不同领导者或政客的个性特点;从中层上看是国际竞争尤其是大国竞争,是国家利益之争。但什么是国家利益?国家利益是谁的利益?在美国,国家利益就是大资本的利益,这才是深层原因。因此,美国制裁的根本原因在于资本对垄断利润的追逐,只不过不再是产业资本、金融资本等传统意义上的资本垄断,而是数据资本对数据垄断利润的追逐,归根到底就是企图独占数据利润。

2.3.3　数据资本的企业垄断

2020 年 11 月 3 日,上海证券交易所发布决定,暂缓从事互联网金融服务的蚂蚁科技集团股份有限公司在科创板上市,原因是"金融科技监管环境发生变化等重大事项"。同日,蚂蚁金服宣布暂缓在港交所上市。

蚂蚁科技集团股份有限公司(蚂蚁集团)的前身,是第三方支付平台——支付宝(中国)网络技术有限公司,成立于 2004 年,后逐步发展成为小微金融服务集团,2020 年 7 月正式更名为蚂蚁集团,现有支付宝、余额宝、招财宝、蚂蚁聚宝、网商银行、蚂蚁花呗、芝麻信用等业务板块,几乎涉及人们日常生活的各个方面,仅支付宝的用户已突破 10 亿,包括日常购物、缴纳水电费、交通出行、资金流转等,拥有大量的用户数据。数据是这个时代最强大的资产。蚂蚁集团通过对数据的累积与分析,可以充分掌握个人用户的消费喜好、资产水平和企业用户的经营状况、发展方向、资金轨迹等重要私密信息,凭借对市场数据的控制获取巨额的市场利润。

面对巨大的数据利润,类似蚂蚁金服这样的平台企业为了维持对数据的控制权,任其发展必然会走向数据垄断。这种数据垄断的趋势,在网上购物、外卖快送、打车出行、教育培训等企业正加速演化,其发展过程中掌握了大量用户数据,逐步形成数据资本的企业垄断。

企业数据垄断是指数据平台企业利用所掌握的规模巨大的用户数据,有针对性地进行市场和消费者分析而生成数据产品,以满足购买者经营活

---

① 尤瓦尔·赫拉利.今日简史:人类命运大议题[M].林俊宏,译.北京:中信出版社,2018:55-90.

动的需要,通过控制数据产品的供给获取垄断利润。在数据平台上,人们的聊天记录、交易记录等日常活动轨迹都会有相应数据存留,通过对这些数据的收集和分析,可以刻画消费者的用户画像,概括出每个人的基本信息、消费偏好、情感情绪等。在此基础上,利用现代数据技术方法进行加工处理,还能够反馈出群体性和区域性的市场信息。这些包含有消费者个性特征、群体特征和区域特征的数据,可以使生产企业制订有针对性的经营策略,进行市场资源的理性配置,通过规模化定制生产获得更多的市场利润。于是,消费者数据就成了生产企业竞相购买的商品。面对众多的购买者,只有极少的数据平台企业能够进行消费者数据的收集、处理和供给,从而形成数据资本的企业垄断。

数据平台企业还利用所控制的数据与其他行业、企业合作,扩大垄断范围。数据平台企业将数据提供给消费服务平台等连带企业,这些企业就可以利用推荐算法,根据用户的历史搜索数据和搜索偏好建立关联,向用户推荐符合其消费偏好和消费能力的商品信息,实现广告的精准投放,有针对性地激发消费者购买商品的意愿。但是,这种无限制的消费刺激常常超出合理的范畴,一些消费需求是被精准广告制造出来的,而不是消费者的真实需求。在人工智能和机器学习技术的帮助下,信息可以实现选择性地推送或封锁,数据资本由此可以引导甚至操控流行、时尚等消费文化。一方面,消费需求被无限制地刺激,消费观念被逐渐扭曲,市场需求不断泡沫化。另一方面,数据平台企业独立或与金融机构合作,又开发出各种金融服务产品,以支撑、满足泡沫化的消费需求。在两方面相互作用下,数据资本的垄断范围进一步扩大,在获得巨大数据利润的同时,也可能埋下金融风险、经济风险和社会风险的隐患。

3 数据资本对市场经济体制的重构

为了验证数据资本驱动的信息透明机制的理论推断,本章采用随机森林、XGBoost、遗传算法、LightGBM 等技术方法,对典型企业的经营数据进行特征工程和预测,表明在合适算法下对市场间接信息的数据挖掘,企业能够有效预测个性化商品销量,从而实现规模化定制生产。因此,数据资本通过信息透明机制,推动自发市场向自觉市场转变,对市场经济体制进行重构。

3.1 市场体制的微观基础分析:典型企业的数据

企业是运用各种生产要素向社会提供商品或服务的市场主体,是市场经济活动的主要参与者,各种企业共同构成市场经济的微观基础。现代经济学认为,企业本质上就是资源配置机制。因此,企业通过信息透明机制对资源进行优化配置,就是整个市场资源配置机制的优化,最终实现对市场经济体制的重构。以下选择女装企业经营数据对信息透明机制进行实证分析,是因为女装品类多、变化快、市场信息复杂,对信息透明机制的研究具有典型性。

3.1.1 数据准备

为了满足实证分析对数据的要求,这里采集电商平台某女装商户2019 年 11 月至 2021 年 12 月共 22535 条数据,原因主要有以下两点:一是电商平台的数据是系统自动生成并保存,具有较高的真实性、可靠性;二是电商企业相较于传统的实体企业,其销售活动具有复杂且波动性大等特点,信息透明的难度更大,对信息透明的技术要求更高,尤其是女装的种类、材质、款式繁多,消费需求受时尚趋势和季节、节日等因素的影响,其销售波动性更大。

电商企业销售过程为消费者浏览商品、收藏商品、加入购物车(加购)、拍下商品、支付和最终确认收货,在整个交易过程中产生的数据都有可能对销量分析产生影响。因此,对销量的预测应充分考虑全过程各个节点上产生的数据,结合实际业务背景和数据指标的可获取性、可量化性等因素,构建特征并提取初始数据集(见表3-1)。对量化提取出的指标按照商品基础信息、订单特征、收藏和加购特征、营销特征、浏览特征5个维度进行归类(见图3-1)。

表3-1　女装销量影响因素量化

影响因素	量化指标	意义
商品特性	价格、类型标签、风格标签、款式标签等	商品个性化标签
商品浏览	浏览量、商品类型引导浏览量、版型引导浏览量等	反映商品热度
商品访问	访客数、平均停留时长、访客平均价值、服饰风格引导访客数等	
商品收藏	收藏人数、商品类型引导收藏人数、版型引导收藏人数等	反映消费者对商品的购买意向
商品加购	加购人数、加购件数、商品类型引导加购件数、材质引导加购件数等	
商品下单	下单买家数、下单件数、商品类型引导下单件数等	体现商品质量
商品支付	支付件数、支付新买家数、支付老买家数、聚划算支付金额等	

根据上述分类,初步提取企业的经营数据和用户行为数据中66个特征(见表3-2)。在提取的数据中,各指标均为商品SKU(SKU为商品标识码,每款商品都有一个SKU)颗粒度的流水运营数据,按照商品SKU和月颗粒度进行聚合,一个商品SKU一个月一条明细记录,共有22535条66个维度以月为单位的明细数据,其中包含65个自变量和1个因变量。

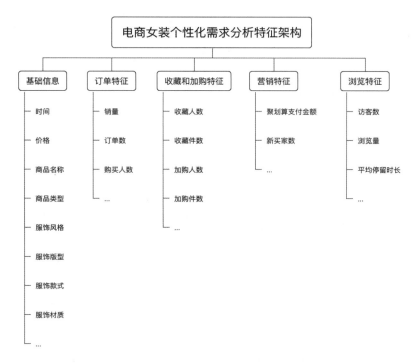

图 3-1　女装销量预测初步提取特征架构图

表 3-2　女装销量预测初始提取特征集合（66 个）

特征编号	特征名称	特征编号	特征名称	特征编号	特征名称
X1	时间	X23	聚划算支付金额	X45	版型引导收藏人数
X2	商品 ID	X24	访客平均价值	X46	版型引导加购件数
X3	商品名称	X25	搜索引导访客数	X47	版型引导下单件数
X4	货号	X26	商品类型引导访客数	X48	版型引导访客平均价值
X5	商品状态	X27	商品类型引导浏览量	X49	版型引导搜索访客数
X6	单价	X28	商品类型引导平均停留时长	X50	款式引导访客数
X7	商品类型	X29	商品类型引导收藏人数	X51	款式引导浏览量

（续表）

特征编号	特征名称	特征编号	特征名称	特征编号	特征名称
X8	服饰风格	X30	商品类型引导加购件数	X52	款式引导平均停留时长
X9	版型	X31	商品类型引导下单件数	X53	款式引导收藏人数
X10	款式	X32	商品类型引导访客平均价值	X54	款式引导加购件数
X11	材质	X33	商品类型引导搜索访客数	X55	款式引导下单件数
X12	商品访客数	X34	服饰风格引导访客数	X56	款式引导访客平均价值
X13	商品浏览量	X35	服饰风格引导浏览量	X57	款式引导搜索访客数
X14	平均停留时长	X36	服饰风格引导平均停留时长	X58	材质引导访客数
X15	商品收藏人数	X37	服饰风格引导收藏人数	X59	材质引导浏览量
X16	商品加购人数	X38	服饰风格引导加购件数	X60	材质引导平均停留时长
X17	商品加购件数	X39	服饰风格引导下单件数	X61	材质引导收藏人数
X18	下单买家数	X40	服饰风格引导访客平均价值	X62	材质引导加购件数
X19	下单件数	X41	服饰风格引导搜索访客数	X63	材质引导下单件数
X20	支付新买家数	X42	版型引导访客数	X64	材质引导访客平均价值
X21	支付老买家数	X43	版型引导浏览量	X65	材质引导搜索访客数
X22	老买家支付金额	X44	版型引导平均停留时长	X66	支付件数

3.1.2　数据预处理

3.1.2.1　数据清洗

获取的原始数据集一般会有缺失值、异常值、重复值等问题,影响特征的重要性和模型预测精度,应进行数据清洗。数据清洗可通过以下三步来实现:

第一步,缺失值处理。由于电商后台系统更新,导致商品加购人数、支付新买家数、支付老买家数、老买家支付金额和聚划算支付金额这 5 个特征仅在 2020 年 12 月至 2021 年 12 月有数据,其他月份均无数据,缺失值比例为 51%,缺失值占比较大,故将这些特征直接剔除。

第二步,异常值处理。电商直播间以 9.9 元或其他极低价格秒杀的商品、商品名称带有"粉丝专享福利"等标签的福利商品、样衣等不同于其他正常销售的商品等异常数据共 1164 条,占比为 5%,体量非常小,故直接剔除。

第三步,去除无用特征。商品 ID、商品名称、货号和商品状态 4 个特征在前期数据处理时可以起到辅助作用,但其本身仅描述商品的属性,不能刻画商品的分布规律,对后续分析无实质性作用,属无关特征,应删除。

通过以上步骤进行数据处理,最终得到一个 21371×57 的特征矩阵(见表 3 - 3),其中包含 56 个自变量(50 个数值型变量、6 个分类型变量)和1 个因变量。

表 3 - 3　女装销量预测数据清洗后剩余特征(57 个)

特征编号	特征名称	特征编号	特征名称	特征编号	特征名称
X1	时间	X29	商品类型引导收藏人数	X48	版型引导访客平均价值
X6	单价	X30	商品类型引导加购件数	X49	版型引导搜索访客数
X7	商品类型	X31	商品类型引导下单件数	X50	款式引导访客数
X8	服饰风格	X32	商品类型引导访客平均价值	X51	款式引导浏览量

（续表）

特征编号	特征名称	特征编号	特征名称	特征编号	特征名称
X9	版型	X33	商品类型引导搜索访客数	X52	款式引导平均停留时长
X10	款式	X34	服饰风格引导访客数	X53	款式引导收藏人数
X11	材质	X35	服饰风格引导浏览量	X54	款式引导加购件数
X12	商品访客数	X36	服饰风格引导平均停留时长	X55	款式引导下单件数
X13	商品浏览量	X37	服饰风格引导收藏人数	X56	款式引导访客平均价值
X14	平均停留时长	X38	服饰风格引导加购件数	X57	款式引导搜索访客数
X15	商品收藏人数	X39	服饰风格引导下单件数	X58	材质引导访客数
X17	商品加购件数	X40	服饰风格引导访客平均价值	X59	材质引导浏览量
X18	下单买家数	X41	服饰风格引导搜索访客数	X60	材质引导平均停留时长
X19	下单件数	X42	版型引导访客数	X61	材质引导收藏人数
X24	访客平均价值	X43	版型引导浏览量	X62	材质引导加购件数
X25	搜索引导访客数	X44	版型引导平均停留时长	X63	材质引导下单件数
X26	商品类型引导访客数	X45	版型引导收藏人数	X64	材质引导访客平均价值
X27	商品类型引导浏览量	X46	版型引导加购件数	X65	材质引导搜索访客数
X28	商品类型引导平均停留时长	X47	版型引导下单件数	X66	支付件数

3.1.2.2　特征处理

特征处理可通过以下两步实现。

第一，特征编码。由于销量预测模型无法识别文本数据，需将分类型特征的取值处理为数值（见表3-4），包括时间、商品类型、服饰风格、版型、款式和材质。对于时间变量，考虑到在销量预测中时间颗粒度为月，因此按月对时间变量进行编码，如2019-12、2020-12编码后均为12。对于商品类型、服饰风格、版型、款式、材质5个变量均直接编码，如款式的取值有长款和短款，其编码为1和2。

表3-4　女装销量预测分类特征编码后结果展示

时间	商品类型	服饰风格	版型	款式	材质
11	8	2	1	1	7
11	6	1	2	2	1
11	6	1	2	2	2
11	11	2	1	2	3
...					
12	9	3	1	1	4
12	2	3	2	1	2
12	6	3	2	2	2
12	12	3	1	1	7
...					
1	12	3	1	2	6
1	6	2	2	2	2
1	8	3	1	1	7
1	6	1	2	2	2
...					

第二，特征标准化。不同特征存在量级和量纲差异，数据标准化可以统一不同特征的量级和量纲，消除特征之间的量级效应，使不同特征具有可比性。本数据集通过Python对数值型特征进行标准化时采用Z-score标准化法。

3.1.3　特征选择：加权综合模型

3.1.3.1　基于 RFR 和 XGBoost 特征加权综合位次排序模型

特征选择（feature selection）是指从现有的 N 个原始特征集中选择 n 个特征使得某种指标达到最优，通过减少原始数据集的特征数缓解维度灾难的问题，且能够通过剔除相关度较低的特征降低学习任务难度，提高学习速度，直接影响到模型的预测结果。

本数据集共有 57 个特征，特征维数较高。基于 RFR 和 XGBoost 特征加权综合位次排序模型对特征进行筛选，剔除对销量影响较小的特征，可以达到降维的目的。

随机森林（Random Forest，RF）是基于 Bagging 算法中的自助抽样技术，将相互独立的决策树进行组合提出的一种灵活且精确度较高的集成学习算法，可分为随机森林回归模型（Random Forest Regressor，RFR）和随机森林分类模型（Random Forest Classifier，RFC），实质上是把多个树模型进行集合 $\{h(x,\theta\_k),k=1,2,3\cdots\}$，$x$ 为给定的输入向量，$\{\theta\_k\}$ 为独立分布的随机向量，构建思路如下：

第一步，对训练集 $D=\{(x_i,y_i),x_i\in R^d,y_i\in R,1\leqslant i\leqslant n\}$ 使用 bootstrap 自助抽样法抽取 K 个自助集 $D_1,D_2,\cdots,D_k$，自助集满足相互独立且与 D 大小相同；

第二步，在树的每个节点从 d 个特征变量中随机挑选 d_0 个特征，选择不纯度最小的特征作为分裂节点生成一棵树；

第三步，在 K 个自助集生成 K 个决策树 $T_1,T_2,\cdots,T_k$，根据生成的树模型对所需数据进行预测，然后通过多数投票集成随机森林模型，输出最终预测结果。

XGBoost 算法是基于 Boosting 算法集成的，是对 GBDT（Gradient Boosting Decision Tree）算法的优化，基分类器为 CART（Classification and Regression Tree）决策树，思想是每次迭代增加一棵树，使预测值逐渐接近实际值，最终的预测结果为所有 K 棵决策树的预测结果之和，在训练过程中会同时用到一阶导数和二阶导数并加入正则项，能够有效避免过拟合。[1] 设进行 M 次迭代，产生 M 棵树；f_m 为第 m 棵树模型，即第 m 个基学习器，XGBoost 算法流程为：

---

[1]　Chen T，Guestrin C.Xgboost：A Scalable Tree Boosting System［C］.ACM SIGKDD International Conference on Knowledge Discovery and Data Mining.ACM，2016：66 - 79.

第一步,初始化基学习器为 $f_0(x)$;

第二步,对 $m=1,\cdots,m$ 计算损失函数的一阶导数和二阶导数;

第三步,样本遍历转为叶结点遍历;

第四步,拟合数据生成基学习器 h_m,最佳拟合值就是使目标损失函数最小;拟合过程就是决策树结点分裂的过程,即选择属性进行划分;分类问题可利用基尼指数进行属性选择,回归树可用平方误差选择划分的属性;

第五步,更新预测模型,直到达到设定的收敛条件,或者迭代次数达到 M 次后停止运算,得到最终的预测模型。

基于 RFR 和 XGBoost 特征加权综合位次排序模型,通过评价指标均方根误差(RMSE)对两者输出的特征重要性得分按照位次进行加权排序,得到每个特征最终的重要性得分,并据此得分进行特征筛选。RMSE 对一组预测数据中的特大或特小误差非常敏感,能够很好地反映预测的精密度,其值越小表示预测精度越高,计算公式为:

$$RMSE = \sqrt{\frac{\sum\limits_{i=1}^{n}(X_{obs,i} - X_{model,j})^2}{n}} \qquad (式3-1)$$

权重计算公式为:

$$W_{RFR} = \frac{RMSE_{XGB}}{RMSE_{XGB} + RMSE_{RFR}} \qquad (式3-2)$$

$$W_{XGB} = \frac{RMSE_{RFR}}{RMSE_{XGB} + RMSE_{RFR}} \qquad (式3-3)$$

按照所得特征重要性排名,将第一位次特征的得分赋为 Count(特征),即特征数量,将第二位次特征的得分赋为"Count(特征)-1",照此依次递减,对特征位次进行综合排序:

$$Rank_{综合位次} = W_{RFR} \times RFR_{rank} + W_{XGB} \times XGBoost_{rank} \qquad (式3-4)$$

实现步骤如下:

第一步,通过 RFR 和 XGBoost 模型分别输出各个特征的重要性得分;

第二步,利用模型输出的重要性得分进行排序,赋予位次;

第三步,通过 RMSE 分别计算 RFR 和 XGBoost 模型输出结果的权重,并对位次进行加权相加,得到各特征最终位次排序;

第四步,得到最终特征筛选结果。

3.1.3.2 特征筛选结果

选取数据集的 50 个数值型特征,输入 RFR 和 XGBoost 特征加权综合位次排序模型,计算各个特征的加权综合得分(见表3-5)。通过RFR算法获得50个特征对销量影响的重要性排序,对因变量影响最大的是版型引导下单件数,重要性得分为0.1984。通过XGBoost模型得到的重要性排序,也是版型引导下单件数对销量影响最大,重要性得分为0.30302,排名前7的变量与RFR模型输出结果相同,但重要性得分存在较大差异。

表3-5 女装销量预测特征的RFR和XGBoost重要性得分(部分)

特征编号	特征名称	RFR Feature importance	特征编号	特征名称	XGB Feature importance
X47	版型引导下单件数	0.19841	X47	版型引导下单件数	0.30302
X55	款式引导下单件数	0.17979	X55	款式引导下单件数	0.25964
X31	商品类型引导下单件数	0.14246	X31	商品类型引导下单件数	0.15414
X39	服饰风格引导下单件数	0.12676	X39	服饰风格引导下单件数	0.14311
X18	下单买家数	0.12502	X63	材质引导下单件数	0.03864
X63	材质引导下单件数	0.10977	X18	下单买家数	0.03472
X19	下单件数	0.10060	X19	下单件数	0.02553
X64	材质引导访客平均价值	0.00299	X44	版型引导平均停留时长	0.01014
X24	访客平均价值	0.00271	X45	版型引导收藏人数	0.01006
X56	款式引导访客平均价值	0.00153	X12	商品访客数	0.00706
X6	单价	0.00144	X36	服饰风格引导平均停留时长	0.00405
X27	商品类型引导浏览量	0.00096	X41	服饰风格引导搜索访客数	0.00204
X32	商品类型引导访客平均价值	0.00091	X6	单价	0.00204

特征 编号	特征名称	RFR Feature importance	特征 编号	特征名称	XGB Feature importance
X40	服饰风格引导 访客平均价值	0.00083	X57	款式引导搜索 访客数	0.00103
X48	版型引导访客 平均价值	0.00049	X46	版型引导加购件数	0.00103
X43	版型引导 浏览量	0.00047	X14	平均停留时长	0.00103
X35	服饰风格引导 浏览量	0.00046	X65	材质引导搜索 访客数	0.00033
X25	搜索引导 访客数	0.00040	X62	材质引导加购件数	0.00002
X44	版型引导平均 停留时长	0.00028	X25	搜索引导访客数	0.00002
X60	材质引导平均 停留时长	0.00024	X59	材质引导浏览量	0.00002
...					

通过计算，得到$RMSE_{RFR}=5.3616$，$RMSE_{XGB}=3.3236$。根据 RMSE 确定两个模型输出结果的权重，最终得到$W_{RFR}=0.3826$，$W_{XGB}=0.6173$。结合权重和重要性得分，计算得到各变量最终的综合排序和累计得分百分比，作为特征选择结果的依据（见表 3-6）。

表 3-6　女装销量预测特征综合位次得分和累计百分比

特征 编号	特征名称	综合排 序得分	累计 占比	特征 编号	特征名称	综合排 序得分	累计 占比
X47	版型引导下单 件数	50.00	4%	X56	款式引导访客 平均价值	24.33	72%
X55	款式引导下单 件数	49.00	8%	X37	服饰风格引导 收藏人数	22.79	73%
X31	商品类型引导 下单件数	48.00	12%	X38	服饰风格引导 加购件数	22.47	75%

（续表）

特征编号	特征名称	综合排序得分	累计占比	特征编号	特征名称	综合排序得分	累计占比
X39	服饰风格引导下单件数	47.00	15%	X60	材质引导平均停留时长	21.74	77%
X63	材质引导下单件数	45.62	19%	X59	材质引导浏览量	21.43	79%
X18	下单买家数	45.38	22%	X49	版型引导搜索访客数	20.77	80%
X19	下单件数	44.00	26%	X48	版型引导访客平均价值	20.57	82%
X44	版型引导平均停留时长	38.79	29%	X27	商品类型引导浏览量	20.48	83%
X6	单价	38.77	32%	X29	商品类型引导收藏人数	20.47	85%
X12	商品访客数	35.26	35%	X51	款式引导浏览量	19.64	87%
X45	版型引导收藏人数	35.11	37%	X50	款式引导访客数	16.82	88%
X36	服饰风格引导平均停留时长	33.49	40%	X53	款式引导收藏人数	15.44	89%
X24	访客平均价值	33.36	43%	X17	商品加购件数	15.18	90%
X14	平均停留时长	32.70	45%	X35	服饰风格引导浏览量	14.86	91%
X25	搜索引导访客数	32.38	48%	X61	材质引导收藏人数	13.94	93%
X43	版型引导浏览量	31.30	50%	X54	款式引导加购件数	13.79	94%
X62	材质引导加购件数	31.09	53%	X28	商品类型引导平均停留时长	13.42	95%
X41	服饰风格引导搜索访客数	30.58	55%	X33	商品类型引导搜索访客数	13.26	96%
X32	商品类型引导访客平均价值	28.74	57%	X34	服饰风格引导访客数	11.17	97%

特征编号	特征名称	综合排序得分	累计占比	特征编号	特征名称	综合排序得分	累计占比
X57	款式引导搜索访客数	28.20	60%	X15	商品收藏人数	10.80	97%
X40	服饰风格引导访客平均价值	27.12	62%	X30	商品类型引导加购件数	9.91	98%
X65	材质引导搜索访客数	26.73	64%	X13	商品浏览量	9.23	99%
X46	版型引导加购件数	26.05	66%	X26	商品类型引导访客数	8.91	100%
X42	版型引导访客数	25.79	68%	X58	材质引导访客数	2.85	100%
X64	材质引导访客平均价值	24.48	70%	X52	款式引导平均停留时长	1.77	100%

从全部特征综合位次得分帕累托图（见图 3 - 2）可以发现，前 25 个特征累计综合得分达到 70%，且第 25 位之后的特征综合得分变动趋势放缓。因此，选择前 25 个变量作为最终输入预测模型的变量。

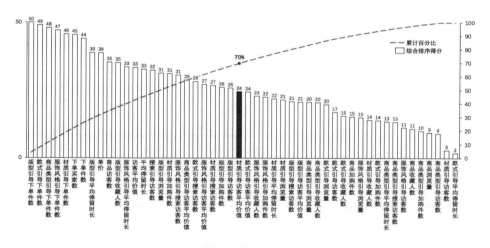

图 3 - 2 女装销量预测特征综合位次得分帕累托图

3.1.4　特征可视化分析

特征可视化分析就是通过数据可视化图表发现数据的某些规律,进一步挖掘其中隐藏的信息,由浅到深地探索数据的内在联系,为数据分析提供思路。对上述数据进行特征可视化分析可通过 Python、R 语言和 Excel 实现。

3.1.4.1　销量呈"小聚集、大分散"

不同类型女装月销量的最大值、最小值、标准差和均值(见表 3-7)显示,13 种女装的月销量存在显著差异,如 T 恤的标准差为 728,销量最高为 13178 件、最低为 0 件,极差很大;其他类型女装也表现出同样的特征。此外,各类女装的总销量也存在很大差异,销量最大的连衣裙为 826029 件,而销量最小的牛仔裤仅为 26601 件。

表 3-7　不同女装类型销量统计

商品类型	均值	标准差	最大值	最小值	销量
T 恤	130	728	13178	0	80330
休闲裤	52	223	3863	0	43004
其他配件	52	136	1296	0	37171
半身裙	83	417	11631	0	255390
卫衣	65	336	6516	0	27898
外套	79	462	15624	0	159007
打底衣	82	399	6492	0	29329
棉衣	206	981	16363	0	109755
毛衣	87	305	6814	0	135520
牛仔裤	84	411	4862	0	26601
衬衫	103	476	17283	0	396053
连衣裙	124	599	15662	0	826029
风衣＆大衣	93	350	4775	0	41458

为了消除各类女装在日常消费体量上存在的固有差异(如牛仔裤的消费体量低于连衣裙),更准确地判断消费者的消费偏好,以下引入商业分析中偏移量的概念进行分析。将偏移量分析和维度拆解交叉分析相结合,交叉女装服饰的款式、材质、风格、版型 4 个维度,计算各交叉品类下销量的

偏移量,以判断消费者对此类女装是否存在显著偏好(见表3-8)。

表3-8 不同女装维度交叉偏移量分析

款式	材质	宽松				修身			
		法式风	复古风	日韩风	小众风	法式风	复古风	日韩风	小众风
短款	PU皮	0%	2%	2%	0%	1%	11%	0%	0%
	涤纶	2%	2%	4%	1%	2%	8%	5%	2%
	毛呢	1%	14%	1%	3%	0%	4%	1%	0%
	棉麻	20%	22%	12%	45%	3%	15%	7%	30%
	绒	0%	8%	12%	9%	0%	2%	3%	1%
	纱	2%	1%	2%	2%	1%	1%	3%	2%
	羊毛制品	4%	7%	10%	8%	0%	0%	1%	2%
	针织品	8%	8%	8%	1%	3%	5%	5%	4%
长款	PU皮	0%	0%	0%	0%	3%	5%	2%	1%
	涤纶	26%	4%	9%	7%	58%	19%	25%	27%
	毛呢	11%	18%	3%	4%	1%	7%	1%	0%
	棉麻	11%	8%	14%	5%	11%	8%	27%	9%
	绒	5%	3%	8%	2%	5%	8%	2%	10%
	纱	6%	0%	2%	0%	7%	5%	12%	4%
	羊毛制品	0%	1%	3%	1%	1%	1%	2%	6%
	针织品	3%	2%	7%	11%	3%	2%	3%	0%

分析表明,消费者对各类女装的需求呈现"小聚集、大分散"的特征。"小聚集"即个别交叉品类下的需求偏好特别明显,说明消费者的需求量大且偏好非常明显,如"宽松&短款&棉麻&小众风"的偏移量为45%、"修身&长款&涤纶&法式风"的偏移量为58%。"大分散"即大部分交叉品类的偏移量都为正向,说明消费者对大部分类型女装都有偏好,总体上对86%的品类呈现正向偏好,仅对14%的品类没有明显偏好。

根据以上分析,选择材质维度数据进行详细拆解,结果(见图3-3)显示不同材质的女装销量存在差异,销量最多的是涤纶材质,占比为31%;其次为棉麻,占比为26%;其他材质的占比与涤纶、棉麻相比有较大的差异,销量最低的为羊毛制品。

以受消费者欢迎的半身裙为例,其不同材质的销量帕累托图(见图3-4)

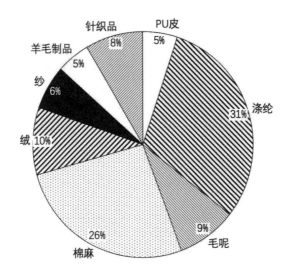

图 3‑3 不同材质女装销量占比

显示,半身裙主要集中在涤纶、PU 皮和绒 3 种材质,占比近 80%;3 种材质之间的销量也存在显著的差异,最受消费者欢迎的为涤纶,其次为 PU 皮,最后为绒。此外,消费者在选择半身裙时对其他材质也有一定的需求量。

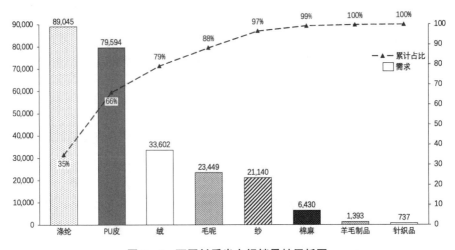

图 3‑4 不同材质半身裙销量帕累托图

综合上述分析可以发现,女性消费者对服饰的款式、材质、风格等需求存在明显的差异,个性化需求显著,女装需求偏好总体上呈"小聚集、大分散"的分布特点。

3.1.4.2 销量波动大且季节性明显

以月为颗粒度整理销售数据拆解服饰类型维度,分析 13 种女装月销量的变动,结果(见图 3-5)显示其月销量呈现较大波动,如连衣裙最高月销量为 7638 件,最低月销量为 620 件,两者差异很大;不同类型女装的月销量也存在显著差异,如连衣裙的绝大多数月销量均高于其他类型且差异明显。从材质、版型、风格等维度拆解月销量,也可以发现以上特征。

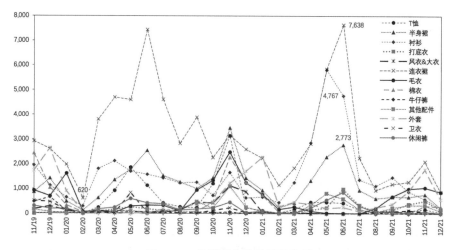

图 3-5 各类型女装月销量变动

观察时序图整个时间周期,可以发现某些类型的女装销量表现出明显的季节性特征。详细拆解各种类型的数据,分析不同类型女装月销量的变动趋势,结果(见图 3-6)显示大部分类型的销量存在季节性特征,2020 年和 2021 年的销量变动趋势高度相似,如连衣裙、半身裙、毛衣、棉衣、牛仔裤等;也有少部分类型销量没有表现出明显的季节性特征,例如衬衫、风衣&大衣等。

综合上述分析可以发现,不同标签(类型、材质、版型等为服饰的标签)的女装销量存在显著差异,消费者的个性化偏好明显。在后期对不同特征的女装建立销量预测模型时,应考虑个性化标签维度,以提高销量预测的精确度。

3.1.4.3 销量依靠爆款拉动

由于销量之间的极差较大,对数据进行对数处理,从商品类型、服饰风格、版型、材质、款式 5 个维度进行拆解,分别绘制不同维度下销量的箱线图(见图 3-7),可以发现无论是总样本还是维度拆分后的子样本,销量呈现明显的右偏分布,即对不同女装的需求有显著差异且差异较大;销量分

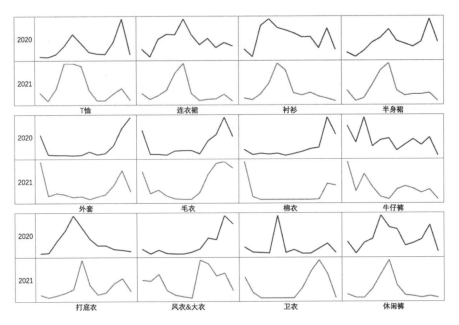

图 3‐6　各类型女装销量变动趋势图

布箱线图上方分布很多的样本点,且箱线图下限下方也分布着大量的样本点。结合电商女装的实际业务情况分析可知,女装在销量上表现出明显的爆款服饰拉动总销量增长现象,且爆款服饰与非爆款服饰的销量差异很大。

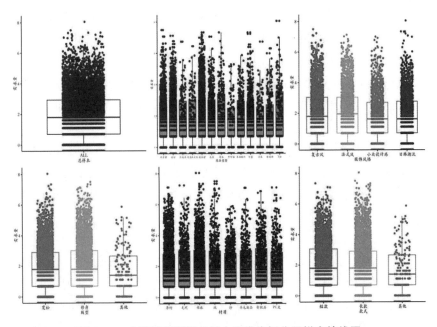

图 3‐7　女装销售数据总样本和维度拆分子样本箱线图

3.2　典型企业销量预测模型构建

对不同特点的女装进行销量预测，传统的回归模型处理此类复杂数据，一般很难达到较好的预测精确度。与传统模型相比，机器学习集成算法具有明显的优势，其擅长处理复杂的销售预测问题，能够达到较高的预测精确度。因此，采用基于遗传算法优化的 LightGBM 算法，可实现对女装电商企业的销量预测。

3.2.1　GA-LightGBM 算法

遗传算法借鉴优胜劣汰、适者生存的生物进化论思想，通过不断选择、交叉和变异操作保留最优适用度的个体，淘汰较差的个体，循环计算从而逼近最优解。[①] 该算法能够有效提高模型的精度、缩短训练时间且鲁棒性强，被广泛应用于解决优化问题。

为了提升销量预测的准确率，选择具有高稳定性和较好鲁棒性的 GA-LightGBM 预测模型。LightGBM 是基于 Boosting 算法实现的集成学习方法，是对 GBDT 算法的改进框架。[②] 该算法很好地解决了 XGBoost 算法空间消耗大、时间成本大、对 cache 优化不友好的缺点，且不以损失准确率为代价提升 GBDT 模型的训练速度。

利用 GA 寻找 LightGBM 的最优参数组合，将两者结合搭建 GA-LightGBM 模型预测销量，模型优化步骤如下：

第一步，选择需要调整的 LightGBM 模型参数；

第二步，对待调整的参数进行二进制 DNA 编码；

第三步，将编码后的参数传给 LightGBM 模型，再以错误率 e 为目标函数进行计算；

第四步，计算不同参数组合下的个体适应度值 F_i，找到最大 F_i 及其对应的个体 T_i；

第五步，以轮盘赌算法为依据选择合适的个体；

第六步，进行遗传操作产生新的子代，再将新子代输入 LightGBM 模

---

① Andreiashchenko M V，Zudina O V，Sheronov D E. Evaluation of Mutations and Their Various Combinations with Crossing Operators in Genetic Algorithms[A].2021 5th International Conference on Vision，Image and Signal Processing（ICVISP）[C].Malaysia，2021：292－295.

② 封化民，李明伟，侯晓莲，等.基于 SMOTE 和 GBDT 的网络入侵检测方法研究[J].计算机应用研究，2017，34（12）：3745－3748.

型进行最优选择;

第七步,将选择的结果储存直至寻找到最优解,并将最优解输出;

第八步,将 GA 寻找到的最优参数组合输入 LightGBM 模型,完成模型训练。

3.2.2　GA-LightGBM 模型构建

3.2.2.1　模型构建流程

基于 GA 优化的 LightGBM 模型预测销量主要包括数据清洗、特征工程、数据集划分、模型训练、参数优化和结果分析 6 个步骤(见图 3-8)。

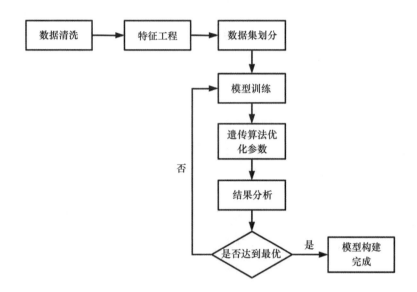

图 3-8　基于遗传算法优化的 LightGBM 模型构建流程

第一步,数据清洗。对缺失值、异常值和重复值进行处理(见 3.1.2 数据预处理),并从数据的准确性、完整性、时效性、一致性和唯一性复核检验数据清洗结果,以保证数据有效可用。

第二步,特征工程。对数据集中的特征进行标准化处理并对分类型变量进行特征编码,保证所有特征可被模型识别,并且通过基于 RFR 和 XGBoost 特征加权综合位次排序模型对特征进行筛选(见 3.1.3 特征选择:加权综合模型)。

第三步,数据集划分。基于研究目的对数据集进行划分,训练集用于训练销量预测模型,测试集用于测试模型的预测效果。

第四步，训练模型。通过 Python 平台实现基于 GA 优化的 LightGBM 模型，让模型学习训练集数据。

第五步，模型优化。在训练模型的过程中采用 GA 优化参数，提高模型的鲁棒性和泛化能力，优化模型预测效果。

第六步，结果分析，主要包括训练模型评价和预测误差分析，通过合适的评价指标评估最终模型预测效果。

3.2.2.2　模型设计实现

通过 Python 实现模型代码，导入训练集和测试集训练模型与验证模型预测效果，主要聚焦调整参数和训练模型，以使 GA-LightGBM 性能达到最优。

参数对 LightGBM 模型性能起到关键作用，决定模型能否充分学习输入与输出之间的关系并实现精确预测。由于 LightGBM 模型参数众多，以往调整模型参数依赖人工经验和不断迭代试错，使得模型调参尤为繁琐庞大，费时费力的同时可能会落入局部最优的范围中，在电商场景下并不适用。因此，采用 GA-LightGBM 模型参数，对提升其对电商女装销量预测的表现尤为关键。在 LightGBM 模型常用的参数（见表 3-9）中：

表 3-9　女装销量预测 LightGBM 模型可调参数

参数名称	默认值	可选	约束或注意	用于
learning_rate	0.1	[0, 1]	earning_rate > 0，常用：0.05	在 dart 中也会影响 dropped trees 的归一化权重
boosting_type	gbdt	gbdt, rf, dart, goss	如果将其设置为 rf，相当于使用 bagging approach 方法	boosting 方法
num_leaves	31	[1, ∞]	1 < num_leaves ≤ 131072	指定一棵树的最大叶子数
max_depth	−1	[−1, ∞]	越大通常越好，但过拟合风险会增加	限制树模型的最大深度
min_data_in_leaf	20	min_data	min_data_in_leaf ≥ 0	可用于处理过拟合

参数名称	默认值	可选	约束或注意	用于
min_gain_to_split	0	[0,1]	min_gain_to_split $\geqslant$ 0	分裂的最小增益阈值
reg_alpha	0	[0, ∞]	reg_alpha $\geqslant$ 0	L1 正则化
reg_lambda	0	[0, ∞]	reg_lambda $\geqslant$ 0	L2 正则化
feature_fraction	1	[0,1]	0 < feature_fraction $\leqslant$ 1	如果将其设置为0.8，LightGBM 将选择一定比例的特征
bagging_fraction	1	[0, 1]	0 < bagging_fraction $\leqslant$ 1	随机选择部分数据而不重新采样
bagging_freq	0	[0, ∞]	要启用 bagging，bagging_fraction 也应设置为小于 1 的值	0 表示禁用 bagging；k 表示在每 k 次迭代中执行 bagging

学习率(learning_rate)指梯度下降的步长，常用取值有 0.1、0.001、0.003。此参数如设置过大可能会导致模型无法收敛，设置过小则导致模型训练费时。

提升树的类型(boosting_type)是 LightGBM 的 boosting 参数，取值有 gbdt(传统的梯度提升决策树)、rf、dart(dropouts meet multiple additive regression trees)、doss(基于梯度的单侧采样)，默认取值为 gbdt，其效果比较经典稳定。

每个基学习器的最大叶子节点(num _ leaves)中，leaf-wise 是 LightGBM 模型使用的算法，在调整树复杂程度时使用 num_leaves，参数值设置应小于 2^(max_depth)。

叶子节点向下分裂的最小样本数(min_data_in_leaf)与是否过拟合有关，其指定了叶子节点向下分裂的最小样本数，如设置 20 即节点样本数量不够 20 就停止生长。

分裂的最小增益(min_gain_to_split)可以反映数据质量，如计算的增益不高就无法向下分裂；如设置的深度很深但又无法向下分裂，模型就会提示警告(warning)，即无法继续分裂，说明数据质量已经达到极限。

L1 正则(reg_alpha)和 L2 正则(reg_lambda)为对叶子节点数和叶子节点权重的惩罚，值越高惩罚越大。L1 正则化和 L2 正则化越大，模型越保守,可防止过拟合,提高模型泛化能力。一般的搜索范围可以为(0,100)。

采样的特征百分比(feature_fraction)可以避免模型过拟合,部分特征如果增益过高会造成每棵子树在分裂时都选择同一特征,导致子树同质化。为了避免这种情况,采用概率较低的特征采样,能有效避免每次都选择强特征,差异化子树的特征。

用于训练每棵树的训练样本百分比(bagging_fraction),是每次迭代时用的数据比例,能提高训练速度与防止过拟合,需要和训练样本频率(bagging_freq)一同使用,让每棵子树变好的同时保持差异化。

3.2.3 模型结果评价方法

3.2.3.1 训练模型评价

机器学习算法分为有监督学习和无监督学习两种,区别在于是否有目标标记。电商女装销量预测模型属于有监督学习范畴,经验风险最小化和结构风险最小化是进行模型评价的考量重点。

经验风险可以通过考察最小化训练集的平均损失进行评估,结构化风险可以通过交叉验证进行评估。交叉验证根据统计学原理,通过一定的技术手段将训练数据集切分为更小子集,其中一部分数据用于训练模型,另一部分数据作为验证集用于模型的评估和选择,通过分割的子集实现更好的统计分析评估,提升模型的泛化能力。

3.2.3.2 预测误差分析

对预测误差的衡量,主流模型拟合检验指标分为解释度比较型和残差比较型。解释度比较型的常用指标有相关系数、判定系数和调整后的判定系数等。残差比较型的常用指标有平均绝对误差(mean absolute error,MAE)、均方误差(mean squared error, MSE)、均方根误差(root mean squared error, RMSE)、平均绝对百分比误差(mean absolute percentage error, MAPE)。以下选择 RMSE 和 MAE 作为销量预测模型精确程度的评价指标。

均方根误差是指观测值与真实值偏差的平方和样本量 n 比值的平方根,对一组测量中的特大或特小误差非常敏感,能很好地反映测量的精密度,其值越小表示测量精度越高,计算公式为:

$$RMSE = \sqrt{\frac{\sum_{i=1}^{n}(X_{obs,i} - X_{model,i})^2}{n}} \qquad (式 3-5)$$

平均绝对误差是所有单个观测值与算术平均值的偏差之绝对值的平均,可以避免误差相互抵消的问题,准确反映实际预测误差的大小,其值越大说明预测值与真实值吻合程度越小,计算公式为:

$$MAE = \frac{1}{n} \sum_{i=1}^{n} | X_{obs,i} - X_{model,i} | \qquad (式3-6)$$

3.3 信息透明机制实例应用和结果分析

通过机器学习技术对间接市场信息进行分析和挖掘,如能够有效预测个性化商品销量,即可证实市场信息透明机制。将数据预处理后的21371条有效数据、通过特征筛选与探索性数据分析后的25个数值特征和6个分类特征用于个性化商品销售预测,并设计对比实验分别对多元线性回归、决策树、RFR、XGBoost、GA-LightGBM等模型的结果进行分析,通过比较 RMSE、MAE 和训练耗时指标评价模型的预测效果。

3.3.1 实验设计

3.3.1.1 数据集划分

为评估模型的区分度、稳定性、泛化能力和鲁棒性,需要将数据集划分为训练集和测试集。训练集用于模型学习,即让模型学习输入和对应的输出之间的关系。测试集是输入数据在训练完成的模型上所得结果,通过测试集评估训练的模型是否优良。训练集和测试集功能定位不同,泛化能力强的模型需要在训练集和测试集上都取得好的预测效果。

选取 2019 年 11 月至 2021 年 10 月的数据为训练集,用于搭建基于 GA-LightGBM 的模型。选取 2021 年 11 月和 12 月的数据为测试集,用于评价模型的预测效果。

3.3.1.2 实验环境

软件环境

操作系统:Mac OS Ventura 13.0

开发平台:Python 3.8

第三方库:Python:numpy+pandas+mysql+matplotlib+sklearn;

硬件环境

处理器:Apple M1

内存:8GB

3.3.2　对比实验

选择初级算法模型、集成算法模型和基于 LightGBM 模型的不同优化设定模型进行对比实验。初级算法模型包括多元线性回归和回归决策树，集成算法模型包括 RFR 和 XGBoost，基于 LightGBM 模型的不同优化设定模型包括基于 RSM 优化的 LightGBM 和基于 TPE 算法优化的 LightGBM。

线性回归模型是利用线性回归方程的最小平方函数对一个或多个自变量和因变量之间的关系进行建模的一种回归分析。结合影响因素分析和特征筛选的结果，可以发现多元线性回归模型的核心是女装销量依赖收藏数、加购数、浏览量等多个自变量的变化关系，且依赖关系可以用线性形式刻画，即 $y = \beta_0 x_0 + \beta_1 x_1 + \cdots + \beta_k x_k + \xi$，其中，$x_k$ 为筛选出的加入模型的特征，ξ 是随机误差项。

回归决策树主要指 CART 算法，内部结点特征的取值为"是"和"否"，为二叉树结构。回归树就是将特征空间划分成若干单元，每一个划分单元有一个特定输出。因为每个结点都是"是"和"否"的判断，所以划分的边界是平行于坐标轴的。对于测试数据，只要按照特征将其归到某个单元，便得到对应的输出值。决策树回归最重要的参数为树的数目、树的深度、学习率，参数调优步骤为：采用缺省参数，此时学习率为 0.1，观察 n_estimators 的合适范围；max_depth 和 min_child_weight 的参数调整，先大范围地粗调参数，再小范围微调；再次调整 n_estimators，调优后进行数据拟合并与真实数据比较，确定最终参数取值。

RFR 是通过集成决策树模型来提高整体的预测精度和模型的泛化能力，主要思想体现在随机性，即随机采样训练样本、随机采样属性和基于随机采样的决策树构造，参数调优步骤为：先采用默认参数，观察预测结果；用 gridsearchcv 方法搜索 n_estimators 最佳值；对指定分割内部节点所需的最小样本数 min_samples_split 和叶子节点最少样本数 min_samples_leaf 调参；调整最大特征数 max_features；最后把得到的参数带入模型，得到预测结果。

XGBoost 算法因计算速度快、预测精度高等优势，被各类数据科学平台广泛运用。[①] 算法调优步骤为：调整 max_depth，通常该参数与其他参

---

① Didrik N.Tree Boosting with XGBoost—Why Does XGBoost Win "Every" Machine Learning Competition? [D].Norway：Norwegian University of Science and Technology，2016.

数关系不大;在找到最优的 max_depth 后开始调整 subsample;调整 min_child_weight;再调整 colsample_bytree;经过上述调整得到一组参数,这时调整 eta,然后让程序运行得到一个最佳的 num_round;模型参数 max_depth、subsample、min_child_weight、colsample_bytree 调整后,最后调整最佳迭代次数。

随机搜索算法(randomized search method,RSM)是在每次迭代中为每个超参数选择一个随机值,后再对一定数量的随机组合进行评估,以减少参数寻优的时间成本。[①] 随机搜索算法通过随机采样的方式在参数空间中代替网格搜索,在处理连续变化的参数时采用分布采样,在面对较多的超参数调优时比网格搜索算法具有更大的优势。

TPE 算法(tree-structured parzen estimator approach)是利用历史参数对应模型的指标数据,按顺序构建模型,然后评估超参数性能,基于此模型实现新参数的选择。[②] 该算法的核心思想是将超参数搜索空间分割为已经搜索过的超参数、未搜索过的超参数,将已搜索过的超参数分为表现最好的超参数和表现最差的超参数,然后分别估计表现最好的和表现最差的超参数的概率分布,在处理未搜索过的超参数时,会根据这两部分的概率分布计算出一个"置信度",并优化置信度最高的超参数。

3.3.3　实验结果分析

3.3.3.1　模型结果比较

训练的模型最终输出结果形式为预测期内不同个性化标签组成的商品和其对应的销量预测结果(见表 3-10)。

表 3-10　女装销量预测结果示例

月份	商品类型	服饰风格	版型	款式	材质	预测销量/件
11	连衣裙	小众风	宽松	长款	针织	441
11	外套	法式风	宽松	长款	毛呢	590
11	毛衣	小众风	宽松	短款	羊毛制品	264

---

① 马良玉,於世磊,赵尚羽,等.基于随机搜索算法优化 XGBoost 的过热汽温预测模型[J].华北电力大学学报(自然科学版),2021,48(4):99-105.

② Bergstra J,Bardenet R,Bengio Y,et al.Algorithms for Hyper-Parameter Optimization[C]//International Conference on Neural Information Processing Systems.Curran Associates Inc. 2011:2546-2554.

月份	商品类型	服饰风格	版型	款式	材质	预测销量/件
11	外套	复古风	宽松	短款	PU 皮	95
12	连衣裙	法式风	修身	长款	涤纶	67
12	棉衣	复古风	宽松	短款	绒	103
12	衬衫	法式风	宽松	短款	棉麻	60
12	外套	日韩风	宽松	长款	涤纶	378
...						

通过 Python 实现对比实验，搭建并训练完成 GA-LightGBM 预测模型和其他对比模型，包括 7 次实验，初级模型和集成模型均只对比 RMSE 和 MAE 评价模型性能，基于 LightGBM 模型的不同优化设定模型还对比模型寻参和完成训练消耗的时长（见表 3 - 11）。

表 3 - 11　女装销量预测对比实验结果

ID	Model	Parameters	RMSE	MAE	耗时/s
1	多元线性回归	—	3.57	1.36	—
2	决策树	max_depth = 6, min_samples_leaf = 1, min_samples_split = 8	3.09	1.27	—
3	RFR	max_depth = 6, min_samples_split = 4, min_samples_leaf = 1, n_estimators = 400	2.34	0.97	—
4	XGBoost	learning_rate = 0.05, max_depth = 5, min_child_weight = 1, colsample_bytree = 0.7, n_estimators = 400	2.10	0.84	—
5	RSM—LightGBM	bagging_fraction = 0.63, bagging_freq = 9, feature_fraction = 0.78, learning_rate = 0.07, max_depth = 3, min_data_in_leaf = 22, min_gain_to_split = 0.43, num_leaves = 78, reg_alpha = 0.38, reg_lambda = 0.01	2.16	0.93	870.00

（续表）

ID	Model	Parameters	RMSE	MAE	耗时/s
6	TPE－LightGBM	bagging_fraction＝0.96，bagging_freq＝12，feature_fraction＝0.77，learning_rate＝0.04，max_depth＝8，min_data_in_leaf＝3，min_gain_to_split＝0.68，num_leaves＝61，reg_alpha＝1.25，reg_lambda＝1.39	2.07	0.82	801.60
7	GA－LightGBM	bagging_fraction＝0.76，bagging_freq＝13，feature_fraction＝0.63，learning_rate＝0.01，max_depth＝9，min_data_in_leaf＝4，min_gain_to_split＝0.39，num_leaves＝125，reg_alpha＝1.01，reg_lambda＝0.31	1.98	0.80	319.80

对比实验的各个评价指标结果（见图 3－9）可以发现，不同模型预测结果的准确性之间存在较大差异。

第一，传统的多元线性回归模型和弱学习器决策树预测表现最差，RMSE 均大于 3 且 MAE 均大于 1，说明面对较为复杂的数据，传统模型和弱学习器不能很好地把握数据的变动规律，预测精度不高。

第二，在集成学习模型中，RFR 和 XGBoost 回归的效果明显优于实验 1 和实验 2，RMSE 和 MAE 分别为 2.34、2.10 和 0.97、0.84，表明集成学习算法在处理复杂数据时较弱学习器有明显的优势，预测结果的准确率提升显著，且基于 Boosting 集成的 XGBoost 预测效果明显优于基于 Bagging 集成的 RFR。

第三，对比实验 2、实验 3 和实验 4，可见 Boosting 集成算法存在明显优势，因此选择 Boosting 集成的最新算法 LightGBM 作为主预测模型是合适的。实验 5、实验 6 和实验 7 的 RMSE 分别为 2.16、2.07、1.98，MAE 分别为 0.93、0.82、0.80，模型寻优且完成训练的耗时分别为 870.00 秒、801.60 秒、319.80 秒，可见实验 5 的 RSM-LightGBM 预测模型表现最差，不仅训练时间最长且预测精确度最低；实验 6 的 TPE-LightGBM 模型预测精度虽然较实验 7 的 GA-LightGBM 模型相差不大，但是 TPE-LightGBM 模型训练耗时远远大于 GA-LightGBM 模型。

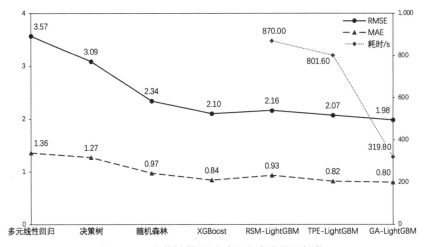

图 3-9 女装销量预测对比实验结果可视化

根据对比实验结果,采用 GA-LightGBM 模型进行电商女装销量预测不仅预测精度高而且训练耗时最短,说明模型能够在保持高效的同时保证预测结果的准确性,模型性能最优。

3.3.3.2 预测结果分析

训练 GA-LightGBM 预测模型,输出模型的最终预测结果,通过可视化工具观察模型训练过程并对比预测值和实际值之间的差异,进一步验证模型的有效性和稳定性,结果显示模型训练过程中 Loss 的变动趋势呈快速下降收敛(见图 3-10)。

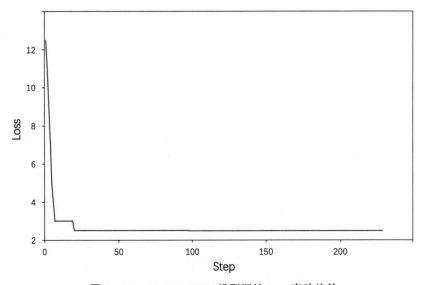

图 3-10 GA-LightGBM 模型训练 Loss 变动趋势

GA-LightGBM 模型在训练集和测试集上 RMSE 的表现（见图 3－11）显示，随着迭代次数的增加，训练集和测试集的 RMSE 逐渐下降并趋于稳定，两者之间的差异较小，在训练集和测试集上均表现良好，说明模型没有过拟合且泛化能力强。

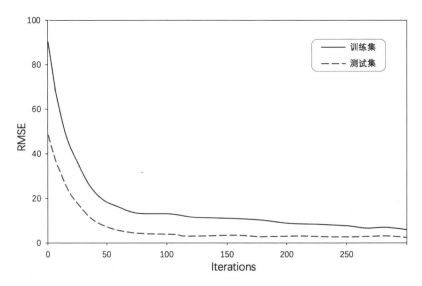

图 3－11　GA-LightGBM 模型训练集和测试集 RMSE 变动趋势

GA-LightGBM 模型预测值和实际值对比（见图 3－12）显示，模型的预测结果与实际值非常接近，模型很好拟合了不同女装的真实销量，不仅能够准确预测爆款服饰的销量，对冷门服饰的销量也有精准的把握。

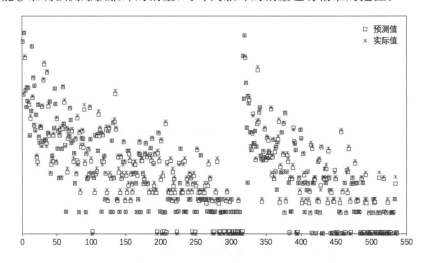

图 3－12　女装销量预测值和实际值对比

3.4　自发市场向自觉市场的转变

3.4.1　规模化定制生产的实现

规模化定制生产是企业根据客户的个性化需求,通过批量生产以低成本、高效率提供定制产品和服务,也称定制规模化(customization-massing)。1970年,美国未来学家阿尔文·托夫勒(Alvin Toffler)提出一种设想:以类似于标准化和大规模生产的成本与时间,为客户提供特定需求的产品和服务。1987年,斯坦·戴维斯(Start Davis)将其定义为大规模定制(Mass Customization,MC)。1993年,B·约瑟夫·派恩(B. Joseph Pine II)在《大规模定制:企业竞争的新前沿》一书中提出,大规模定制的核心是产品品种的多样化和定制化急剧增加而不相应增加成本,其范畴是个性化定制产品和服务的大规模生产,最大优点是提高战略优势和经济价值。[①] 因此,规模化定制生产就是客户个性化需求和企业批量生产的有机结合,是市场信息透明的必然结果。

规模化定制生产是企业通过信息透明机制,达到对个性化需求的全面、准确把握,并依此进行生产经营的组织方式。数据资本驱动的信息透明机制,既可以通过获取直接市场信息了解用户的个性化需求,也可以通过对间接市场信息的收集、分析识别用户的个性化需求。由于大量存在的都是间接信息,只有基于大数据技术平台对间接市场信息进行处理,才能实现对用户个性化需求的把握。一方面,信息透明机制不仅可以通过直接市场信息实现对特定某一产品的分析,而且可以通过间接市场信息大规模、连带分析,为企业生产活动带来更多、更明确的指导,使其对产品的外部多样性进行系列化、标准化和模块化处理,进而降低产品的内部多样性,实现规模化定制生产。另一方面,通过大数据分析,在兼顾消费者个性化需求的同时,寻求不同产品间的共性并构建产品族,不断挖掘潜在客户,扩大消费群体,以扩大生产规模,进一步提升规模化定制生产的效益。因此,基于信息透明机制的规模化定制生产,在满足消费者个性化、多样化需求的同时,可以合理控制生产成本,实现定制优势和规模效益的平衡。

规模化定制生产有助于企业提升核心竞争力,实现对生产模式的重

---

① B. 约瑟夫·派恩. 大规模定制:企业竞争的新前沿[M]. 北京:中国人民大学出版社,2000:102-117.

构。传统生产模式主要根据管理者的经验判断,决定生产的产品及数量,往往是能生产什么就生产什么、有多少材料就生产多少产品,虽然企业也关注市场需求,但消费者需求的多样、复杂和分散的特点,难以为研发提供明确的方向。数字经济时代具有超越式竞争的特点,企业成败的决定因素不在于一次性的技术优势,而在于长期的技术创新能力。[①] 规模化定制生产使企业以客户需求为导向,通过信息透明机制发现消费者的个性化需求,进行有针对性的产品创新,以创新取得先动优势,还可以对未来市场变化趋势进行动态评估和预测,明确发展方向并科学制定研发规划,以保持、放大技术领先优势,形成长期的技术创新能力,通过不断增强核心竞争力实现对生产模式的重构。

规模化定制生产有助于提升销售效率,实现对销售模式的重构。传统销售模式常采用的是低成本领先战略,生产者对产品的原料、技术、质量标准和品牌文化等投入被尽可能控制,并以较低的价格进行销售,使盈利的空间被相应压缩。这种战略只有在产品的销售量达到相应规模时才能实现盈利,结果只能吸引部分偏爱低价购买的消费者,形成"低品质—低价格"的循环。规模化定制生产是围绕消费者个性化需求进行定制生产,以保证产品的品质,并以规模化合理控制生产成本,同时生产者和消费者的线上"面对面",可以有效控制过长供应链而引起的价格虚高,使产品价格回归正常,通过保证品质的价格,获得与高品质相应的盈利空间,有效提升销售效率,实现对销售模式的重构。

3.4.2　数据化时代的市场自觉调节

在非数据化时代,市场调节是自发性的。非数据化时代的市场信息常态是不对称的,决定了其调节的滞后性和被动性,调节往往是在商品交换发生之后,企业通过销量增减、价格波动等信息反馈,在利益的驱动下被动地进行生产调节。但是,由于这种信息反馈是事后的、表象的和碎片化的,且数量有限,企业依据这样的信息难以对市场规律作出准确判断,调节行为具有短视、唯利等特点,往往造成资源错配和浪费。并且,由于缺少对市场需求的正确判断,消费者的真实需求容易被忽视,企业往往是跟随式经营和模仿式生产,既缺乏创新动力,也无法充分满足市场需求。

在数据化时代,市场调节是一种自觉调节。大数据的兴起与数据资本的出现,塑造了一个全新的数据化时代,市场信息透明机制能够解决企业

---

① 阎学通.数字时代的中美战略竞争[J].世界政治研究,2019(2):1-18.

的信息不对称问题,使市场调节具有一定的前瞻性和主动性。通过人工智能技术和云计算等大数据分析系统,企业不仅能够及时获取市场信息,掌握市场的实时动态,而且能够对信息进行快速、有效分析,掌握市场的变化趋势,在预判、预测的基础上对未来生产经营作出超前决策,使市场调节逐渐发展成为自觉调节。正是通过这种自觉调节,企业的规模化定制生产可以有效减少资源消耗,降低生产成本,提升经济效率和效益。

因此,数据资本对市场经济体制的重构,是数据资本对市场主体赋能,使企业在信息透明机制的基础上,将大规模生产和个性化定制进行有机结合,不仅可以实现生产模式的优化,也可以实现销售模式的优化,通过自觉调节有效降低市场盲目性,逐步从自发市场向自觉市场转变。

4 数据资本的市场交易规则

为了明确如何规范数据资本的市场行为,本章根据信息透明机制和数据垄断理论,从数据权利和义务关系分析数据资本的市场特点,论证数据资本市场交易流通的基本规则,包括数据确权、反数据垄断、数据安全和保护。

4.1 数据确权

4.1.1 数据确权的意义

第一,数据确权是数据交易的前提。罗纳德·科斯在《社会成本问题》中提出,如果没有初始的权利界定,就没有交换和重组它们的市场交易。①数据作为一种新的生产要素,已经成为经济社会发展的基础性、战略性资源,是现代经济生活的"信息石油",其经济价值日益凸显,在很大程度上决定着国家和企业的竞争能力。强大的市场需求必然要求明确数据权属,以通过数据交易进一步实现数据开放、数据共享,形成对数据资源的优化配置,更充分发挥数据的应用价值,提高经济活动的效率。

第二,数据确权是保障数据安全的基础。目前,国内存在大量个人数据被数字平台占有的情况。2017 年,华为、腾讯两家科技企业因为数据问题引发纠纷,其根源就是数据在生产、收集、流通和使用等过程中产权归属不清。政府数据在采集、存储、加工和利用的各个环节中,也有因为数据权属而引发的问题,如对数据实行过度控制导致"数据孤岛"。数据权属不清还可能引起数据泄露,由此对国家主权、安全造成威胁等。因此,通过对数

---

① Coase R H. The Problem of Social Cost[J].Journal of Law and Economics,1960,56(4): 1-44.

据权利归属主体的确定,使其承担起数据利用和保护责任,是个人数据保护、数据要素市场培育和国家数据安全保障的基础。

第三,数据确权是数据领域治理的依据。法律的发展通常滞后于社会发展,数据的快速发展和广泛应用,使得传统的法律理论和法律体系难以适用。因此,要对数据及相关领域进行有效治理,一方面要完善数据治理体系,特别是数据法治体系;另一方面要明确数据权属关系,通过数据确权清晰界定数据资源的相关权利人及其权利和义务关系。只有以法定的权利和义务关系为依据,才能依法实行数据治理,使数据权益得到保障。

4.1.2　数据确权的条件

第一,网络空间是数据权利的物质承载。互联网科技迅速发展,形成了一个区别于现实空间的网络空间。空间是具有一定物质性的存在,以物质设施设备及其之间的客观联系表现出来。网络空间物质性表现在三个方面:一是硬件,指信息通信设备、线路等物质技术设施系统;二是软件,指一系列按照特定顺序构建的计算机数据和指令集合,即应用操作的工具平台;三是链接,指在计算机程序的各模块之间传递数据,以形成一个可执行整体的过程,即数据传递。因此,网络空间所具有的物质性是法律适用的空间基础,网络空间的社会物质基础为数据确权提供了可能性。

第二,数据利润是数据权利的价值来源。生产要素的价值在于投入经济活动实现价值增殖。在农业和工业经济时代,生产要素是所有权和控制权的同一化,市场竞争的关键就是对各种资源的占有,传统生产要素的价值增殖是以所有权为基础实现的,其使用权和收益权都归集为所有权。数据作为生产要素投入经济活动,渗透到生产生活的各个方面,随着时间、空间或者状态的变化而变化,在所有权的基础上派生、演化成一系列新权属、权能,如数据收集、分析处理权利和数据产品的加工、交换权利等,但其追求价值增殖是明确的,即通过对数据的收集、加工获得数据利润。因此,数据权利一方面决定如何通过数据要素投入以实现价值增殖,另一方面决定数据要素所获价值增殖如何分配。在形式上,数据权利不再像传统要素归集为所有权,但本质上数据权利仍然是经济权利。

第三,数据法规是数据确权的法律依据。随着数据治理及其问题越来越被全社会重视,关于数据治理的实践探索不断推进,相关的法律和执行制度逐步健全,开始形成维护经济利益和信息安全的数据权益保障体系,为数据确权提供了基本的法律依据。相对于互联网的迅猛发展,传统的权利理论和治理体系表现出一定的滞后性,要对数据及其治理进行深入分析,从经济学、法学等学科系统解释相关经济社会现象,加强数据所有权、控制权和收益权等数据权利的理论研究,积极开展数据确权的实践探索,推动数据领域依法确权不断发展。

4.1.3 数据权属

4.1.3.1 个人数据权属

个人数据,又称个人信息、个人资料。2016 年 11 月 7 日,第十二届全国人大常委会通过的《中华人民共和国网络安全法》第七十六条规定:个人信息,是指以电子或者其他方式记录的能够单独或者与其他信息结合识别自然人个人身份的各种信息,包括但不限于自然人的姓名、出生日期、身份证件号码、个人生物识别信息、住址、电话号码等。

个人数据权作为一种新兴权利,是人格权在互联网时代的必然发展。一是数据具有财产的特征。研究认为数据控制者通过对数据的生产、存储、处理和交易以获取财产利益,其控制者实际上成为这种财产权的权利主体。[①] 二是数据具有“海量数据＋云计算”的特征。个人数据权的关键不在于所有者对个人信息的处理,而在于掌握了大量个人信息的数据控制者对数据集的分析处理,以及由此获得的经济利益。因此,面对个人数据的碎片化、开放性和不可控性,数据控制者通过大数据技术进行分析处理,将数据控制权拓展为数据用益权,个人数据权及其相应的财产收益权已从数据所有者转移到数据控制者。

4.1.3.2 企业数据权属

企业数据既包括反映企业基本状况的数据,一般指企业财务数据、运营数据和人力资源数据,也包括企业通过合同授权直接或间接采集的个人数据集合。企业作为数据权利主体,其数据权包括数据收集权、数据存储权、数据分析权、数据产品所有权和交易权。

第一,数据收集权。企业依法收集数据等同于获取原材料。企业收集数据多来源于用户信息,通过提供一定服务获取用户数据,是保障用户享受相应服务的必要支撑,在用户知情并同意的前提下进行,是企业与用户之间互惠互利的过程。在用户授权之前,企业无权对数据进行收集、加工,不能对数据进行控制。企业的数据收集权是其他数据权利实现的基础和前提,只有先获得数据收集的权能,其他权能才可能实施。

---

① 任丹丽.民法典框架下个人数据财产法益的体系构建[J].法学论坛,2021,36(2):89 - 98.

第二,数据存储权。在数据收集和加工过程中,需要将数据(包括初始数据、数据中间品、待售数据产品)存储在网络空间,企业对是否存储、如何存储等拥有法律规定范围内的自主决定权。企业可以通过自建自用网络空间存储数据,也可以租用网络空间存储数据,双方依法订立协议明确权利义务关系,约定储存的载体、方式、时间和其他技术要求等。

第三,数据分析权。数据分析权就是企业利用相关技术挖掘数据价值以生成各种数据产品的权能,包括对自有数据进行分析,以及通过协议受委托进行的数据分析。企业的数据分析权是收集权和存储权的经济延伸,其收集、存储的初始数据和数据中间品是生产过程的中间投入,需要进行进一步数据分析才能实现价值增殖,即通过数据分析制作数据产品,在市场交易中获取数据利润。

第四,数据产品所有权和交易权。企业对所获取的数据进行加工,制作成数据产品,可依法获得数据产品所有权,并在所有权的基础上进行数据产品交易,即数据产品交易权。目前,我国在立法和司法上都将"匿名化"作为数据权属划分的标准。对数据进行匿名化处理,能够在一定程度上隐匿个人特征,降低个人数据的安全风险,并且单条个人数据的商业价值极其有限,在数据匿名化后对大量个人数据进行再分析,才能使数据产生新的商业价值。对于匿名化的数据集,经用户授权取得个人数据并进行匿名化处理的企业享有所有权和交易权。对于未经过充分匿名化处理的数据,企业没有相应的所有权,个人作为数据主体的特征未发生根本改变。

4.1.3.3 政府数据的权属

政府数据,一般是指各级政府及其行政机关在依法履行职责过程中制作或者获取的,以一定形式记录、保存的各类数据资源。政府各部门持有社会化的大量原始数据,包括气象数据、道路交通数据、电力数据、司法案件数据、海关数据、出入境数据和居民个人信息数据等。

第一,政府数据具有非竞争性和非排他性。非竞争性是指某一个体对政府数据的使用权,不妨碍其他个体的使用权。非排他性是指某一个体对政府数据的使用权,不排斥其他个体的使用权。政府数据具有公共物品特质,政府作为权力机关而非一般市场主体,政府数据也不同于个人数据和企业数据。因此,可以将政府数据资源的性质类比国有土地、水资源、矿产资源、公共道路资源等,作为国有资产进行管理。

第二,政府数据的权益均衡性。政府数据的开放共享不是政府数据的完全公开,也不是要对其中个人数据、企业数据的权属做出根本性改变,而是在对公民和企业权益有效保护的基础上依法、合理地利用,充分体现数据权益的均衡性。如果政府以共享数据的方式侵犯了个人数据、企业数据的相关权益,应承担相应的法律责任。因此,政府部门应在确保国家安全、社会稳定和保护个人隐私、商业秘密的前提下,平衡数据安全和数据开放之间的关系,有序实现政府数据在政府、企业和公民个人之间的共享。

第三,政府数据共享有助于提升治理能力。政府数据开放共享,可以为公民个人和社会组织办理行政事务提供便利,通过"数据多跑路、群众少跑腿"提升行政服务效率;也可以鼓励企业发挥技术优势进行数据融合,通过市场制度提升政府数据分析能力,为处理复杂社会问题提供新手段。实行基于数据的科学决策,是建设法治政府、创新政府、廉洁政府和服务型政府的必然要求,也是政府数据权益的最大实现。因此,应整合各行政部门的数据,设立专门机构负责数据的集成化运行管理,通过开放、共享实现政府数据的经济社会价值。除依据相关法律规定应当予以保密的数据,政府数据应开放供社会利用。

4.2 数据交易和反数据垄断

4.2.1 数据交易

4.2.1.1 数据交易及其相关方

数据交易是指通过特定的交易平台,使数据、资金和数据权属在不同主体之间发生流转,通过市场机制实现数据供需匹配的经济活动。数据作为一种新的生产要素,在经济生活中不可或缺,且市场需求不断扩大,数据交易日渐活跃。目前,数据交易所涉相关方包括初始数据来源方、数据产品售卖方、数据产品购买方、数据交易平台方和数据交易监管方。

第一,初始数据来源方。初始数据来源方即交易数据的源头,主要是数据收集者的用户,包括个人用户和单位用户。个人用户因人数规模大而在日常活动中产生大量数据,具有多样性、高度分散的特点,且单一或少量人数的数据价值很小,故个人用户自我处理数据没有经济意义。单位用户如企业、社会组织、政府机构等,拥有比较大的单位数据量且一般为结构化数据。这些初始数据多是为获得相应服务所需而对应提供,用户一般不直接参与数据交易。

第二,数据产品售卖方。数据产品售卖方通过收集数据并进行分析处理,按市场需求加工成数据产品,是交易过程中数据产品的主要提供者,是直接参与数据交易的主体之一。数据产品售卖方一般是专业数据企业,特别是大数据平台企业,在获得数据来源方授权后进行数据的采集、使用,包括通过合法手段进行数据爬取、数据众包、合作协议、用户免费的数据共享、外部采购等,根据要求对存在个人隐私、保密信息的数据进行脱敏处理,在数据合规后进行数据交易。数据企业通过外包代工制作数据产品,也需对加工过程进行数据安全等监督,保证数据来源、加工过程和数据产品的合规性。

第三,数据产品购买方。数据产品购买方处于数据交易链的终端,是数据产品的需求者,其购买数据产品可用于自身消费,也可作为中间消耗用于生产经营以获取收益。数据产品购买方追求的是数据产品的内在价值,在数据交易中获得所需数据产品使用权,通过对数据的后续利用挖掘其经济社会价值。

第四,数据交易平台方。数据交易需通过一定的平台进行数据产品市场流通。一种是提供数据产品和数据交易服务的企业数据平台,另一种是第三方数据交易平台。和传统的交易平台不同,数据交易平台不仅提供交易空间、撮合交易,还是交易技术手段的提供者和交易监管的参与者,已和数据交易过程深度融合,集商业服务和交易监管于一体,成为越来越重要的相关方。

第五,数据交易监管方。政府有关部门制定数据交易规则并监督执行,保障各相关方的合法权益,保护数据安全,依法行使数据交易监管职能。由于数据涉及社会生活的各方面,并开始呈现"元宇宙"的特征,需实行多主体监管,信息和网络主管部门、市场监管部门、技术监管部门等进行直接监管,其他相关业务主管部门如教育、文化、卫生部门等协同监管,工会、妇联、共青团等群众团体为维护社会群体的权益配合监管,共同维护数据交易市场秩序。

4.2.1.2　第三方数据交易平台

随着数据交易量的快速增加,由此产生了专业化的数据交易市场。2014 年,北京大数据交易服务平台、数海大数据交易平台正式发布上线,为数据供给者和数据需求者提供数据交易场所,使得数据的供需交易有了专业平台支撑。2015 年前后,我国大数据交易服务平台建设进入快速发展时期,贵阳大数据交易所、武汉东湖大数据交易中心、华中大数据交易所、河北大数据交易中心等 11 家大数据交易平台陆续上线,全国性的数据交易体系开始形成,各个平台也在不断探索、完善数据市场交易规则。

国外的数据交易平台有多种模式。第一种是数据交易平台 C2B 分销模式,用户将自己的个人数据贡献给数据平台,数据平台向用户给付一定数额的商品、货币、服务等价物或者优惠、打折、积分等对价利益。美国Personal.com公司的交易平台即为这种模式,公司向用户提供一个在线"数据宫",将其划分为称作"精品"的许多小隔间,用户可将个人数据存储在其中,通过将"精品"的接入权卖给商业机构,从而实现个人数据的货币化,平台从交易额中抽取10%作为自己的收益。

第二种是数据交易平台B2B集中销售模式,数据交易平台以中间代理人身份为数据卖方和买方提供数据交易撮合服务,数据买卖双方都是经交易平台审核认证、自愿从事数据交易的实体公司。美国微软Azure、Datamarket、Factual、Infochimps等数据中间平台大多属于此类模式。

第三种是数据平台B2B2C分销集销混合模式,平台以数据经纪商身份收集用户个人数据并将其转让给他人,主要以Acxiom、CoreLogic、Datalogix等数据经纪商为代表。Acxiom为市场营销和欺诈侦探提供用户数据和分析服务,数据库中包括全球范围内7亿用户的个人数据。CoreLogic主要向商业和政府机构提供包括财产信息、消费信息和金融信息在内的用户数据和分析服务,数据库中包含7.95亿条资产交易历史数据等信息。Datalogix向商业机构提供涵盖几乎每个美国家庭、涉及金额超过1万亿美元的交易信息。

4.2.2 反数据垄断

相比传统的以市场支配地位认定的垄断,数据垄断是一种新形式的垄断。目前,对数据垄断都是基于拥有大规模数据的分析,主要是指少数几家公司持有并控制大量数据,拥有大量数据的数据寡头具有强大的市场竞争优势,并有滥用市场支配权的可能。[①]

4.2.2.1 数据垄断的形成

2021年4月,国家市场监督管理总局依法对阿里巴巴集团控股有限公司在中国境内网络零售平台服务市场实施"二选一"垄断行为作出行政处罚,根据反垄断法第四十七条、第四十九条规定,责令阿里巴巴集团停止违法行为,并处以182.28亿元罚款,同时向阿里巴巴集团发出《行政指导书》,要求阿里巴巴在合规管理、维护公平竞争等方面全面整改。这是反垄断法施行以来罚款金额最高的一次,也是针对国内网络平台企业力度最强

---

① 孟小峰,朱敏杰,刘立新,等. 数据垄断与其治理模式研究[J]. 信息安全研究,2019,5(9):789-797.

的一次执法行动，表明数据垄断作为垄断的新形式，其影响日益严重，已引起监管部门的高度重视。

在国外市场，2017年欧盟对Google滥用市场地位开出的24亿欧元罚单，刷新了监管机构罚款数额的纪录。2019年2月，德国反垄断监管机构联邦卡特尔办公室对Facebook作出裁定，认为其滥用其市场支配地位，在用户不知情或"非自由"同意的情况下通过API等方式从第三方网站或应用搜集用户信息，禁止Facebook在未经用户授权场景下将其自身社交网站产生的数据与从第三方网站获取的数据进行融合。欧盟委员会在2019年也宣布正式对亚马逊（Amazon）启动反垄断调查，以评估在使用其平台上独立零售商的数据时是否违反欧盟竞争法，并起草"黑名单"对名单上的公司进行更严格的法规监管。

数据垄断在实现方式上就是市场壁垒。现有研究认为，现实中数据一定程度的排他性、质量和价值的差异性、高昂的收集成本、锁定效应和转换成本、网络效应等实然属性提高了数据市场的进入壁垒。① 从演进历程看，数据垄断主要有以下几种方式：

第一，凭借数据排他性滥用市场支配地位。大型平台企业的市场支配地位，主要来自于数据竞争优势，其拥有的技术优势、人才优势、规模优势等，形成了数据排他性的有利条件。为了强化数据排他性以获取超额利润，大型数据平台通过排他性协议等，约定用户接入自己的数据系统就不可接入其他平台的数据系统，一方面使处于弱势地位的众多用户失去了市场选择权，另一方面使其他数据平台由于用户减少而失去数据补充、更新机会，数据竞争力被削弱。这种凭借数据排他性滥用市场支配地位的行为构成了数据垄断，其极端表现就是通过非法手段对数据进行独家控制。

第二，数据收集成本抬高新经营者的门槛。尽管数据收集在经济活动中越来越普遍，且技术也在不断升级，但收集成本依然较高，主要有技术成本即数据收集技术系统的研发投入，人力成本即研发、分析、运营的人才引进和培养投入，营销成本即达到盈利水平的用户终端接入规模的投入，其中任何一项成本对新经营者都是很高的进入门槛。法国竞争管理部门和德国卡特尔办公室在《竞争法与数据》的报告中指出："尽管数据本身是非竞争性的，但获取这些数据的成本高得令人望而却步。因此，独家访问这

---

① 殷继国.大数据市场反垄断规制的理论逻辑与基本路径[J].政治与法律，2019（10）：134-148.

些数据被视为一种重要的竞争优势。"[1]已经取得数据市场支配地位的经营者,由于拥有成熟的技术、稳定的团队、大量的用户等竞争优势,可以通过技术升级降低收集数据的成本,开发新产品或新服务以扩大盈利,进一步巩固其数据垄断地位。

第三,网络效应加深竞争鸿沟。在传统市场中,不论是现有经营者之间的竞争差异,还是已进入者和新进入者之间的竞争差异都客观存在。在数据相关市场中,少数大型平台企业占有大部分市场,对其他经营者具有竞争优势,网络效应进一步强化了这种优势,通过扩大竞争鸿沟以抵御其他经营者的挑战。对新进入者,已进入者则是凭借先发优势不断降低成本,扩大竞争差异,加深竞争鸿沟,实际上就是抬高门槛以阻拦新进入者。这样的平台数据规模越大,基于数据驱动的网络效应也越大,竞争对手取代它的难度就越高。因此,网络效应进一步强化了少数竞争优势者的垄断地位。

4.2.2.2　反数据垄断的基本途径

第一,完善数据相关领域反垄断法律制度。数据垄断和传统的市场垄断既有相通的一面,又有形式、原因上的特点。研究认为现行的反不正当竞争法、反垄断法等往往难以有效应对数据相关领域的垄断问题,需要针对数据市场的特殊性,推进数据相关领域的立法,与反垄断法等协同规制数据市场。[2] 2016 年 11 月,第十二届全国人大常委会通过《中华人民共和国网络安全法》。2021 年 6 月,第十三届全国人大常委会通过《中华人民共和国数据安全法》,8 月通过《中华人民共和国个人信息保护法》。这些法律的颁布施行和反垄断法等法律相结合,为有效治理数据垄断提供了法律依据,逐步实现了反数据垄断的"有法可依"。在国外,欧盟《通用数据保护条例》(GDPR)于 2018 年 5 月 25 日正式生效,其定义了隐私保护的七项基本原则,提出一系列更具操作性的要求与规范,规定适用于任何向欧盟消费者推销或销售产品的企业,严重违反者可被处以 2000 万欧元或上年度全球年营业额 4% 的罚款。美国《加利福尼亚州消费者隐私法案》(CCPA)于 2020 年 7 月 1 日正式实施,由于美国 90% 的互联网公司都集中在该州,包括 Google 和 Facebook 等,使该法案在美国甚至全球都有很大的影响力。日本《个人信息保护法》(APPI)借鉴欧洲和美国的信息保护

---

① Lasserre B, Mundt A. Competition Law and Big Data: the Enforcers' View[J]. 2018. DOI:10.12870/iar-12607.

② 林森. 互联网平台垄断的表现、影响及应对措施[J]. 中国发展观察,2021(22):62-64.

模式,以保护公民个人数据免遭泄露、丢失或损坏,对处理数据、数据托管实行第三方监督,并于 2017 年施行新版《个人信息保护法》。

第二,健全反数据垄断的执法体制机制。2008 年 8 月 1 日起施行的《中华人民共和国反垄断法》,第九条规定"国务院设立反垄断委员会,负责组织、协调、指导反垄断工作"。2008 年,在国务院有关部门的主要职责、内设机构和人员编制规定中,明确了国家工商行政管理总局、国家发改委和商务部的反垄断职责分工。随着市场经济的发展,反垄断面临许多新现象、新问题,也越来越为全社会关注。2018 年 3 月,按照《深化党和国家机构改革方案》组建国家市场监督管理总局,统一承担反垄断职责。2021 年 11 月,国家反垄断局挂牌,标志着中国特色统一高效权威的反垄断执法体制逐步完善。从 2018 年由国家市场监督管理总局内设反垄断机构,到 2021 年成立国家反垄断局,国家反垄断机构在 3 年后升格,一个重要原因就是近几年连续发生重大数据垄断事件,要求更权威、更高效的监管机构进行反垄断执法。

第三,强化竞争中性的公平发展环境建设。在做到有法可依、有效监管的同时,还要坚持竞争中性原则,政府及其执法机构对本土企业和外来企业、国有企业和民营企业、大企业和中小企业等要平等对待,为各类市场主体营造公平竞争、健康发展的良好环境,使其通过勤劳勤奋、创新创造获得市场优势,在法律范围内发展壮大,而不是冒险触碰法律红线通过垄断获取利润。2016 年 6 月,国务院印发《关于在市场体系建设中建立公平竞争审查制度的意见》,到 2019 年这一制度已经在全国基本建立。因此,要推动地方政府将制度落实落地,还要推动竞争中性原则由国内规则不断向双边规则、区域规则、国际规则演进,积极参与全球竞争治理,为企业创造更广阔的公平市场空间。

4.2.3　平台经济反垄断

互联网平台,是指通过网络信息技术,使相互依赖的双边或多边主体在特定载体提供的规则下交互,以此共同创造价值的商业组织形态。[①] 近年来,在大数据和海量用户的共同驱动下,平台经济已经成为快速发展的市场业态和经济模式,并在大范围内推动技术迭代更新、产业优化升级与市场空间扩张,极大地促进了市场繁荣和经济发展。

---

① 参见市场监管总局关于《关于平台经济领域的反垄断指南(征求意见稿)》,2020－11－10.

平台经济的快速发展具有规模经济效应、长尾效益和网络效应等特点。[①] 一是平台经济具有规模经济效应。从产业的角度看,传统产业较难形成集中度,在一定的区域范围内一般产业都会有数家乃至数十家企业参与竞争。平台经济由于经营不受地域、时间和自然资源等条件限制,拥有巨大的规模经济效应。头部平台企业利用所控制的大规模数据积累,能够迅速形成竞争优势,通过市场壁垒抑制中小企业和后发企业。二是平台经济具有长尾效益。传统产业的"二八法则"认为,商家应主要关注在20%的商品上创造80%收益的大客户需求,即只关注占20%的"头部",而忽视占80%的"尾部"。在网络时代,由于关注成本的大大降低,大多数的"尾部"消费者产生的效益甚至会超过"头部",使得庞大的长尾利基(Niche)商品也能带来极大的收益。因此,平台经济拥有边际成本递减甚至为零,而边际收益递增的优势。三是平台经济具有网络效应和财富效应。在数字经济时代,数据资本化能够产生财富效应,谁拥有数据谁就拥有资本和财富。摩尔定律、吉尔德定律,特别是网络价值与网络节点数的平方成正比的麦特卡夫定律,都表明平台经济本身可以通过数字技术进步与数据积累,实现成本陡降而效益倍增,产生网络效应和财富效应。

平台经济的上述特点,其拥有大量的数据累积并进行资本化,不仅易于形成数据垄断,且一旦形成就是大规模垄断,涉及范围广、影响深、烈度强,极可能使经济问题和社会问题、政治问题等相互交织。近年来,平台企业的垄断行为越来越多发,无论欧美国家还是中国都在加强立法执法反数据垄断,规制平台经济活动。未来一段时期,随着数据技术的快速发展,平台经济还会使数据垄断产生新变化,平台经济反垄断仍将是反垄断的重点之一。

4.3 数据安全和保护

随着各类数据迅猛增长、海量聚集,其对经济发展和人民生活都产生了重大而深刻的影响。数据安全和保护已成为事关国家安全与经济社会发展的重大问题。

---

① 刘英.坚持平台经济反垄断[N].中国纪检监察报,2021-03-11(007).

4.3.1　数据安全风险

数据安全是指通过必要措施,确保数据处于有效保护和合法利用的状态,以及具备保障持续安全状态的能力。数据安全的核心在于保护数据权益,保障数据合法流动。《中华人民共和国数据安全法》规定:国家保护个人、组织与数据有关的权益,鼓励数据依法合理有效利用,保障数据依法有序自由流动,促进以数据为关键要素的数字经济发展。因此,数据安全是促进经济发展、提升国家治理能力的重要因素,是国家安全的重要方面,数据安全保障能力是一个国家竞争力的直接体现。目前,数据安全面临的风险主要有以下 3 类:

第一,数据流转复杂化使得数据泄露风险增大。在数据生命周期的共享、交易等环节,数据的流动是常态,数据的静止存储是非常态。多环节的信息隐性留存,导致数据流转追踪难、控制难,使得数据在共享、交易过程中可能被非法复制、传播和篡改,生成数据泄露风险。在复杂的流转环境中,数据安全首先要保证国家重要数据、企业机密数据和用户个人隐私数据的安全。

第二,传统安全技术不足以防护多样化攻击手段。数据存储、计算、分析等技术的发展,促进了数据广泛应用,也派生了新型高级的网络攻击手段,传统的检测、防御技术暴露出严重不足,难以有效抵御外界的入侵攻击。传统防护通过在网络边界部署防火墙、IPS、IDS 等安全措施,以流量分析、边界防护的方式提供保护。数据环境下的高级可持续攻击(APT)具有隐蔽性高、感知困难等特点,常规安全措施基本无法防御。传统防护体系侧重于单点防护,数据环境下的网络攻击手段、攻击程序大量增多,出现许多传统安全防护体系无法应对的问题,数据安全的技术风险因素也在不断增加。

第三,数据环境中的个人数据安全风险。近年来,网络购物、共享经济、移动支付等迅猛发展,为消费者提供了便捷的服务,同时也存在个人数据泄露的风险。大型购物网站都对用户的消费习惯、购物痕迹等进行记录,社交平台也对用户的社交关系、活动轨迹等进行记录,甚至用户的电子邮件、聊天记录、浏览记录、电话短信等都被搜索平台、设备提供商记录存留。这些个人数据可以为平台更好满足用户需求提供依据,但也生成了个人隐私的泄露风险。而且,数据平台基于所收集的个人数据,对用户状态和行为进行分析与预测,通过推送广告诱导消费,对用户日常生活造成干扰,也加大了个人数据安全风险的社会影响。

4.3.2　数据保护法治化

数据保护法治化是全面依法治国,建设社会主义法治国家的重要内容和必然要求。2017年12月8日,习近平总书记在中共中央政治局就实施国家大数据战略进行第二次集体学习时指出,要切实保障国家数据安全,就必须加强政策、监管、法律的统筹协调,加快法规制度建设。加强数据保护立法,推动数据保护法治化,是保障数据安全的顶层设计,也是保护数据安全的基础工作。

2016年11月,第十二届全国人大常委会通过《中华人民共和国网络安全法》,规定"网络运营者应当对其收集的用户信息严格保密,并建立健全用户信息保护制度"。2019年5月,国家互联网信息办公室发布通知,"为了维护国家安全、社会公共利益,保护公民、法人和其他组织在网络空间的合法权益,保障个人信息和重要数据安全,根据《中华人民共和国网络安全法》等法律法规,国家互联网信息办公室会同相关部门研究起草了《数据安全管理办法(征求意见稿)》",向社会公开征求意见。这是在国家层面第一次将分散于有关法律中的数据安全管理规定统一为数据安全法规的立法行动,事实上成为《数据安全法》的立法准备和基础。

2021年6月,第十三届全国人大常委会通过《中华人民共和国数据安全法》,共7章55条,对数据安全与发展、数据安全制度、数据安全保护义务、政务数据安全与开放、法律责任作出具体规定。《数据安全法》是我国关于数据安全的首部法律,标志着我国在数据安全领域有法可依,其明确了数据安全主管机构的监管职责,健全了数据安全协同治理体系,提高了数据安全保障能力,是我国数据领域的基础性法律。

2021年8月,第十三届全国人大常委会通过《中华人民共和国个人信息保护法》,根据宪法对公民基本权利的规定,从个人信息保护的角度作出了有关保护个人数据安全的规定。《个人信息保护法》的出台,经过了较长时间的酝酿。2008年3月,在第十一届全国人民代表大会第一次会议期间,全国人大代表提出个人信息泄露已经成为一种社会公害,要加快个人信息保护法的立法步伐,保护个人信息安全。2020年5月,全国人大常委会法工委表示,个人信息保护法草案稿已经形成,近年来全国人大及其常委会在制定修改网络安全法、民法总则、刑法、电子商务法等法律中,对个人信息权益、个人信息处理规则、个人信息安全保护措施等作出规定,不断完善个人信息保护相关法律制度。2020年6月,第十三届全国人大常委会调整2020年度立法工作计划,将制定个人信息保护法列入其中。2020

年10月,个人信息保护法草案公开征求意见。《个人信息保护法》将分散于有关法律中的个人信息保护规定统一起来,对保护数据安全特别是个人数据安全提供了法律保障。

《数据安全法》和《个人信息保护法》《网络安全法》的正式施行,为我国数据保护法治化奠定了重要基础。国家司法机关和政府执法部门,要根据司法执法实践的发展,通过司法解释、行政规章、技术标准等,保证法律规定的有效执行。社会各方面要宣传数据安全法律,形成学习法律、遵守法律、维护法律的社会风尚,为数据安全法治化建设创造良好的社会基础。国家立法机关要适时进行法律修订,积极回应数据安全领域的新变化、新挑战。

4.3.3　数据安全技术规范

数据安全法律是从外部对数据安全的保护,是一种被动保护。数据安全技术是对数据自身的安全防护,也是对数据权益的主动保护。因此,要在数据安全技术的基础上,通过相关技术规范保护数据安全。

4.3.3.1　数据加密技术

数据加密(data encryption)技术是指将信息经过加密转换成无意义的密文而接收者经过解密后还原的技术,是网络安全技术的基石。

第一,链路加密技术。链路加密也称链路级加密、链路层加密,是同一网络内两点传输数据时在数字链路层加密信息的数据保密技术,通过网络进行数据传输,主服务器端发出的明文数据在离开主机时进行加密,传到下个节点时解密,往再下一节点传输时又重新加密,依次循环持续到数据的接收端,且每个节点所用的可能是不同密钥或不同加密算法。链路加密技术能为数据网上传输提供安全保证,链路上的数据都是密文形式,且数据传输的源点和终点也是保密的,即使在传输的过程中遭到病毒袭击,也能保障数据的安全。链路加密技术在多区段计算机系统中使用广泛,但保证每一个节点的安全性、密钥连续分配等不仅费用成本较高、管理难度大,对网络性能也有一定的限制。

第二,节点加密技术。节点加密技术是在网络节点处连接密码装置,由其将收到的数据解密后,再采用另一个密钥加密。这一过程在节点的安全模块完成后向下一节点传输,以避免数据在节点接受解密后的安全风险。节点加密技术和链路加密技术的共同点是能够对传输数据进行加密,以实现对数据的安全保护。节点加密技术在进行数据传输时加密,在传输过程中通过密文形式呈现,经过一定的加密处理后增加了对传输段落数据辨认的难度,安全性比较高。但是,由于发送方、接收方需要先解密成明文再进行加密,解密成明文这一过程在一定程度上也会影响数据的安全性。

第三,端到端加密技术。端到端加密技术是发送方将传输数据进行一定程度的加密处理,接收方收到加密数据再解密的技术。端到端加密使数据从源点到终点都以密文形式存在,没有任何节点的数据解密,消除了节点的泄密风险。和链路加密、节点加密相比,端到端加密易于运行维护且更可靠,但对数据传输的源点、终点不能保密,且只能对内容加密,容易丢失或泄露数据。

第四,对称密钥技术。对称密钥技术是发送者用自己的密钥将数据加密发出,接受者收到后用对方的密钥解密数据。这种技术是发送和接收数据的双方用相同密钥对明文加密或解密运算,要求双方都要保持密码安全性,以保障网络传输数据的安全性。对称密钥技术操作比较简单,具有运算量小、速度快、安全强度高等特点,现已被广泛应用。

第五,非对称加密技术。非对称加密技术就是公钥加密,在进行数据传输的过程中,发送方、接收方用于加密解密的密钥不同,通过密钥协议辅助实现通信安全,节省了密钥交换环节。非对称加密技术不仅能够对数据进行加密处理,还能实现对身份的验证,以保证信息的完整性。

第六,数字签名认证加密技术。数字签名认证加密技术是发送者对签名数据加密传输,接收者使用发送者的公开密钥对签名进行解密运算,以核实对方身份的真实性,普遍用于银行、电子贸易、网络税务安全部门等。数字签名能否有效发挥加密机制的作用,关键在于对密钥的生成、分发、安装、保管、使用、作废的全过程管理。

4.3.3.2 信息安全技术规范

第一,信息安全技术—网络存储安全技术要求。2019年8月,国家市场监督管理总局、中国国家标准化管理委员会发布《信息安全技术—网络存储安全技术要求》(GB/T 37939-2019)。这项中国国家标准规定了网络存储的安全技术要求,包括安全功能要求和安全保障要求,适用于网络存储的设计和实现,网络存储的安全测试和管理可参照使用。

第二,信息安全技术—个人信息安全规范。2020年3月,中国国家标准化管理委员会发布《信息安全技术—个人信息安全规范》(GB/T 35273-2020),针对个人信息面临的安全问题,根据《中华人民共和国网络安全法》等相关法律,规范个人信息控制者在收集、存储、使用、共享、转让、公开披露等环节的相关行为,以遏制个人信息被非法收集、滥用、泄漏等乱象,最大程度地保障个人合法权益和社会公共利益。

第三,信息安全—信息技术安全评估准则。国家标准 GB/T 18336《信息安全—信息技术安全评估准则》等同采用国际标准 ISO/IEC 15408(CC 标准),是当前国际信息技术产品领域接受度最高、应用最广的安全测评标准。2001 年,我国首次完成该国际标准向国家标准 GB/T 18336 的转化。在信息技术快速更新迭代、新产品和新应用衍生新要求的情况下,国际版 CC 标准不断得到更新和完善。目前,欧美等 31 个国家已实现 CC 评估结果的互认,多国以 CC 标准为产品测评的基础标准,将通过 CC 高保障级测评作为关键信息基础设施、重要行业领域核心产品的准入门槛,以抵御国家级或组织级的高水平网络攻击。CC 标准对维护国家网络安全具有基础性、全局性的重要意义,是大国间开展市场竞争和网络空间博弈的重要防线。

5　数据资本的价值测度

为了准确把握我国数据资本的发展现状,本章根据劳动价值理论、边际收益理论构建数据资本价值测度的指标体系,基于2013—2019年的相关数据,运用会计核算方法对全国和省级区域的数据资本存量进行价值测度,分析其时空异质性和数据资本密度,论证数据资本的规模、结构和分布特征。

5.1　数据资本价值测度的经济学原理

5.1.1　劳动价值论和数字劳动

劳动价值论是关于商品价值是由劳动决定的经济学理论。古典政治经济学创始人威廉·配第(William Petty)最早提出了劳动决定价值原理。经济学的主要创立者亚当·斯密(Adam Smith)认为劳动是价值的唯一源泉,提出商品中的劳动量是衡量其交换价值的尺度。英国古典政治经济学的主要代表大卫·李嘉图(David Ricardo)在亚当·斯密商品价值由耗费劳动决定的基础上,进一步提出决定商品价值的劳动是社会必要劳动,包含活劳动和投入在生产资料中的劳动。马克思的劳动二重性理论指出,同一劳动过程中存在着具体劳动和抽象劳动两个对立统一的方面,具体劳动生产商品的使用价值,抽象劳动生产商品的价值。

数据资本改变了人类劳动方式,产生了数字劳动。数字劳动一般指在数字经济背景下,以数据为关键生产资料的劳动方式,数据作为关键生产资料是数字劳动与其他劳动的主要区别。数字劳动以数据作为关键要素,与其他生产资料和劳动力一起创造出有形产品或无形产品,其具体的生产目的不同,劳动对象、所用工具、操作方法和传统的农业劳动、工业劳动不同,具有新的特点。研究认为,认知式、交往式、合作式劳动成为数字劳动的重要样态,使得劳动者的自主性得以增强和张扬,并带来社会关系的新发展;数字劳动背景下劳动空间和劳动时间变化的新图景,使得"自由劳动"成为可能;数字劳动鲜明的社会性和创新性,为人的自由创造活动提供了更大舞台;数字劳动价值创造释放的巨大能量有利于人的潜能发挥,数字技术极大提高了人类的工作和学习效率。① 因此,数字劳动生产出数字化产品或数字服务以满足消费者需要,通过具体的数字劳动创造商品的使用价值,表现在具体劳动方式上的新变化。

数据作为生产资料加入劳动过程,并没有改变其抽象劳动的一面。数字劳动产品的交换价值也是由无差别的一般人类劳动凝结而成。

第一,数字劳动是利用一定生产资料的实践活动。历史上的工农业劳动,是在相应的生产资料基础上的生产劳动,工厂、机器、农具、土地等是必不可少的生产资料。而科学技术在生产中的应用,使劳动对象的范围更广、劳动工具性能更好,更有利于提高劳动生产率。和工农业劳动一样,数字劳动也离不开生产资料,但其科学和技术水平更高,包括通信基础设施、数据分析处理的电子设备、各类软件系统等。因此,在利用生产资料进行劳动上,数字劳动和历史上的人类劳动没有差别。

第二,数字劳动是耗费脑力或体力的劳动。历史上的任何劳动,都是人的脑力或体力的耗费。随着科学技术的进步,生产工具不断发展,使得体力劳动的强度逐渐降低,脑力劳动的比重越来越高。数字劳动比工农业劳动的脑力消耗更高,对劳动者的素质要求也更高、培养成本更大。当今社会科技创新和知识创新越来越重要,科技劳动和管理劳动等脑力劳动不仅作为一般劳动在价值创造中起着重要作用,而且作为更高层次的复杂劳动,创造的价值要大大高于简单劳动。因此,数字劳动的报酬已成为交换价值的主要成分。

第三,数字劳动的价值是由使用价值承担。历史上任何劳动产品,其价值都是由使用价值承担的。在一定社会实践条件下,产品的有用性是价值的物质承担者。数字劳动产品的使用价值也是在一定的物质技术条件下实现的,且现代科学技术可以放大使用价值和价值。因此,数字劳动的价值应包含为购买者提供使用条件的成本,包括应用场景的开发、维护、升级和运营等成本。

---

① 李仙娥.数字劳动:美好生活的新课题[N/OL].中国社会科学报,2019 - 06 - 04[2023 - 04 - 11].http://ex.cssn.cn/zx/bwyc/201906/t20190604_4912579.shtml.

5.1.2　边际经济学和数据资本

边际效用(marginal utility)理论就是以效用解释价值形成过程,解释交换价值和边际效用关系的经济学理论,由英国经济学家威廉姆·斯坦利·杰文斯(William Stanley Jevons)、奥地利经济学家卡尔·门格尔(Carl Menger)、法国经济学家里昂·瓦尔拉斯(Léon Walras)提出。其中,边际效益递减是指在技术水平不变的前提下,任何物质产品生产所投入的固定要素和可变要素之间存在一个最优比例,当可变要素的投入超过某一临界点时,则新增每一单位可变要素所获得的报酬是递减的。边际效用理论的研究假设是资源的稀缺性,因为资源稀缺而引发竞争,而这种竞争使得边际效益递减,最终达到一种均衡状态,即产品的边际效益等于产品的边际成本。

在以往的农业经济和工业经济中,边际效益递减现象是非常普遍的,边际效益递减规律可以很好地解释传统生产要素的投入与产出关系。在现代数字经济中,边际效益的变化规律呈现出新的特点。

第一,数据要素的投入特点,使相关产品的边际成本呈递减趋势。一是与数据要素相关的基础设施在建设期投入强度高。数据基础设备设施技术含量高、制造工艺精细、系统复杂、空间分布广、建设规模大,但运行、维护基本是自动化智能化,投产使用后资源消耗低,在基础建设成本上呈现出先高后低、逐步递减的特点。二是相关产品的生产在前期研发投入强度高。数字技术的开发起点高,不仅要购买相关的技术专利,而且要组建一定规模的专业技术团队,即存在比较高的固定成本,当该技术投入应用后就可以通过复制、衍生开发等提供产品或服务,新增技术成本低,与数据要素相关技术的边际成本是递减的。

第二,网络外部性使数据相关产品的边际收益呈递增趋势。网络外部性就是指一个网络系统的价值主要取决于使用该网络的人数,用户使用网络中的某类产品的效用与用户数量呈现正相关,即用户数量越多,每个用户的效用也越高。一方面,网络外部性随着市场规模越来越大,用户数量越多效用就越大,效用越大又使用户数量增加,最终使得边际收益递增。另一方面,用户既是消费者也是数据来源,用户数量越多数据来源就越丰富,数据资本可以获得更大的数据规模,增强盈利能力,使边际收益递增。

第三,数据资源没有传统资源那样的稀缺性。边际效用理论认为资源稀缺而引发竞争,竞争导致边际效益递减而达到最终的均衡状态,因为传统的资本都是利用自然物质资源实现价值增值的,而自然物质资源的利用往往是一次性的,具有明显的稀缺性。数据资本主要是利用数据资源,数据资源可以重复利用、深度利用,没有传统物质资源那样的稀缺性。

因此,对数据资本进行价值测度,要充分考虑上述特点对其价值的影响,使价值测度更加符合实际。

5.2 数据资本价值测度的指标和方法

从宏观经济核算看,资本就是指再生产过程中的要素投入。现有研究对各类物质资本和无形资本的测度,多使用直接支出法,即从成本投入的角度测算资本存量。因此,本书对数据资本的测度也从投入角度出发,构建数据资本价值测度的指标体系。

5.2.1 指标体系构建

数据资本价值测度的指标以劳动价值论的科学分析为选取原则,综合考虑经济社会发展实际和数据资本的效益特点,以对全国和各省(市、自治区)的数据资本存量测度为目标,构建数据资本价值测度指标体系(见表5-1)。

表 5-1 数据资本价值测度指标体系

二级指标	三级指标
基础设施投入	通信设备固定资产投入
	信息传输、软件和信息技术固定资产投入
	科学技术研究(数字技术研究)固定资产投入
研发投入	信息传输、软件和信息技术行业人员薪资
	科学技术研究(数字技术研究)行业人员薪资
	计算机、通信及电子设备 R&D 经费
	计算机、通信及电子设备新产品开发经费
应用投入	软件产品投入
	信息技术服务投入
	嵌入式系统投入

第一,基础设施投入。基础设施是数据资本形成的物质技术条件,是

衡量数据资本存量的重要因素,包括传统的通信基础设施、新一代信息软件技术和科研设备设施。因此,选取通信设备固定资产投入,信息传输、软件和信息技术固定资产投入,科学技术研究行业中和数字技术相关的固定资产投入这 3 项三级指标,测算数据资本存量中的基础设施投入。

第二,研发投入。研发投入主要包括人力资本、研发资本的投入。因此,选取信息传输、软件和信息技术行业人员薪资,科学技术研究行业中数字技术研究人员薪资 2 项指标测算数据资本存量中的人力资本投入;选取计算机、通信及电子设备 R&D 经费,计算机、通信及电子设备新产品开发经费 2 项指标测算数据资本存量中的研发资本投入。

第三,应用投入。选取软件产品投入、信息技术服务投入、嵌入式系统投入 3 项指标测算数据资本存量中的应用投入,其中信息技术服务主要是指利用计算机、通信网络等技术对各种数据进行生产、收集、处理、加工、存储、运输、检索和利用,并提供信息服务的业务活动;嵌入式系统是以应用为中心,以现代计算机技术为基础,能够根据用户需求(功能、可靠性、成本、体积、功耗、环境等)灵活裁剪软硬件模块的专用计算机系统。因此,以上 3 项指标均是应用投入的重要指标。

5.2.2　测度方法选择

5.2.2.1　永续盘存法

近年来,资本测算越来越受关注,出现了多种关于资本测算的方法,其中包括直接支出法。直接支出法是基于成本投入的角度对各项资本进行测算,以相对客观的会计和统计资料为基础,通过支出金额测算各项资本,具有较强的客观性、准确性和可行性。在研究无形资本时,伦纳德·中村(Leonard Nakamura)及其之后的大部分研究都使用了直接支出法。[①] 在研究信息通信技术制造业资本存量时,詹宇波等使用了直接支出法基础上的永续盘存法(PIM)。[②] 在研究中国分行业物质资本存量时,杨轶波使用的也是以直接支出法为基础的永续盘存法。[③]

永续盘存法(perpetual inventory method,PIM)是估算资本存量的基

① Nakamura L. Intangibles：What Put the New in the New Economy？［J］. Business Review,1999：3 - 16.

② 詹宇波,王梦韬,王晓萍.中国信息通信技术制造业资本存量度量：1995 - 2010[J].世界经济文汇,2014(4)：62 - 74.

③ 杨轶波.中国分行业物质资本存量估算(1980—2018 年)[J].上海经济研究,2020(8)：32 - 45.

本方法,其原理是将不同时期资本流量逐年度调整、折算,以累加成意义一致的资本存量,在经济合作与发展组织(OECD)成员间被广泛应用。[①]

采用直接支出法基础上的永续盘存法测算数据资本存量,计算公式为:

$$K_t = K_{t-1}(1-\delta_t) + I_t \qquad (式5-1)$$

式中,K_t 为 t 期的资本存量,K_{t-1} 为上一期的资本存量,δ_t 为资本折旧率,I_t 为 t 期投资量。因此,在估算数据资本存量前,先要确定折旧率 δ_t、当期投资量 I_t 和基期资本存量 K_0。

5.2.2.2　折旧率的确定

第一,通信设备等固定资产的折旧率。美国经济分析局根据实地调查数据认定计算机的使用年限为 7 年,通信设备的使用年限为 11—15 年;日本根据"财务省关于折旧资产使用年限的规定"认定计算机的使用年限为 4 年,通信设备为 6 年。我国主要根据《中华人民共和国企业所得税法实施条例》和若干省(市、自治区)发布的《企业会计手册》等制度规定,将通信设备等相关资产的使用年限定为硬件计算机为 4—10 年、通信设备为 5—10 年。进一步考虑《OECD 资本测算手册》Annex A 的相关规定和有关研究文献,将通信设备等相关固定资产的使用年限定为 8 年较为合适,假设退役时按 10% 的残值率计算,可得到通信设备等固定资产的折旧率为 0.315。

第二,研发资本的折旧率。经济合作与发展组织 2012 年报告显示,在核算研发(R&D)资本时,德国、意大利、葡萄牙等大部分国家采用的平均服务年限为 10 年,美国、芬兰等少数国家的 R&D 服务年限依据行业设定不同值。[②] 因此,暂假定研发资本的平均服务年限为 10 年。按照国家税务总局关于固定资产残值比例的规定,假定残值率为 0.05,并采用几何效率递减方法计算得到折旧率为 0.26。2012 年后,企业商品与服务更新换代开始加快,使得研发资本折旧率较 2012 年有所上升。根据财政部和国家税务总局 2014 年 10 月联合印发的《关于完善固定资产加速折旧企业所得税政策的通知》,对所有行业企业 2014 年 1 月 1 日后新购进的专门用于研发的仪器、设备,单位价值超过 100 万元的可缩短折旧年限或采取加速折旧的方法。因此,将研发资本服务年限缩减为 9 年,计算得到折旧率约为

①　Goldsmith R W. A Perpetual Inventory of National Wealth[M]//Studies in Income and Wealth, Volume 14. Cambridge, MA: NBER, 1951: 5 - 73.

②　OECD. Second Task Force on the Capitalization of Research and Development in National Accounts[R]. OECD Working Paper, No. STD/CSTAT/WPNA(2012)29, 2012.

0.28,并将其作为 2013—2019 年的研发资本折旧率,以捕捉 R&D 资本折旧加速的态势。

第三,计算机软件的折旧率。美国经济分析局将商业软件包和委托开发软件的使用年限设为 3 年和 5 年,其对应的折旧率分别为 0.55 和 0.33。Corrado 等在测算时选用 0.33 作为软件无形资本的折旧率,也是大多数文献所沿用的固定折旧率。[①] 日本财务省将软件使用年限设定为 5 年,在 10%残值率下算得折旧率为 0.369。因此,假设软件摊销期为 5 年。根据国家税务总局《关于固定资产加速折旧税收政策有关问题的公告》(国家税务总局公告 2014 年第 64 号),计算机、通信和其他电子设备制造业,信息传输、软件和信息技术服务业等行业企业 2014 年 1 月 1 日后购进的固定资产(包括自行建造),允许按不低于企业所得税法规定折旧年限的 60%缩短折旧年限,或选择采用双倍余额递减法或年数总和法进行加速折旧。由于软件依附于计算机设备等固定资本,且摊销期内具有明显的“前期折旧较快,后期折旧慢”的特征,因此,采用年数总和加速折旧法,计算得到新增软件在使用年限内每期折旧率分别为 5/15、4/15、3/15、2/15 和 1/15。

5.2.2.3 价格指数的确定

第一,软件价格指数的确定。郑世林在对中国无形资本存量估算时,对软件价格指数采用的是消费者价格指数(0.6)与固定资产投资价格指数(0.4)合成的新指数进行平减。[②] 因此,对软件价格指数的确定参照此办法。

第二,R&D 价格指数的确定。魏和清在估算研发投入时,对 R&D 价格指数的确定是将研发支出分为资产性支出和日常性支出,并分别使用固定资产投资价格指数对资产性支出进行价格平减,用消费价格指数对日常性支出进行处理。[③] 因此,对 R&D 价格指数的确定参照此办法。

第三,通信设备等相关固定资产价格指数的确定,参考国家统计年鉴中计算机、通信和其他电子设备制造业的价格指数。

第四,人员工资价格指数,按照居民消费价格指数确定。

① Corrado C,Hulten C,Sichel D. Intangible Capital and Economic Growth[R]. NBER Working Papers,2006,No.11948.

② 郑世林,杨梦俊.中国省际无形资本存量估算:2000～2016 年[J].管理世界,2020,36(9):67-81.

③ 魏和清,方智.我国研发投入要素的区域差异及时空演化特征[J].统计与决策,2020,36(6):48-53.

5.2.2.4 基年存量的确定

考虑数据的可得性,以 2013 年作为基年。对基年的数据资本存量测算,参考 Harberger[1]、Hall 和 Jones[2]、单豪杰[3]、郑世林和张美晨[4]等的研究,假定在稳定状态下经济增长率与投资增长率相等,可得 2013 年数据资本各分项存量的计算公式为:

$$K_0 = I_0/(g + \delta) \tag{式 5-2}$$

式中,I_0 表示基期的投资量,g 表示投资增长率(对应为 2013—2019 年的几何平均增长率),δ 表示资本折旧率。由此,可得出 2013 年中国数据资本各分项的基年存量。

5.3 中国数据资本存量的价值测度

5.3.1 数据来源和处理

2013—2019 年全国和各省(市、自治区)数据资本存量测度的数据,主要来自《中国统计年鉴》和《中国电子信息产业统计年鉴》,不包含香港、澳门、台湾地区的数据。

其中,科学技术研究(数字技术研究)固定资产投入根据科技服务业分类进行计算。《国家科技服务业统计分类(2015)》将科技服务业分为“科学研究与试验发展服务、专业化技术服务、科技信息服务”等 7 大类,“科技信息服务”包含的 15 个小类中与数字技术相关的有“互联网接入及相关服务、软件开发、数据处理和存储服务”等 7 个小类。根据上述分类,参考齐岳和孙丹心[5]的方法对相关指标赋予相同权重,将数字技术研究在科学技术研究中所占比例定为 1/15,按此比例从科学技术研究固定资产投入计

① Harberger A. Perspectives on Capital and Technology in Less Developed Countries [M]//Artis M J, Nobay A R. Contemporary Economic Analysis. London:Croom Helm, 1978: 69-151.

② Hall R E, Jones C I. Why Do Some Countries Produce So Much More Output per Worker than Others[R]. NBER Working Papers,1999,No.6564.

③ 单豪杰.中国资本存量 K 的再估算:1952～2006 年[J].数量经济技术经济研究,2008,25 (10):17-31.

④ 郑世林,张美晨.科技进步对中国经济增长的贡献率估计:1990—2017 年[J].世界经济, 2019,42(10):73-97.

⑤ 齐岳,孙丹心.企业社会责任评价方法对比研究及启示——以医药行业上市公司为例 [J].管理学刊,2017,30(1):42-51.

算得到。科学技术研究（数字技术研究）行业人员薪资亦按此比例，从科学技术研究行业人员薪资计算得到。

软件产品投入、信息技术服务投入、嵌入式系统投入，根据软件产品收入、信息技术服务收入和嵌入式系统收入，扣除相应的出口收入后得到。

计算机、通信及电子设备 R&D 经费，参照侯睿婕估算的计算机、通信和其他电子设备制造业为制造业 17.1% 的比例，[①]从 R&D 经费按比例计算得到。计算机、通信及电子设备新产品开发经费亦按此比例，从新产品开发经费计算得到。

数据缺失值主要有两类。第一类是统计年鉴上中间数据的缺失，用缺失值前后年份的均值进行估计。第二类是统计年鉴上前端数据的缺失，已有数据为从 i 年到 j 年，则缺失年份 i−1 年的估计值 A_{i-1} 为：

$$A_{i-1} = \frac{A_i}{\sqrt[j-i]{A_j / A_i}} \qquad （式 5 - 3）$$

以此类推，可计算出其他缺失年份数据。

5.3.2　测度结果

根据数据资本价值测度指标体系，通过对数据进行会计处理，得到全国数据资本存量和增长率的测度结果（见图 5‑1）。全国数据资本从 2013 年的 7.1573 万亿元增长到 2019 年的 14.3300 万亿元，呈现逐年增长的态势；年增长率在 2018 年前逐年回落，2019 年反弹回升。

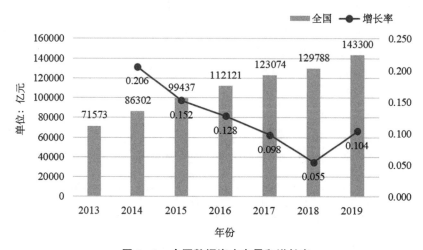

图 5‑1　全国数据资本存量和增长率

① 侯睿婕. 中国研发资本存量估算及其经济效应研究［D］. 杭州：浙江工商大学，2020.

通过会计核算,得到 2013—2019 年各省(市、自治区)数据资本存量的测度结果(见表 5-2)。

表 5-2　中国各省(自治区、直辖市)数据资本价值测度　　单位:亿元

地区	2013	2014	2015	2016	2017	2018	2019
北京	7794	9383	10928	12255	14093	16406	19442
天津	1052	1459	1946	2372	5598	4951	4558
河北	1334	1432	1449	1534	1587	1568	1880
山西	949	885	832	734	561	480	476
内蒙古	863	980	853	754	720	715	738
辽宁	7157	7506	7258	5840	4776	3651	3416
吉林	1163	1280	1440	1579	1861	1957	1703
黑龙江	1497	1455	1353	1407	1306	1125	1024
上海	4549	5482	6379	7101	7873	8553	9883
江苏	10855	13204	15097	16675	18052	18012	18734
浙江	3501	4578	5763	6827	7919	9071	10729
安徽	636	837	1099	2123	2060	2034	2159
福建	1966	2714	3594	5726	6006	6315	6575
江西	726	750	786	843	903	956	1148
山东	4011	5742	7375	8632	9207	10021	10964
河南	871	1104	1435	2629	2426	2331	2253
湖北	2002	2862	3015	3282	3494	3827	4437
湖南	1256	1393	1646	1785	1943	2145	2630
广东	10530	12563	13736	14961	16438	17864	20031
广西	899	943	1296	1193	1118	1104	1347
海南	209	227	297	363	439	549	627
重庆	1330	1591	1973	2269	2548	2756	3211
四川	2794	3478	4246	4831	5404	6064	7007
贵州	439	493	562	709	776	906	965
云南	593	653	657	789	820	829	841
西藏	51	62	75	84	93	158	117

（续表）

地区	2013	2014	2015	2016	2017	2018	2019
陕西	1555	2045	2503	2919	3288	3734	4717
甘肃	486	491	496	512	459	449	449
青海	117	126	190	274	243	269	295
宁夏	127	153	187	220	244	228	222
新疆	264	434	972	899	817	760	719

5.3.3 结果分析

第一，中国数据资本存量的地域分布不均衡，东部地区明显高于中西部地区。2019年，中国数据资本存量最高的前10个省市分别是广东、北京、江苏、山东、浙江、上海、四川、福建、陕西、天津，主要位于东部地区；排名靠后的西藏、宁夏、青海、甘肃、山西、海南、新疆、云南、贵州、内蒙古等10个省份，大部分位于西部地区。2019年数据资本存量超过1万亿元的5个省份均属东部地区，低于0.1万亿元的10个省份均属于中西部地区（见表5-3）。凭借其经济发展优势，东部地区拥有充足的人才资源和技术支持，且高新技术产业发展较快，使得数据资本的存量相对较高。

表5-3　中国部分省市数据资本存量　　　　单位：亿元

地区	2013	2014	2015	2016	2017	2018	2019
广东	10530	12563	13736	14961	16438	17864	20031
北京	7794	9383	10928	12255	14093	16406	19442
江苏	10855	13204	15097	16675	18052	18012	18734
山东	4011	5742	7375	8632	9207	10021	10964
浙江	3501	4578	5763	6827	7919	9071	10729
贵州	439	493	562	709	776	906	965
云南	593	653	657	789	820	829	841
内蒙古	863	980	853	754	720	715	738
新疆	264	434	972	899	817	760	719
海南	209	227	297	363	439	549	627
山西	949	885	832	734	561	480	476

地区	2013	2014	2015	2016	2017	2018	2019
甘肃	486	491	496	512	459	449	449
青海	117	126	190	274	243	269	295
宁夏	127	153	187	220	244	228	222
西藏	51	62	75	84	93	158	117

第二,数据资本存量的分布呈现出两极分化。2013—2019 年,广东、北京、江苏、山东、浙江 5 个省份数据资本存量占全国比重一直保持在 50% 以上,西部地区数据资本存量总和不到上述 5 省份的 10%（见图 5-2）。2019 年,广东省数据资本存量为 2.0031 万亿元,是西藏、宁夏、青海、甘肃、山西、海南、新疆、云南、贵州、内蒙古等 10 个省份数据资本存量的 3 倍。数据资本大量集中在广东、北京、江苏、山东、浙江等省份,尤其是广东、北京、江苏,原因在于数据资本的增长主要依赖于技术、创新与人才等方面的投入,而人口流动与其他要素集聚的乘数效应,加剧了数据资本存量的两极分化。

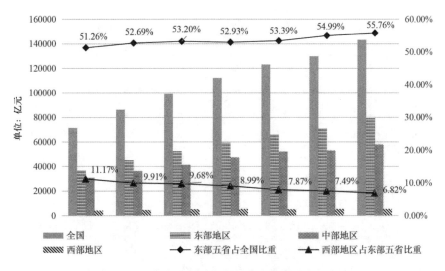

图 5-2　东中西部地区数据资本存量分布及占比

5.4　数据资本密度分析

数据资本密度,是指一定规模的经济社会系统所含有的数据资本价值量,包括经济密度和自然密度。随着数字产业化和产业数字化不断加快,数据资本存量逐年增长,数据资本的功能也不断增强。因此,构建数据资本密度的分析框架,进一步分析数据资本的测度结果,可以描述其在空间分布上的质量特征。

5.4.1 数据资本的经济密度

数据资本的经济密度可用数据资本存量对 GDP 的占比表示。根据全国和各省(市、自治区)数据资本存量和 GDP 的数值,计算得到全国和各省(市、自治区)数据资本占 GDP 的比值,并按从大到小的顺序排列(见表 5-4)。

表 5-4   中国及各省(自治区、直辖市)数据资本存量 GDP 占比排名

地区	2013	2014	2015	2016	2017	2018	2019
北京	39.36%	43.99%	47.48%	47.74%	50.31%	54.11%	54.97%
天津	7.28%	9.28%	11.77%	13.26%	30.18%	26.32%	32.31%
上海	20.85%	23.26%	25.39%	25.20%	25.70%	26.17%	25.90%
江苏	18.17%	20.29%	21.53%	21.55%	21.02%	19.45%	18.80%
广东	16.85%	18.53%	18.86%	18.50%	18.32%	18.36%	18.62%
陕西	9.59%	11.56%	13.89%	15.05%	15.02%	15.28%	18.29%
浙江	9.27%	11.39%	13.44%	14.45%	15.30%	16.14%	17.21%
福建	8.99%	11.28%	13.83%	19.87%	18.66%	17.64%	15.51%
山东	7.26%	9.66%	11.71%	12.69%	12.68%	13.10%	15.43%
四川	10.59%	12.19%	14.13%	14.67%	14.61%	14.91%	15.03%
吉林	8.91%	9.27%	10.24%	10.68%	12.45%	12.98%	14.53%
辽宁	26.30%	26.22%	25.32%	26.25%	20.40%	14.42%	13.71%
重庆	10.40%	11.16%	12.55%	12.79%	13.12%	13.54%	13.60%
海南	6.57%	6.48%	8.01%	8.96%	9.85%	11.35%	11.81%
青海	5.52%	5.45%	7.88%	10.65%	9.25%	9.37%	9.94%
湖北	8.07%	10.45%	10.20%	10.05%	9.85%	9.72%	9.68%
黑龙江	10.36%	9.67%	8.97%	9.15%	8.21%	6.88%	7.52%
西藏	6.23%	6.79%	7.30%	7.34%	7.11%	10.70%	6.90%
湖南	5.10%	5.15%	5.69%	5.66%	5.73%	5.89%	6.62%
广西	6.22%	6.02%	7.71%	6.51%	6.04%	5.43%	6.34%

地区	2013	2014	2015	2016	2017	2018	2019
宁夏	4.92%	5.55%	6.42%	6.94%	7.08%	6.16%	5.91%
安徽	3.31%	4.01%	5.00%	8.70%	7.63%	6.78%	5.82%
贵州	5.42%	5.32%	5.35%	6.02%	5.73%	6.12%	5.76%
河北	4.69%	4.87%	4.86%	4.78%	4.66%	4.35%	5.35%
新疆	3.13%	4.68%	10.42%	9.32%	7.51%	6.23%	5.29%
甘肃	7.67%	7.18%	7.31%	7.11%	6.16%	5.45%	5.16%
江西	5.04%	4.77%	4.70%	4.56%	4.51%	4.35%	4.64%
内蒙古	5.10%	5.51%	4.78%	4.16%	4.48%	4.13%	4.29%
河南	2.70%	3.16%	3.88%	6.50%	5.44%	4.85%	4.15%
云南	5.01%	5.10%	4.83%	5.34%	5.01%	4.63%	3.62%
山西	7.49%	6.93%	6.52%	5.62%	3.62%	2.86%	2.80%
全国	12.07%	13.41%	14.43%	15.02%	14.79%	14.12%	14.46%

第一，全国数据资本的经济密度总体稳定。2013年，全国数据资本存量为7.1573万亿元，占GDP的比重为12.07%。2019年，全国数据资本存量达到14.33万亿元，占GDP的比重为14.46%。在此期间，数据资本存量在规模上呈逐年增长态势，但占GDP的比重相对平稳，其中2016年的比重最高，为15.02%。

第二，各省（市、自治区）数据资本的经济密度差异明显。一是东、中、西差距较大，东部地区数据资本存量的GDP占比明显高于中西部地区。2019年，北京数据资本存量的GDP占比达到了50%以上，天津、上海、江苏、广东的占比相对也较高，沿海省份的占比均超过15%。但是，中西部地区数据资本存量的GDP占比相对较低，其中江西、内蒙古、河南、云南、山西近年都在5%以下且呈下降趋势。二是某些省份数据资本存量的GDP占比具有一定的特殊性。西藏数据资本存量的总量在全国的排名靠后，其GDP占比的排名却是处于中间位置，原因是西藏GDP总量小，但国家的西部地区、边疆地区发展战略对西藏的相关投入不断增加，故数据资本存量的GDP占比相对较高。山西、内蒙古数据资本存量的GDP占比排名位于最后，与经济发展模式有着很大的关系，两地是煤炭能源主要产地，经济发展对煤炭等产业的依赖性较强，其数字经济在经济总量的份额较小，导致数据资本的经济密度偏低。

5.4.2 数据资本的自然密度

数据资本的自然密度可用人均数据资本存量表示。根据全国和各省（市、自治区）数据资本存量和人口数，计算得到全国和各省（市、自治区）的人均数据资本存量，并按从大到小的顺序排列（见表5-5）。

表5-5 中国各省（自治区、直辖市）人均数据资本存量排名　单位：万元

地区	2013	2014	2015	2016	2017	2018	2019
北京	3.69	4.36	5.03	5.64	6.49	7.62	9.03
上海	1.88	2.26	2.64	2.93	3.26	3.53	4.07
天津	0.71	0.96	1.26	1.52	3.60	3.17	2.92
江苏	1.37	1.66	1.89	2.08	2.25	2.24	2.32
浙江	0.64	0.83	1.04	1.22	1.40	1.58	1.83
广东	0.99	1.17	1.27	1.36	1.47	1.57	1.74
福建	0.52	0.71	0.94	1.48	1.54	1.60	1.65
陕西	0.41	0.54	0.66	0.77	0.86	0.97	1.22
山东	0.41	0.59	0.75	0.87	0.92	1.00	1.09
重庆	0.45	0.53	0.65	0.74	0.83	0.89	1.03
四川	0.34	0.43	0.52	0.58	0.65	0.73	0.84
辽宁	1.63	1.71	1.66	1.33	1.09	0.84	0.78
湖北	0.35	0.49	0.52	0.56	0.59	0.65	0.75
海南	0.23	0.25	0.33	0.40	0.47	0.59	0.66
吉林	0.42	0.46	0.52	0.58	0.68	0.72	0.63
青海	0.20	0.22	0.32	0.46	0.41	0.45	0.48
湖南	0.19	0.21	0.24	0.26	0.28	0.31	0.38
安徽	0.11	0.14	0.18	0.34	0.33	0.32	0.34
西藏	0.16	0.20	0.23	0.26	0.28	0.46	0.33
宁夏	0.19	0.23	0.28	0.30	0.36	0.33	0.32
内蒙古	0.35	0.39	0.34	0.30	0.28	0.28	0.29
新疆	0.12	0.19	0.41	0.38	0.33	0.31	0.29
黑龙江	0.39	0.38	0.36	0.37	0.34	0.30	0.27

地区	2013	2014	2015	2016	2017	2018	2019
广西	0.19	0.20	0.27	0.25	0.23	0.22	0.27
贵州	0.13	0.14	0.16	0.20	0.22	0.25	0.27
河北	0.18	0.19	0.20	0.21	0.21	0.21	0.25
江西	0.16	0.17	0.17	0.18	0.20	0.21	0.25
河南	0.09	0.12	0.15	0.28	0.25	0.24	0.23
云南	0.13	0.14	0.14	0.17	0.17	0.17	0.17
甘肃	0.19	0.19	0.19	0.20	0.17	0.17	0.17
山西	0.26	0.24	0.23	0.20	0.15	0.13	0.13
全国	0.53	0.63	0.72	0.81	0.89	0.93	1.02

第一，全国数据资本的自然密度稳定增长（见图5-3）。2013年，全国人均数据资本存量0.53万元，到2019年增长到1.02万元，人均数据资本存量呈逐年增长态势；年增长率在2018年前逐年回落，2019年反弹回升。

图5-3　全国人均数据资本存量及其增长率

第二，各省（市、自治区）数据资本的自然密度差异明显。一是东部和中西部的地区差异大。人均数据资本存量排名前6的依次为北京、上海、天津、江苏、浙江和广东，均在东部地区，排名靠后的主要分布在中西部地区。北京、上海、天津、江苏的人均数据资本存量在2万元以上，其中北京在9万元以上，上海在4万元以上，而云南、甘肃、山西在0.2万元以下。二是2013—2019年大部分省份人均数据资本存量逐年增长，天津、辽宁、吉林、河南、甘肃的人均数据资本存量上下波动,山西呈逐年下降趋势。

5.4.3　初步结论

我国数据资本存量具有较大规模,已由 2013 年的 7 万多亿元增长到 2019 年的 14 万多亿元。数据资本存量在省际间分布不均衡,呈明显的东、中、西差距,东部地区高于中西部地区。

全国数据资本的经济密度总体稳定,2013—2019 年为 12.07% ～ 15.02%,东部地区数据资本的经济密度高于中西部地区。数据资本的自然密度逐年增长,全国人均数据资本存量从 2013 年的 0.53 万元增长到 2019 年的 1.02 万元,东部地区数据资本的自然密度高于中西部地区。

因此,要根据经济发展的需要保持相应的数据资本投入量,重视经济基础、自然条件的区域差异,对中西部地区给予一定的倾斜与支持,促进数据资本的区域均衡分布。对传统产业有较强依赖的地区,要加大数据资本投入,通过对传统产业的数字化改造,将传统产业特色塑造为经济发展优势。

6　中国经济高质量发展的内生逻辑

　　中国经济高质量发展,就是能够满足人民日益增长的美好生活需要,体现新发展理念的发展。建设社会主义现代化强国,要贯彻新发展理念,实现创新成为第一动力、协调成为内生特点、绿色成为普遍形态、开放成为必由之路、共享成为根本目的的高质量发展。① 党的十九届五中全会强调,以推动高质量发展为主题,必须坚定不移贯彻新发展理念。因此,贯彻创新、协调、绿色、开放、共享的新发展理念,是中国经济高质量发展的内生逻辑和必然要求。

6.1　新发展理念的科学内涵

　　新发展理念是一个系统的理论体系,回答了关于发展的目的、动力、方式、路径等一系列理论和实践问题。2015 年 10 月,党的十八届五中全会提出新发展理念,要求"十三五"时期必须牢固树立并切实贯彻创新、协调、绿色、开放、共享的新发展理念。党的十九大提出,我国经济已由高速增长阶段转向高质量发展阶段,要贯彻新发展理念,建设现代化经济体系。2020 年 10 月,党的十九届五中全会要求,"十四五"时期经济社会发展必须坚定不移贯彻新发展理念,把新发展理念贯穿发展全过程和各领域。

6.1.1　创新发展理念

　　党的十八届五中全会提出创新发展理念,强调创新是引领发展的第一动力。党的十九届五中全会通过的《中共中央关于制定国民经济和社会发展第十四个五年规划和二〇三五年远景目标的建议》提出,坚持创新驱动发展,全面塑造发展新优势,要坚持创新在现代化建设全局中的核心地位,

---

　　① 谢春涛.中国共产党如何建设社会主义现代化强国[N].光明日报,2022 - 01 - 19(11).

把科技自立自强作为国家发展的战略支撑,加快建设科技强国;提出强化国家战略科技力量、提升企业技术创新能力、激发人才创新活力、完善科技创新体制机制。

习近平指出,增强发展动力的核心在创新,抓住了创新就抓住了牵动经济社会发展全局的"牛鼻子"。当今世界,国际竞争新优势越来越体现在创新能力上。谁在创新上先行一步,谁就能拥有引领发展的主动权。当前,在新一轮科技和产业革命推动下,重大颠覆性技术不断涌现,科技成果转化速度加快,产业组织形式和产业链条更具垄断性。世界各主要国家纷纷出台创新战略,加大投入,加强人才、专利、标准等战略性创新资源的争夺。经过多年努力,我国科技整体水平有了明显提高,正处在从量的增长向质的提升转变的重要时期,但总体上我国关键核心技术受制于人的局面尚未根本改变,必须把发展基点放在创新上,通过创新培育发展新动力,塑造更多具有先发优势的引领型发展。

创新发展理念深刻揭示了创新对经济社会发展和国际竞争的极端重要性。创新的核心是科技创新,发展生产力、增强综合国力取决于科技创新,要强化国家战略科技力量,提升企业技术创新能力,将国家科技创新体系和企业创新主体地位紧密结合。创新发展的基础在人才,高水平科技自立自强归根结底要靠一大批创新人才,要全方位培养、引进、用好人才,激发人才创新活力。创新是一个社会系统工程,科技创新和制度创新要协同作用、双轮驱动,完善科技创新体制机制。自主创新与开放合作是辩证统一的,自主创新不是关门创新,要充分利用创新资源在世界范围流动的有利条件,加快构筑中国创新高地,增强科技创新能力。

6.1.2　协调发展理念

党的十八届五中全会提出协调发展理念,强调协调是持续健康发展的内在要求。《中共中央关于制定国民经济和社会发展第十四个五年规划和二〇三五年远景目标的建议》提出,要完善新型城镇化战略,提升城镇化发展质量;优化区域经济布局,促进区域协调发展;发展社会主义先进文化,提升国家文化软实力;加快国防和军队现代化,实现富国和强军相统一。

中国共产党在长期实践中,形成了许多关于协调发展的思想。1942年12月,毛泽东在《经济问题与财政问题》中提出"农业为第一位,工业、手工业、运输业与畜牧业为第二位,商业则放在第三位"[1]。1956 年 4 月,毛泽东在《论十大关系》中论述了如何处理重工业和轻工业、农业的关系,沿海工业和内地工业的关系,经济建设和国防建设的关系等十大关系,是协调发展思想在这一时期的集中体现,是运用普遍联系观点阐述社会主义建设规律的典范。[2] 1957 年 2 月,毛泽东在《关于正确处理人民内部矛盾的问题》中又进一步提出"统筹兼顾、适当安排"的方针。[3] 进入改革开放新时期,邓小平提出"现代化建设的任务是多方面的,各个方面需要综合平衡,不能单打一",制定了一系列"两手抓"的战略方针。1995 年 9 月,江泽民在《正确处理社会主义现代化建设中的若干重大关系》中提出,在推进社会主义现代化建设过程中必须处理好十二个带有全局性的重大关系。[4] 党的十六大后,胡锦涛提出科学发展观,强调全面协调可持续发展是科学发展观的基本要求。中国特色社会主义进入新时代,以习近平同志为核心的党中央提出"五位一体"总体布局、"四个全面"战略布局,统筹谋划和推进中国特色社会主义事业协调发展。

协调发展理念体现了唯物辩证法在解决发展问题上的方法论意义,是中国共产党对协调发展认识的不断深化。协调发展是发展手段和目标的统一,是发展两点论和重点论的统一,是发展平衡和不平衡的统一,是发展短板和潜力的统一,是实现经济高质量发展的必然要求。现阶段,我国社会主要矛盾已经转化为人民日益增长的美好生活需要和不平衡不充分的发展之间的矛盾,只有不断增强发展的协调性、整体性,才能更好地解决我国社会的主要矛盾。贯彻协调发展理念,要抓住发展中不平衡、不协调、不可持续的突出问题,着力推动区域协调发展、城乡协调发展、物质文明和精神文明协调发展,推动经济建设和国防建设融合发展。

6.1.3　绿色发展理念

党的十八届五中全会提出绿色发展理念,强调绿色是永续发展的必要条件和人民对美好生活追求的重要体现。《中共中央关于制定国民经济和社会发展第十四个五年规划和二〇三五年远景目标的建议》指出,推动绿色发展,促进人与自然和谐共生,要坚持绿水青山就是金山银山理念,深入

①　毛泽东.毛泽东选集:第 3 卷[M].北京:人民出版社,1991:462.
②　毛泽东.毛泽东文集:第 7 卷[M].北京:人民出版社,1999:228.
③　毛泽东.毛泽东文集:第 7 卷[M].北京:人民出版社,1999:23 - 26.
④　江泽民.正确处理社会主义现代化建设中的若干重大关系——在党的十四届五中全会闭幕时的讲话(第二部分)[J].人民论坛,1995(10):17 - 21.

实施可持续发展战略,建设人与自然和谐共生的现代化;提出加快推动绿色低碳发展、持续改善环境质量、提升生态系统质量和稳定性、全面提高资源利用效率。

习近平指出,尊重自然、顺应自然、保护自然,是全面建设社会主义现代化国家的内在要求,必须站在人与自然和谐共生的高度谋划发展。历史上,美索不达米亚、希腊、小亚细亚以及其他各地的居民,毁林开垦使这些地方如今成为不毛之地;阿尔卑斯山的意大利人,把得到精心保护的枞树林砍光用尽,使山泉在一年中的大部分时间内枯竭,在雨季又使更加凶猛的洪水倾泻到平原上。[①] 20 世纪,发生在西方国家的"世界八大公害事件"对生态环境和公众生活造成巨大影响,引起人类对人与自然关系的反思。1962 年,美国生物学家蕾切尔·卡逊在《寂静的春天》一书中,描述了过度使用农药和化肥对生态和环境造成的污染、破坏,指出人类生产使用农药提高产量无异于饮鸩止渴,应该走"另外的路"。改革开放以来,我国经济发展取得了历史性成就,也积累了大量生态环境问题,成为明显的短板,成为人民群众反映强烈的突出问题。人与自然是一种共生关系,只有尊重自然规律才能有效防止在开发利用自然上走弯路。

绿色发展理念是中国共产党对遵循人类社会发展规律的高度自觉,是新时代中国经济高质量发展科学性的重要体现。绿色发展是"绿色"与"发展"的辩证统一,绿色发展理念指明了科技革命和产业变革的方向,绿色低碳循环发展是重大发展机遇,可以培育形成新的经济增长点,推动经济高质量发展。绿色发展是有效解决资源生态环境问题的紧迫要求,面对严重的资源环境约束,要坚持绿水青山就是金山银山,坚持节约资源和保护环境的基本国策,实现我国经济社会永续发展。绿色发展是绿色生产方式和生活方式的有机统一,是生产生活方式的根本变革,是长期、复杂、艰巨的过程,要坚持不懈、扎实推进生态文明建设,满足人民对良好生态环境的需要。绿色发展是人类命运共同体的重要内涵,面对全球气候变暖等挑战,绿色发展理念也是对人类文明进步的中国贡献。

6.1.4 开放发展理念

党的十八届五中全会提出开放发展理念,强调开放是国家繁荣发展的必由之路。《中共中央关于制定国民经济和社会发展第十四个五年规划和二〇三五年远景目标的建议》指出,实行高水平对外开放,开拓合作共赢新

---

① 恩格斯.自然辩证法[M].北京:人民出版社,2018:305 - 316.

局面,要坚持实施更大范围、更宽领域、更深层次对外开放,依托我国大市场优势,促进国际合作,实现互利共赢;提出建设更高水平开放型经济新体制、推动共建"一带一路"高质量发展、积极参与全球经济治理体系改革。

习近平指出,开放是人类文明进步的重要动力,是世界繁荣发展的必由之路,要以开放纾发展之困、以开放汇合作之力、以开放聚创新之势、以开放谋共享之福,推动经济全球化不断向前。马克思、恩格斯认为各民族的原始封闭状态,由于日益完善的生产方式、交往以及因交往而自然形成的不同民族之间的分工消灭得越是彻底,历史也就越是成为世界历史。①《共产党宣言》指出,资产阶级由于开拓了世界市场,使一切国家的生产和消费都成为世界性的了。列宁认为经济问题,如果不是从国际的角度,而是从个别国家或一些国家的角度考察那是不可能解决的。② 马克思、恩格斯和列宁的这些论述,深刻揭示了经济全球化的本质、逻辑、过程,奠定了认识和顺应经济全球化的理论基础。改革开放以来,由于紧紧抓住经济全球化带来的机遇,不断扩大对外开放,实现了我国同世界关系的历史性变革,取得了经济社会发展的历史性成就。

开放发展理念是中国共产党对人类文明发展规律的科学认识,必须主动顺应经济全球化潮流,坚持对外开放基本国策,更加充分运用人类社会创造的先进科学技术成果和有益管理经验,不断发展壮大自己。开放发展是实践证明的成功经验,是推动我国经济高质量发展的重要动力,要更加充分利用经济全球化的机遇,推动全方位对外开放。开放发展理念要求加快形成开放型经济新体制,我国经济规模已居世界第二,国际竞争力、影响力显著提升,要在推进开放发展中为建设开放型世界经济作出更大贡献,在扩大对外开放中统筹好发展和安全。

6.1.5 共享发展理念

党的十八届五中全会提出共享发展理念,强调共享是中国特色社会主义的本质要求。《中共中央关于制定国民经济和社会发展第十四个五年规划和二〇三五年远景目标的建议》指出,改善人民生活品质,提高社会建设水平,要坚持把实现好、维护好、发展好最广大人民根本利益作为发展的出发点和落脚点,促进人的全面发展和社会全面进步;提出要提高人民收入水平、强化就业优先政策、建设高质量教育体系、健全多层次社会保障体

---

① 马克思恩格斯选集:第1卷[M].北京:人民出版社,2012:272.
② 列宁全集:第38卷[M].北京:人民出版社,1986:166.

系、全面推进健康中国建设、实施积极应对人口老龄化国家战略、加强和创新社会治理。

共享发展理念实质就是坚持以人民为中心的发展思想,体现的是逐步实现共同富裕的要求。新中国成立初期,毛泽东指出"现在我们实行这么一种制度,这么一种计划,是可以一年一年走向更富更强的,一年一年可以看到更富更强些。而这个富,是共同的富,这个强,是共同的强,大家都有份"①,强调国家富强是全体人民的共同富强。进入改革开放历史新时期,邓小平指出"社会主义的本质是解放生产力,发展生产力,消灭剥削,消除两极分化,最终达到共同富裕"②,强调共同富裕是社会主义最大的优越性,体现了社会主义的本质。江泽民指出我们党所以赢得人民的拥护,是因为我们党在革命、建设、改革的各个历史时期,总是代表中国先进生产力的发展要求、代表中国先进文化的前进方向、代表中国最广大人民的根本利益。③ 胡锦涛指出"科学发展观的第一要义是发展,核心是以人为本,要做到发展为了人民、发展依靠人民、发展成果由人民共享"④。习近平指出,实现共同共裕不仅是经济问题,而且是关系党的执政基础的重大政治问题,要坚持发展为了人民、发展依靠人民,发展成果由人民共享。

共享发展理念是社会主义生产目的和发展规律的理论概括,反映了人民是推动发展根本力量的唯物史观,是社会主义制度优越性的集中体现,是全心全意为人民服务根本宗旨的重要体现,必须围绕共享发展推进创新发展、协调发展、绿色发展和开放发展。共享发展是在物质财富丰富的基础上,包括经济、政治、文化、社会、生态各方面建设成果的共享,全面保障人民在各方面的合法权益,充分满足人民美好生活需要,更好实现人的全面发展。共享发展是共建和共享的辩证统一,一是充分调动人民群众的积极性、主动性、创造性,举全民之力推进中国特色社会主义事业,不断把"蛋糕"做大;二是把不断做大的"蛋糕"分好,让社会主义制度的优越性得到更充分体现,让人民群众有更多获得感。共享发展必将有一个从低级到高级、从不均衡到均衡的过程,要立足国情、立足经济社会发展水平循序渐进、扎实推进。

① 毛泽东文集:第6卷[M].北京:人民出版社,1999:495-496.
② 邓小平文选:第3卷[M].北京:人民出版社,1993:373.
③ 江泽民文选:第3卷[M].北京:人民出版社,2006:2.
④ 胡锦涛文选:第2卷[M].北京:人民出版社,2016:365-366.

6.2 经济高质量发展的理论分析

经济增长及其质量一直是国内外研究的重要课题。国内关于经济高质量发展的研究也产生了大量成果,既有对经济高质量发展进行综合研究的文献,也有从新发展理念的 5 个维度对经济高质量发展进行分析的文献,主要集中于高质量发展的内涵、影响因素、水平测度。

6.2.1　创新发展

6.2.1.1　创新发展的内涵

第一,创新是促进经济发展的动力。洪银兴认为创新驱动的增长方式不只是解决效率问题,更为重要的是依靠知识资本、人力资本和激励创新制度等实现要素的新组合,促进经济发展。[①] 孙卫认为创新是发展的第一动力,要把创新放在国民经济全局的核心位置,促进科技创新与实体经济协同发展。[②]

第二,创新发展的目标是实现可持续发展。Martin 提出创新应该从提高经济生产率的创新到"绿色创新",从以经济增长为目标的创新到以可持续发展为目标的创新。[③] Diercks 等提出转型理论框架,认为工业社会在增加社会财富的同时破坏了社会生态,以科学驱动、技术介导变化为主导的创新对可持续发展具有促进作用。[④] 贾向桐认为科技创新作为"引领发展"的核心推动力,对新时期社会发展的可持续性起着决定性作用,是实现经济持续增长与生态和谐统一的核心要素。[⑤]

6.2.1.2　创新发展的影响因素

第一,研发投入是推动创新发展的因素。刘建华等构建普通面板模型、静态空间计量模型识别影响城市创新能力的关键因素,结合动态空间面板模型(SPDM)进一步探讨在长期和短期效应下,核心科技投入要素对创新能力的影响,结果表明 R&D 资金及 R&D 人员均能提升整体创新能

① 洪银兴.论创新驱动经济发展战略[J].经济学家,2013(1):5-11.

② 孙卫.促进科技创新与实体经济协同发展[J].中国科技论坛,2020(6):5-7.

③ Martin C J. The sharing Economy: A Pathway to Sustainability or a Nightmarish Form of Neoliberal Capitalism? [J]. Ecological Economics, 2016, 121: 149-159.

④ Diercks G, Larsen H, Steward F. Transformative Innovation Policy: Addressing Variety in an Emerging Policy Paradigm[J]. Research Policy, 2018, 48(4): 880-894.

⑤ 贾向桐.科技创新视域下的生态可持续发展问题[J].人民论坛·学术前沿,2020(2):50-57.

力,但前者边际效益更大,外商直接投资(FDI)具有负外部性效应。[①]

第二,外部条件对创新效率的影响存在区域差异。彭晓静利用 Tobit 模型分析经济发展水平、政府支持、工资状况、外商投资水平、劳动者素质 5 个因素对城市创新效率的影响,研究表明受规模效率偏低的影响,京津冀城市群的综合技术效率不高,但是随着时间的变化,城市创新的全要素生产率、技术效率、创新程度不断提高,政府支持、外商投资水平与城市创新效率为正相关关系,经济发展水平、劳动者素质对城市创新的影响不显著。[②] 兰海霞和赵雪雁对全国 30 个省(市、自治区)[③]研究发现,基础设施、市场环境、劳动者素质、金融市场、创业水平是影响区域创新效率时空变化的关键因素,但各因素对区域创新效率的影响强度和方向存在显著的空间异质性。[④]

6.2.1.3 创新发展的水平测度

第一,全球创新指数(GII)的测度。2007 年起,世界知识产权组织每年发布《全球创新指数(GII)报告》,现已成为重要的基准工具,其指标体系包括制度、人力资本与研究、基础设施、市场成熟度、商业成熟度等创新投入,以及知识与技术产出、创意产出等创新产出共 2 大类 7 个种类 80 项具体指标。

第二,从国家、省、市等不同层面对创新发展进行水平测度。在国家层面,主要是国家统计局的中国创新指数,由创新环境指数、创新投入指数、创新产出指数和创新绩效指数合成。在省域层面,赵彦云等提出从资源能力、攻关能力、技术实现、价值实现、人才实现、辐射能力、持续创新、网络能力等 8 个方面评估省域自主创新能力,并采用波士顿矩阵将 31 个省份(不含港、澳、台地区)分为创新网络构建市场开拓驱动、人才引进改善创新环境驱动、创新资源人才双向驱动、创新市场需求辐射拉动、创新资源转化的技术驱动、创新资源攻关水平强力驱动等 6 类创新驱动模式,以及起步、崛

① 刘建华,王明照,姜照华.基于空间计量模型的河南省创新能力时空演化及影响因素研究[J].地域研究与开发,2020,39(4):35-40.

② 彭晓静.京津冀城市群创新效率及影响因素研究[J].技术经济与管理研究,2021(2):118-122.

③ 此处不含西藏、香港、澳门和台湾,全书如无特别说明均同此,以下不再一一标注。

④ 兰海霞,赵雪雁.中国区域创新效率的时空演变及创新环境影响因素[J].经济地理,2020,40(2):97-107.

起、繁荣、成熟等4个创新发展阶段。[1][2] 黎新伍和徐书彬从人力资本、科技水平、新主体与新业态3个方面,采用加入时间变量的熵权法和探索性空间数据分析,测算我国省(市、自治区)的创新、协调、绿色、开放、共享发展指数和集聚程度,结果表明创新发展是薄弱环节,现状上表现为"东高西低"的特征,空间分布上表现为"高—高"和"低—低"的二元分布模式。[3] 在城市层面,杭州创新指数主要从创新基础、创新环境、创新绩效3个方面评价杭州市自主创新的现状、水平与差距。[4] 陈兴海等采用DEA-Tobit模型分析上海49家科创类上市企业的科技创新效率,发现2012—2014年企业整体创新发展水平有所下降,其中新材料、"互联网+"类企业表现相对突出,智慧医疗、核电类企业相对较弱。[5]

6.2.2 协调发展

6.2.2.1 协调发展的内涵

第一,区域协调。区域发展的理论研究兴起于第一次世界大战后的欧洲,第二次世界大战后西方国家出现了中心地理论、增长极理论、不平衡增长理论、核心—边缘模式等,1960年后旧区域主义开始转向新区域主义。[6] 于源和黄征学认为区域协调发展是降低区域冲突、缩小区域差距的重要手段。[7] 安虎森和汤小银认为区域协调发展理论所强调的是在有效处理区域与国家的关系基础上,实现区域长期发展中的帕累托改进,缩小并最终消除区域发展差距。[8] 刘耀彬和郑维伟认为新中国成立以来,中国区域协调发展战略的演变贯穿了"注重公平—注重效率—公平与效率兼顾—以注重公平为重心、兼顾效率—公平与效率兼顾、实现高质量协调发展"的辩证

① 赵彦云,甄峰,吴翌琳,等.金融危机下的中国区域创新能力——中国31个省区市创新能力指数2008年实证和2009年展望[J].经济理论与经济管理,2009(8):60-65.
② 赵彦云,吴翌琳.中国区域创新模式及发展新方向——基于中国31个省区市2001—2009年创新指数的分析[J].经济理论与经济管理,2010(12):69-77.
③ 黎新伍,徐书彬.基于新发展理念的农业高质量发展水平测度及其空间分布特征研究[J].江西财经大学学报,2020(6):78-94.
④ 张卓群,张涛,宋梦迪,等.新发展理念指标评价研究综述[J].城市与环境研究,2019(4):98-110.
⑤ 陈兴海,王净净,鲁文霞.上海科创引擎企业驱动全球科创中心发展创新效率测度——基于DEA-Tobit模型的实证分析[J].科技管理研究,2016,36(10):61-65.
⑥ 范柏乃,张莹.区域协调发展的理念认知、驱动机制与政策设计:文献综述[J].兰州学刊,2021(4):115-126.
⑦ 于源,黄征学.区域协调发展内涵及特征辨析[J].中国财政,2016(13):56-57.
⑧ 安虎森,汤小银.新发展格局下实现区域协调发展的路径探析[J].南京社会科学,2021(8):29-37.

逻辑主线。① 孙志燕和侯永志认为,区域协调发展不仅包括区域内部生产要素的互动与协调,也包括区域之间的流动与协调;不仅是地区经济差距的缩小,也包括科技、人力、生态等多方面差距的缩小。②

第二,城乡协调。国外对城乡关系的研究涉及多学科领域,主要包括自然顺序论、城乡发展观、非均衡发展理论、城市偏向理论等。③ 张博胜和杨子生认为城乡协调发展是两者相互依存、相互促进、利益协调,逐步消除城乡二元结构,缩小城乡差距的社会经济发展过程。④ 张波认为从跨行政区的区域发展看,京津冀城乡协调发展包括各自内部城乡关系和相互之间的外部联系两层含义。⑤

第三,协调发展。董江爱和刘铁军认为协调发展内涵包括共同发展与公平发展、全面发展与和谐发展、安全发展与融合发展3个方面。⑥ 梁苏会和郝井华从城市发展的视角,提出协调发展是一种强调整体性、综合性和内生性的发展聚合,不是单个系统或要素的"增长",而是多系统或要素在协调这一有益约束和规定之下的综合发展。⑦

6.2.2.2 协调发展的影响因素

第一,城镇化的影响因素。Hussain 和 Imitiyaz 认为城市化是一个非常复杂的现象,影响城市化进程的因素主要有农业革命、技术革命、商业革命、交通运输效率的提高和人口革命,其中农业革命是为城市化进程铺平道路的主导因素,人口革命是在农业、商业、工业和运输领域中发生和发展的结果。⑧ Cho 等以美国西部的加利福尼亚州等为例,对城镇化水平、金融发展与土地使用制度之间的相互作用程度进行评估,认为土地投资与开

---

① 刘耀彬,郑维伟.新时代区域协调发展新格局的战略选择[J].华东经济管理,2022,36(2):1-11.

② 孙志燕,侯永志.对我国区域不平衡发展的多视角观察和政策应对[J].管理世界,2019,35(8):1-8.

③ Zhou T,Jiang G H,Zhang R J,et al. Addressing the Rural in Situ Urbanization (RISU) in the Beijing-Tianjin-Hebei Region:Spatio-Temporal Pattern and Driving Mechanism [J]. Cities,2018,75:50-58

④ 张博胜,杨子生.中国城乡协调发展与农村贫困治理的耦合关系[J].资源科学,2020,42(7):1384-1394.

⑤ 张波.京津冀城乡协调发展的内涵、问题与对策[J].经济研究参考,2017(34):57-63.

⑥ 董江爱,刘铁军.协调发展:内涵、困境及破解路径[J].当代世界与社会主义,2016(2):19-24.

⑦ 梁苏会,郝井华.城市协调发展战略与决策辅助模型研究[J].统计与决策,2016(13):41-43.

⑧ Hussain M,Imitiyaz I. Urbanization Concepts, Dimensions and Factors [J]. International Journal of Recent Scientific Research. 2018,9(1):23513-23523.

发是城镇化进程中必不可少的条件,而金融发展对其具有重大影响。[①] 刘欢等认为产业结构调整、社会经济发展水平、区域创新能力、对外贸易发展程度与人口城镇化的空间格局具有正相关关系,城市建设面积、科教发展程度与人口城镇化的空间格局存在负相关关系。[②] 范昕等以河南省为研究对象,运用泰尔指数等多种空间分析方法,得出城镇化协调发展的影响因子系数由大到小依次为人口分布密度、人均教育经费支出、人均地方财政一般预算收入等。[③] 刘晶和何伦志认为经济贸易、基础设施、社会保障等13个方面可能会影响新型城镇化发展。[④]

第二,城乡协调发展的影响因素。Halliday 认为促进城乡一体化进程的关键在于资本密集型农业发展和农业技术进步,通过推动农业剩余劳动力从事非农产业,转移到城镇的第二和第三产业。[⑤] 黄云鑫等利用耦合协调模型分析"城"和"乡"对城乡协调发展的影响,发现城镇对城乡协调发展起主导作用,而乡村的作用较弱。[⑥] 黄禹铭以东北 36 个地区为研究对象,分析 2005、2010、2015 年城乡协调的空间格局和影响机制,发现城镇化和农业规模化经营是促进东北城乡协调发展的主要力量。[⑦] 王艳飞等利用我国 338 个地级行政单元 2011 年的数据资料,研究地级市城乡协调发展的空间特征和影响因素,发现经济增长、城镇化、农村投资、社会消费有助于城乡协调发展。[⑧]

第三,区域协调发展的影响因素。Tabellini 利用欧洲各地区的数据进行分析,证实文化价值观对地区经济发展水平有很大的影响,要大力提

① Cho S H, Wu J J, Boggess W G. Measuring Interactions Among Urbanization, Land Use Regulations, and Public Finance[J]. American Journal of Agriculture Economics, 2003(85): 988 - 999.

② 刘欢,邓宏兵,谢伟伟.长江经济带市域人口城镇化的时空特征及影响因素[J].经济地理,2017,37(3):55 - 62.

③ 范昕,李江风,陈万旭,等.河南省县域尺度城镇化协调发展时空差异及影响因素[J].水土保持研究,2018,25(4):309 - 316.

④ 刘晶,何伦志.丝绸之路经济带核心区新型城镇化驱动因素量化分析与对策——基于 LASSO 的变量筛选[J].干旱区地理,2019,42(6):1478 - 1485.

⑤ Halliday F E. Iran: Dictatorship and Development[M]. New York: Penguin Books, 1979:18 - 19.

⑥ 黄云鑫,李琳娜,李裕瑞,等.黄土丘陵沟壑区城乡协调发展研究[J].中国农业资源与区划,2021,42(9):136 - 145.

⑦ 黄禹铭.东北三省城乡协调发展格局及影响因素[J].地理科学,2019,39(8):1302 - 1311.

⑧ 王艳飞,刘彦随,严镔,等.中国城乡协调发展格局特征及影响因素[J].地理科学,2016,36(1):20 - 28.

倡文化建设促进本地区的经济发展。[①] Gennaioli 等利用 110 个国家 1569 个区域的数据,研究影响区域经济发展的制约因素,发现人力资本投入对区域经济发展的影响很大。[②] 陈景华等从时空特征、区域差异和演进趋势等维度研究表明,我国经济发展中协调发展问题突出,区域经济高质量发展不平衡,呈现东部—东北部—中部—西部阶梯分布的特征,但区域差异呈逐步缩小态势。[③]

6.2.2.3 协调发展的水平测度

第一,区域协调发展测度。洪开荣等从资源、环境、经济、社会等维度分析中部地区 1999—2010 年协调发展情况,研究表明中部地区处于基本协调发展阶段,经济社会发展与资源环境之间的矛盾是主要制约因素。[④] 姚鹏和叶振宇构建以区域发展差距、区域一体化、城乡协调发展、社会协调发展、资源环境协调发展为一级指标的指标体系,通过指数加权法对 2012—2015 年区域协调发展的效果进行测算、评估,发现中国区域协调发展的总体水平呈现上升趋势。[⑤] 邹一南和韩保江利用 2001—2020 年全国和 31 个省(市、自治区,不含港、澳、台地区)的 28 个指标数据编制中国经济协调发展评价指数,其中区域协调发展的二级指标由发展差距、投资差距、结构差距、创新差距、收入差距、教育差距、卫生差距、社保差距 8 个三级指标构成,测算表明区域协调指数在 2001—2003 年基本稳定,2004—2010 年以大约年均0.45的速度增长,2011 年后增速趋缓。[⑥]

第二,城乡协调发展测度。张立生利用中国 333 个城市的数据,构建城乡相关系数、城乡增长水平差异系数、城乡增长率差异系数,对城乡协调发展的空间演化进行测度,发现 2004—2014 年城乡协调度总体呈上升趋势、城乡收入差异相对较大,城乡协调度在时间和空间上的演化与政策、经

---

① Tabellini G. Culture and Institutions: Economic Development in the Regions of Europe [J]. Journal of the European Economic Association,2010,8(4):677-716.

② Gennaioli N, La Porta R, Lopez-de-Silanes F, et al. Human Capital and Regional Development[J]. The Quarterly Journal of Economics,2013,128 (1): 105-164.

③ 陈景华,陈姚,陈敏敏.中国经济高质量发展水平、区域差异及分布动态演进[J].数量经济技术经济研究,2020,37(12):108-126.

④ 洪开荣,浣晓旭,孙倩.中部地区资源—环境—经济—社会协调发展的定量评价与比较分析[J].经济地理,2013,33(12):16-23.

⑤ 姚鹏,叶振宇.中国区域协调发展指数构建及优化路径分析[J].财经问题研究,2019(9):80-87.

⑥ 邹一南,韩保江.中国经济协调发展评价指数研究[J].行政管理改革,2021(10):65-74.

济因素有关。① 阮云婷和徐彬分析了全国和 31 个省(市、自治区,不含港、澳、台地区)的城乡协调度,对比后发现东部地区城乡协调程度一直领先于中西部地区,中部地区有所下降,西部地区逐渐上升。② 王彦霞和王培安基于新型城镇化的内涵和特征,选取人口、经济、社会等 7 个因素 26 项指标,构建浙江省县域新型城镇化水平评价体系,采用模糊综合评价法等分析 70 个县域行政单元 2007—2016 年新型城镇化水平,发现城乡统筹发展和创新发展对新型城镇化水平的贡献逐年上升。③

第三,产业协调发展测度。唐志鹏等利用 2002 年中国非竞争性投入产出表,采用主成分分析、多项式回归计算分析各部门的协调度,发现 2002 年整个产业结构的协调度并不高,要大力推进产业结构优化升级。④ 吉亚辉和罗朋伟选取 2005、2010、2015 年的数据,从专业化分工角度计算东部、中部、西部、东北地区的产业协调指数,发现东部地区产业协调指数最高、中部地区最低。⑤ 刘淑茹和魏晓晓构建新型城镇化与产业结构演进协调性的评价指标体系,运用耦合协调理论方法对 2007—2016 年新型城镇化与产业结构演进的整体协调性,以及 2016 年分省域两者的协调性进行测度,结果显示新型城镇化和产业结构演进均得到良好发展,产业结构演进的效用值增速小于新型城镇化效用值的增速。⑥

6.2.3 绿色发展

6.2.3.1 绿色发展的内涵

第一,生态经济。文传浩和李春艳认为与传统生态经济体系相比,现代化生态经济体系是高质量发展阶段的必然要求,以"人与自然和谐共生"为基本理念,通过形成社会、经济、自然的复合发展体系,实现"五位一体"建设目标。⑦ 耿步健和段然认为坚持绿色发展,也是生态经济伦理对坚持

① 张立生.基于市级尺度的中国城乡协调发展空间演化[J].地理科学,2016,36(8):1165 - 1171.
② 阮云婷,徐彬.城乡区域协调发展度的测度与评价[J].统计与决策,2017(19):136 - 138.
③ 王彦霞,王培安.新型城镇化视角下县域城镇化时空格局及聚集特征——以浙江省为例[J].干旱区地理,2019,42(2):423 - 432.
④ 唐志鹏,刘卫东,刘红光.投入产出分析框架下的产业结构协调发展测度[J].中国软科学,2010(3):103 - 110.
⑤ 吉亚辉,罗朋伟.产业协调与区域经济协调的耦合研究[J].开发研究,2018(5):15 - 21.
⑥ 刘淑茹,魏晓晓.新时代新型城镇化与产业结构协调发展测度[J].湖南社会科学,2019(1):88 - 94.
⑦ 文传浩,李春艳.论中国现代化生态经济体系:框架、特征、运行与学术话语[J].西部论坛,2020,30(3):1 - 14.

"以人民为中心"的深刻回应,其目的是建立在人类实践基础上的人与自然的有机统一体。[①] 白瑞雪等认为在新时代生态经济建设实践中,我国始终以维护人民群众根本利益作为出发点和落脚点,体现出鲜明的"以人民为中心"价值取向。[②] 张尹认为环境破坏式的粗放经济发展模式必须加以纠正,坚持绿色发展是新时代经济社会发展的核心价值。[③]

第二,可持续发展。一是可持续性发展的目标是人类的可持续发展。Daly等认为可持续发展的目标是在尽可能长的人类生存时间内,保证最多人数的生活,达到目标的途径是零人口增长、对不可再生资源使用速度和人均消费的控制。[④] 黄晶等认为可持续革命是人类在发展理念和发展范式方面的深刻变革,是人类认识到对自然的开发存在极限,通过主动转变生产和生活方式,实现人与自然永续共生的发展过程,是人类文明发展的重塑。[⑤] 二是可持续发展是经济与生态环境的动态平衡。梁春梅认为可持续发展,是一种注重和维护生态环境系统内部及其与经济社会发展系统之间平衡的整体利益实现的系统发展观。[⑥] 洪兴银从可持续发展的经济学问题入手,提出推进现代化需要集中解决资源和环境问题,经济发展不仅要谋求物质财富,还要谋求生态财富。[⑦] 三是可持续发展要注重公平性。方行明等认为可持续发展理论的核心是公平,包括代内公平和代际公平。[⑧] 张晓玲认为可持续发展不能仅以代际公平的方式来定义,也应注重国际公平。[⑨]

第三,绿色发展。朱东波认为习近平绿色发展理念内容丰富,深刻诠释了绿色发展的总体内涵是正确认识并处理经济与环境之间的关系。[⑩]

---

① 耿步健,段然.生态集体主义:《1844年经济学哲学手稿》原典释义及其现实意义[J].宁夏社会科学,2020(2):27-33.

② 白瑞雪,白暴力,王国成,等.新时代中国特色社会主义生态经济思想及其重大意义研究[J].当代经济研究,2022(1):43-53.

③ 张尹.新时代中国生态经济伦理的问题、误区与应对[J].云南社会科学,2022(1):84-90.

④ Daly H E, et al. Valuing the Earth:Economics,Ecology,Ethics[M]. Cambridge, MA:The MIT Press,1993.

⑤ 黄晶,彭雪婷,孙新章,等.可持续革命——塑造人类文明发展新范式[J].中国人口·资源与环境,2021,31(1):1-6.

⑥ 梁春梅.科学发展观的可持续发展系统[J].理论学刊,2011(7):25-28.

⑦ 洪银兴.可持续发展的经济学问题[J].求是学刊,2021,48(3):19-33.

⑧ 方行明,魏静,郭丽丽.可持续发展理论的反思与重构[J].经济学家,2017(3):24-31.

⑨ 张晓玲.可持续发展理论:概念演变、维度与展望[J].中国科学院院刊,2018,33(1):10-19.

⑩ 朱东波.习近平绿色发展理念:思想基础、内涵体系与时代价值[J].经济学家,2020(3):5-15.

刘德海认为绿色发展是高层次的发展，系统推进绿色发展不仅能够使之成为推进中国国家治理能力现代化的抓手和先导，也可以成为中国融入国际治理体系的具有全球共识的重要切入点，在世界经济发展和价值引导方面发挥更大的国际影响力。[1] 李留新认为在新时代绿色发展离不开绿色文化理念支撑，绿色文化理念的主旨在于实现人与自然的和谐发展。[2] 王育宝等认为科学处理"既要金山银山，又要绿水青山"的经济高质量发展与生态环境保护的关系，是实现中国经济转型和可持续发展、建设生态文明社会的必然选择。[3]

6.2.3.2 绿色发展的影响因素

第一，经济增长有利于绿色发展。吕洁华等利用2006—2018年省级面板数据，分析中国绿色城市化发展水平及其时空演变特征，发现2014年后经济增长与绿色城市化之间呈现协同发展趋势。[4] 马勇和黄智洵对长江中游城市群绿色发展影响因素的研究发现，人均GDP、经济密度等经济增长因素对绿色发展的贡献均为正效应。[5]

第二，科技进步促进绿色发展。郝淑双和朱喜安通过测算2006—2014年中国省际绿色发展水平，发现技术创新对绿色发展有一定的促进作用且具有空间溢出效应。[6] 徐军海和黄永春利用2010—2017年30个省（市、自治区）的面板数据，对科技人才集聚、创新能力提升与区域绿色发展三者之间的关系进行实证分析，发现科技人才集聚对区域绿色发展有显著的正向影响。[7]

第三，产业结构升级提高绿色发展效率。Shironitta认为产业结构变化会影响国家的二氧化碳排放量，从而影响一个国家的绿色发展程度。[8] 岳立和薛丹通过Super-SBM模型测算黄河流域城市的绿色发展效率，发

① 刘德海.绿色发展理念的科学内涵与价值取向[J].江苏社会科学,2017(3):1-7.
② 李留新.绿色文化有力支撑绿色发展[J].人民论坛,2019(16):92-93.
③ 王育宝,陆扬,王玮华.经济高质量发展与生态环境保护协调耦合研究新进展[J].北京工业大学学报(社会科学版),2019,19(5):84-94.
④ 吕洁华,史永娇,李楠.经济增长阻碍绿色发展吗？——中国绿色城市化的高质量发展之路[J].社会科学战线,2021(11):51-61.
⑤ 马勇,黄智洵.长江中游城市群绿色发展指数测度及时空演变探析——基于GWR模型[J].生态环境学报,2017,26(5):794-807.
⑥ 郝淑双,朱喜安.中国区域绿色发展水平影响因素的空间计量[J].经济经纬,2019,36(1):10-17.
⑦ 徐军海,黄永春.科技人才集聚能够促进区域绿色发展吗[J].现代经济探讨,2021(12):116-125.
⑧ Shironitta K. Global Structural Changes and Their Implication for Territorial CO_2 Emissions[J]. Journal of Economic Structures,2016,5(1):1-18.

现产业结构升级可以显著促进黄河流域绿色发展效率的提高。① 郭付友等认为产业结构调整效应、经济发展的水平效应与增长效应、科学技术的示范效应与溢出效应、政府调控调节机制与市场化竞争机制共同影响黄河流域绿色发展效率的提升。②

第四,环境管制对绿色发展具有一定影响。王鹏和尤济红利用 1998—2012 年省际工业部门的面板数据,采用空间杜宾模型验证中国环境管制的效果,发现环境管制对工业绿色发展有显著效果。③ 黄磊和吴传清采用空间杜宾模型研究环境规制对长江经济带城市工业绿色发展效率的影响效应,发现环境规制对长江经济带城市工业绿色发展的影响呈先抑制后促进的"U 形"特征。④

6.2.3.3 绿色发展的水平测度

第一,绿色发展指标体系。国外绿色发展指标体系主要有联合国环境规划署(UNEP)涵盖资源效率、经济转型、社会进步、人类福祉的绿色经济衡量框架;⑤经济合作与发展组织(OECD)以自然资产基础、经济活动中的环境和资源生产率、生活质量的环境因素、政策响应与经济机遇为一级指标,包括 14 个二级指标、23 个三级指标的绿色增长指标体系;⑥美国加利福尼亚州政府包含绿色科技创新、低碳经济、能源效率、可再生能源与交通运输 5 个一级指标和 18 个二级指标的绿色创新测度体系。⑦ 国内主要有中国国际经济交流中心和世界自然基金会的社会和经济发展、资源环境可持续、绿色转型驱动 3 个一级指标,包括 6 个二级指标、14 个三级指标、30 个四级指标的中国省级绿色经济指标体系;国家发展和改革委员会、环境保护部、国家统计局和中央组织部制定的绿色发展指标体系,包括资源利用、环境质量、环境治理、增长质量、生态保护、绿色生活和公众满意度 7 个

---

① 岳立,薛丹.黄河流域沿线城市绿色发展效率时空演变及其影响因素[J].资源科学,2020,42(12):2274 - 2284.

② 郭付友,高思齐,佟连军,任嘉敏.黄河流域绿色发展效率的时空演变特征与影响因素[J].地理研究,2022,41(1):167 - 180.

③ 王鹏,尤济红.中国环境管制效果的评价研究 [J].经济社会体制比较,2016(5):25 - 42.

④ 黄磊,吴传清.环境规制对长江经济带城市工业绿色发展效率的影响研究[J].长江流域资源与环境,2020,29(5):1075 - 1085.

⑤ UNEP. Measuring Progress Towards an Inclusive Green Economy [R]. Nairobi: UNEP,2012.

⑥ OECD.Towards Green Growth:Monitoring Progress:OECD Indicator [R]. Paris: OECD,2011:17 - 37.

⑦ Next10. 2012 California Green Innovation Index[R]. San Francisco,CA:Next 10, 2012.

方面;中国科学院研究组的可持续发展能力评估指标体系,包含生存支持、环境支持、发展支持、智力支持、社会支持 5 个一级指标和 16 个二级指标。[1]

第二,从省、市、县层面对绿色发展进行水平测度。在省域层面,北京师范大学李晓西课题组建立了包含经济增长绿化度、资源环境承载能力、政府政策支持度的指标体系,对全国 30 个省份的绿色发展进行连续跟踪测度和评价。[2] 该课题组之后又进一步提出中国城市绿色发展指数指标体系并进行测度。在县域层面,郭永杰等建立包括绿色发展增长率等 9 大类指标体系,运用熵值法和改进 Topsis 模型对宁夏 22 个县(市)绿色发展进行水平测度和分析。[3] 李国平和李宏伟采用 PSR 模型建立绿色发展指数,对陕西 36 个国家重点生态功能区县域 2011—2015 年绿色发展、绿色减贫效果进行测度。[4]

6.2.4 开放发展

6.2.4.1 开放发展的内涵

第一,开放发展是全面开放。宁吉喆认为中国对外开放是引进来和走出去并重的全面开放。[5] 郭周明指出推动形成全面开放新格局,是贯彻开放发展理念的客观要求。[6] 陈江生认为新时代中国经济再上台阶要全面扩大开放,推动中国更强劲地走向世界舞台的中央,构建人类命运共同体。[7]

第二,开放发展是主动开放。陈德铭认为我国发展仍处于可以大有作为的重要战略机遇期,实行更加积极主动的开放战略,是我们把握机遇、应对挑战、赢得主动、赢得优势、赢得未来的客观需要。[8] 周景彤和盖新哲认

① 中国科学院可持续发展战略研究组.2011 中国可持续发展战略报告:实现绿色经济转型[M].北京:科学出版社,2012.

② 北京师范大学,西南财经大学,国家统计局.2016 中国绿色发展指数报告[M].北京:北京师范大学出版社,2016.

③ 郭永杰,米文宝,赵莹.宁夏县域绿色发展水平空间分异及影响因素[J].经济地理,2015,35(3):45-51+8.

④ 李国平,李宏伟.绿色发展视角下国家重点生态功能区绿色减贫效果评价[J].软科学,2018,32(12):93-98.

⑤ 宁吉喆.构建全面开放新格局,汇聚共同发展新动能[J].宏观经济管理,2019(1):5-6.

⑥ 郭周明.新时代推动形成全面开放新格局思考[J].中国高校社会科学,2018(5):19-25+157.

⑦ 陈江生.新时代中国发展与全面扩大开放[J].理论视野,2019(5):44-52.

⑧ 陈德铭.实行更加积极主动的开放战略,全面提高开放型经济水平[J].求是,2012(24):37-39.

为国际上保护主义、孤立主义等"逆全球化"思潮抬头,中国从全球化受益者向贡献者的角色转变,凸显积极主动对外开放的重要性。[①] 张广婷和王陈无忌认为在引进和利用外资的政策演变和实践中,中国具有自己独特的发展经验,坚持主动变革,从起步探索到战略转变,从尝试摸索到完善成熟,最终产生量变到质变的效果。[②]

第三,开放发展是共赢开放。胡鞍钢和鄢一龙认为开放发展的核心是共赢发展,其内涵就是和平发展、开放发展、合作发展与互利发展。[③] 王棋辉、Hautz 等认为开放战略是一种为内部和外部行为者提供更大战略透明度和包容性的动态实践组合,对组织界限内和组织边界外的不断变化作出反应,实现共赢。[④][⑤] 夏先良认为开放发展突出开放、合作、包容精神,达到互利共赢和共同开放发展目标,使中国与世界各国通过合作、开放实现共同发展。[⑥]

第四,开放发展是双向开放。李丹和董琴认为开放格局的确立和形成,国内区域适度有序的开发开放和对外重点突出的开放布局相辅相成,"引进来"和"走出去"相互配合,形成了对外开放的重要特征。[⑦] 李勃昕等认为"引进来"与"走出去"是双向共生的。[⑧]

6.2.4.2 开放发展的影响因素

第一,经济增长促进开放发展。Kunst 和 Marin 结合不完全竞争、规模经济和产品差异的国际贸易理论,提出规模经济对开放发展起到促进作用。[⑨] Coughlin 分析外商直接投资的影响因素,发现人均 GNP、工资、税收对外商直接投资有显著影响,其中人均收入与外商直接投资呈正比,而

---

① 周景彤,盖新哲.积极主动对外开放新定位[J].中国金融,2017(10):80-81.
② 张广婷,王陈无忌.主动变革、开放包容与制度创新:新中国 70 年吸引外资的内在逻辑[J].世界经济研究,2019(12):3-12+131.
③ 胡鞍钢,鄢一龙等.中国新理念[M].杭州:浙江人民出版社,2016:78-96.
④ 王棋辉.论五大发展理念之"开放发展"的现实意义[J].现代商贸工业,2020,41(2):23-25.
⑤ Hautz J,Seidl D,Whittington R. Open Strategy:Dimensions,Dilemmas,Dynamics [J]. Long Range Planning,2016,50(3):298-309.
⑥ 夏先良.完整、准确、全面把握习近平开放发展观化解当前中国面临的新挑战[J].人民论坛·学术前沿,2021(13):84-105+143.
⑦ 李丹,董琴."引进来""走出去"与我国对外开放新格局的构建[J].中国特色社会主义研究,2019(2):41-46.
⑧ 李勃昕,韩先锋,李辉."引进来"与"走出去"的交互创新溢出研究[J].科研管理,2021,42 (8):122-130.
⑨ Kunst R,Marin D. The Export Productivity Relationship:A Time Series Representation for Austria[J].Empirica,1987,14(1):55-75.

工资与税收与外商直接投资呈反比。①

第二，技术创新有利于开放发展。Grassman 认为技术发展和制度安排是开放发展的主要影响因素，技术发展本身有利于国际经济活动，国际一体化（国际融合）的速度和技术、政策因素的相对重要性在很大程度上取决于我们采用的时间视角。② 还有研究认为良好的内部环境和企业组织管理模式之间相互作用可以推动开放发展，技术创新因素是最主要的推动力量。

第三，政策和汇率对开放发展的影响。Galí 和 Monacelli 认为对外开放受到一个国家或地区的货币政策和汇率波动的影响。③ 胡西武等基于1986—2016 年 20 个内陆省份的相关经济统计数据，从进出口总额、国际旅游外汇收入、实际利用外资的维度，对宁夏内陆开放型经济试验区实施的成效进行定量评价，发现试验区政策对进出口总额、国际旅游外汇收入有显著的正向影响。④

6.2.4.3 开放发展的水平测度

第一，开放发展的 KOF 全球化指数和利率平价法。KOF 全球化指数是苏黎世理工学院经济研究所（KOF）发布的各国开放水平指数，主要包括经济全球化、社会全球化、政治全球化 3 个一级指标和 24 个具体指标。Haque 等提出利率平价法，通过检验一国汇率和利率间的平价关系是否成立评估其资本开放度，并对资本开放度进行测算。⑤ Edwards 对利率平价法进行改进，利用半开放经济国家的利率决定模型，评价发展中国家在一段时间内的资本流动程度。⑥

第二，从国家、省、市层面对开放发展进行水平测度。在国家层面，李翀基于我国 1984—1995 年对外贸易、金融和投资比率加权平均计算对外

---

① Coughlin C C, et al. State Characteristics and the Location of Foreign Direct Investment Within the United States[J]. The Review of Economics and Statistics，1991，73(4)：675－683.

② Grassman S. Long-Term Trends in Openness of National Economies [J]. Oxford Economic Papers，1980，32(1)：123－133.

③ Galí J，Monacelli T. Monetary Policy and Exchange Rate Volatility in a Small Open Economy[J].The Review of Economic Studies，2005，72(3)：707－734.

④ 胡西武，黄越，黄立军，等.基于 SCM 的宁夏内陆开放型经济试验区实施效应评估[J].软科学，2018，32(12)：99－103＋108.

⑤ Haque N U，Montsiel P. Capital Mobility in Developing Countries—Some Empirical Test[R]. IMF Working Papers：，1991，19(10)：1391－1398.

⑥ Edwards S. Openness，Productivity and Growth：What Do We Really Know[J]. Journal of Development Economics，1998(3)：383－398.

开放程度,发现我国在贸易、金融、投资领域全面对外开放,对外开放程度在稳定地大幅度提高。[1] 在省域层面,李青和黄亮雄基于对外开放、引进来、走出去的内涵建立开放经济指数,评价31个省(市、自治区,不含港、澳、台地区)2003—2012年的开放经济程度,发现各地的开放程度都呈上升趋势,"走出去"指数增长最快。[2] 在城市层面,张可云和项目利用2008年度中国地级以上城市数据,运用因子分析方法对省会城市国际化水平进行排名,分析城市国际化的主要特征。[3]

6.2.5 共享发展

6.2.5.1 共享发展的内涵

第一,包容性增长。2007年亚洲开发银行提出"包容性增长"的概念,倡导机会平等的增长,在保持经济高速和可持续增长的同时,通过减少与消除机会不平等,让普通民众最大限度地分享经济发展的成果。[4] Badgaiyan认为包容性增长是人人可以获得均等的机会,应该包括教育、健康卫生等社会福利方面,强调社会成员的就业和发展。[5] Rauniyar和Kanbur将包容性增长等同于"扶贫式增长"或"共享式增长",重点关注增长能否使穷人从中受益,注重增长的结果。[6] Sugden认为包容性增长是全部社会成员可以共同参与和分享的经济增长,注重增长的机会和渠道平等,每个人都能参与。[7]

第二,共享发展包含政治、经济、文化、社会和生态多方面。韩喜平从民生角度指出共享发展理念是由发展性、共享性、人民性和民生性等多种属性构成的,发展是基本表现,共享是本质要求,人民是根本立场,民生是重点领域。[8] 赵满华提出共享发展应该包括消除贫困、增加公共服务、优

① 李翀.我国对外开放程度的度量与比较[J].经济研究,1998(1):28-31.

② 李青,黄亮雄.中国省际开放度的经济指标体系与政策走向[J].改革,2014(12):118-126.

③ 张可云,项目.中国省会城市国际化水平比较研究[J].地域研究与开发,2011,30(4):51-53+60.

④ Asian Development Bank. Towarda New Asian Development Bankina New Asia: Report of the Eminent Persons Group [R]. Manila: ADB, 2007:13.

⑤ Badgaiyan B. Measuring Inclusive Growth [J]. SSRN Electronic Journal,2011.

⑥ Rauniyar G, Kanbur R. Inclusive Growth and Inclusive Development: A Review and Synthesis of Asian Development Bank Literature[J].Journal of the Asia Pacific Economy,2010,15(4): 455-469.

⑦ Sugden C.Is Growth in Asia and the Pacific Inclusive[J]. Social Science Electronic Publishing,2013.

⑧ 韩喜平.整体把握共享发展理念的四个向度[J].社会科学家,2016(12):30-34.

先发展教育、促进就业创业、提高居民收入、完善社会保障、提高居民健康水平、改善居民居住条件。① 刘凤义和李臻认为共享发展不仅包括成果的共享,也应该包括劳动过程的共享,同时既有制度层面的共享,也要有管理层面的共享。② 邵彦敏和张洪玮认为共享发展理念体现了共享与发展的辩证统一,"共享"指向分配领域,强调的是资源分配,注重的是社会公平;"发展"指向生产领域,强调的是财富增加,注重的是效率。③ Birdsall 和 Meyer 提出人均家庭消费支出(或收入)中位数应纳入国家级共享发展的指标,以评估个人福利和不平等。④

第三,共享发展的主体是全体人民,共享发展理念就是坚持以人民为中心的发展思想。孙肖远认为共享发展理念具有深刻的理论内涵和科学的实践价值,集中体现了人民是推动发展的根本力量的唯物史观、党全心全意为人民服务的根本宗旨、人民共建共享的价值取向,彰显了以人民为中心的发展导向。⑤ 左鹏认为共享发展就是要使全体人民在共建共享发展中有更多获得感,发展成果的主体应该是发展成果的创造者,尤其需要突出劳动人民的主体地位。⑥ 李雪娇和何爱平提出发展过程、发展机会与发展结果都要体现以人民为主体的原则。⑦

6.2.5.2　共享发展的影响因素

第一,科技创新促进地区共享发展。王慧艳等从系统论角度研究发现,科技创新能够驱动经济高质量发展,从而带动地区共享发展。⑧ 易淼认为借力于新科技革命可以促进新时代社会主义劳动生产、物质消费、精神生活等关系趋于均衡,不断推进新时代中国特色社会主义共享发展。⑨ 范斯义和刘伟认为科技创新从城乡产业效应、环境效应和社会效应 3 个维

①　赵满华.共享发展的科学内涵及实现机制研究[J].经济问题,2016(3):7-13+66.
②　刘凤义,李臻.共享发展的政治经济学解读[J].中国特色社会主义研究,2016(2):27-32.
③　邵彦敏,张洪玮.共享发展理念对世界发展理论和实践的创新[J].社会科学战线,2020(9):247-252.
④　Birdsall N, Meyer C J. The Median Is the Message: A Good Enough Measure of Material Wellbeing and Shared Development Progress[J]. Global Policy,2015,6(4):343-357.
⑤　孙肖远.共享发展理念的理论内涵与实践价值[J].科学社会主义,2016(4):71-76.
⑥　左鹏.共享发展的理论蕴涵和实践指向[J].思想理论教育导刊,2016(1):86-90.
⑦　李雪娇,何爱平.政治经济学的新境界:从人的全面自由发展到共享发展[J].经济学家,2016(12):5-11.
⑧　王慧艳,李新运,徐银良.科技创新驱动我国经济高质量发展绩效评价及影响因素研究[J].经济学家,2019(11):64-74.
⑨　易淼.技术创新与利益共享的统一:新科技革命如何推进社会主义共享发展[J].西部论坛,2020,30(1):31-38.

度,促进地区共享发展。[1]

第二,积极的政府行为有利于共享发展。安秀梅等研究提出,财政体制性分权与自主性分权对共享发展具有正向效应,财政支出性分权对共享发展具有显著负向效应。[2] 徐瑞慧通过对经济发展质量的研究,发现政府治理、财政支出等因素能够显著促进发展质量,从而推动共享发展。[3] 乔俊峰和张春雷利用2004—2015年的省级面板数据测度中国30个省份的共享发展指数,发现转移支付对共享发展具有促进作用,但会随着转移支付的增加逐渐减弱。[4] Aoyagi 和 Ganelli 认为货币政策、刺激贸易、降低失业率和提高生产率的结构性改革,是包容性增长的重要决定因素。[5] Whajah 等发现政府支出规模对包容性增长有正向影响,公共债务水平对包容性增长有负面影响。[6] Onesmus 等研究发现增加基础设施可以减少收入差距,促进经济包容性增长。[7]

第三,教育质量和就业环境影响共享发展。吕健和张宜慧认为优质高等教育机会公平与共享发展之间存在着内生的逻辑关系,促进优质高等教育机会公平不仅有利于落实共享发展理念,而且对实现共享发展的关键领域具有重要影响,如教育、收入、脱贫攻坚、乡村振兴、青年人的自由全面发展等领域。[8] 梁文凤认为绿色就业发展可以提高就业率、促进人民参与经济发展共建,是提高共享发展的重要途径,在扩大就业空间、改善就业条件、优化就业结构和产业结构的基础上,将有利于构建人与经济、生态等的良性发展格局,共享由经济、生态、社会等良性发展共同创造的各方面成

① 范斯义,刘伟.科技创新促进城乡融合高质量发展作用机理及实践路径[J].科技管理研究,2021,41(13):40-47.

② 安秀梅,李丽珍,王东红.财政分权、官员晋升激励与区域共享发展[J].经济与管理评论,2018,34(4):27-39.

③ 徐瑞慧.高质量发展指标及其影响因素[J].金融发展研究,2018(10):36-45.

④ 乔俊峰,张春雷.转移支付、政府偏好和共享发展——基于中国省级面板数据的分析[J].云南财经大学学报,2019,35(1):15-28.

⑤ Aoyagi C, Ganelli G. Asia's Quest for Inclusive Growth Revisited[J]. Journal of Asian Economics,2015,40:29-46.

⑥ Whajah J, Bokpin G A, Kuttu S. Government Size, Public Debt and Inclusive Growth in Africa[J]. Research in International Business and Finance,2019,49:225-240.

⑦ Mutiiria O M, Ju Q J, Dumor K. Infrastructure and Inclusive Growth in Sub-Saharan Africa：An Empirical Analysis[J]. Progress in Development Studies,2020,20(3):187-207.

⑧ 吕健,张宜慧.优质高等教育机会公平对共享发展的影响分析[J].现代教育管理,2019(10):7-13.

果。① Manafl 和 Marinescu 认为包容性增长意味着更多更好的就业机会、技能和培训投资、劳动力市场现代化。② Jeyacheya 和 Hampton 发现旅游业可以创造就业、增加个人和政府收入,从而推动发展中国家的经济包容性增长。③

6.2.5.3　共享发展的水平测度

第一,共享发展的指标体系和测度。李晖和李詹从经济普惠、社会公平、政治清明、生态和谐和文化繁荣 5 个维度选取 37 项基础指标,构建省际共享发展评价体系。④ 高质量发展研究课题组从全民共享、全面共享、共建共享和渐进共享 4 个维度构建共享发展评价指标体系,对 2019 年中国共享发展进行水平测度,发现中国经济共享发展指数达到 59.84,相对 2000 年的 33.94 提高了 25.90;分领域看,2019 年全民共享指数为 24.00,全面共享指数为 13.94,共建共享指数为 10.97,渐进共享指数为 10.93,相对 2000 年都有不同程度提高;分区域看,2019 年发达地区共享发展总体水平高于欠发达地区,欠发达地区在过去 20 年的共享发展水平提高幅度高于发达地区,各地区共享发展呈现总体水平缩小、部分领域分化态势。⑤

第二,共享发展水平测度和比较。景维民和裴伟东采用熵值法综合分析 2007—2014 年中国和日本、德国、瑞典、美国等国的共享发展水平,发现我国的共享水平在不断上升,特别是在 2010 年之后上升迅速,但与发达国家还有一定的差距。⑥ 范建平等运用网络数据包络分析方法(NDEA)对我国 30 个省份 2013—2017 年区域共享效率进行度量与分析,发现在创造经济阶段总体的区域共享效率持续处于高水平,在共享经济阶段各省份和总体的区域共享效率持续处于低水平。⑦ 蔡欣磊等以 2003—2018 年全国

① 梁文凤.共享经济发展下中国绿色就业战略转型研究[J].改革与战略,2017,33(5):141 - 143＋153.

② Manafi I, Marinescu D E. The Influence of Investment in Education on Inclusive Growth — Empirical Evidence from Romania vs. EU[J]. Procedia — Social and Behavioral Sciences,2013,93(1):689 - 694.

③ Jeyacheya J, Hampton M P. Wishful Thinking or Wise Policy? Theorising Tourism-Led Inclusive Growth:Supply Chains and Host Communities[J/OL]. World Development,2020,131. https://doi.org/10.1016/j.worlddev.2020.104960.

④ 李晖,李詹.省际共享发展评价体系研究[J].求索,2017(12):87 - 95.

⑤ 高质量发展研究课题组,韩保江,邹一南.中国经济共享发展评价指数研究[J].行政管理改革,2020(7):14 - 26.

⑥ 景维民,裴伟东.国家共享水平测度——中国与发达国家的比较[J].社会科学,2019(7):31 - 42.

⑦ 范建平,郭子微,吴美琴.区域共享发展水平测度与分析[J].统计与决策,2021,37(10):101 - 105.

198个地级市的面板数据为样本,基于"中心—外围"理论分析,运用广义合成控制法测度区域一体化扩容下共享发展成效,发现长三角扩容实现了共享发展,促进作用随时间而增大。[①]

6.3 经济高质量发展的国际经验

在经济学上,经济增长既有速度、规模的数量扩张,也有经济增长的质量提升、改善。随着一些社会经济问题的出现,经济增长的公平、可持续等质量因素逐渐被社会重视,经济发展、经济发展质量等不仅成为经济理论的重要概念,也成为经济活动的目标导向。

6.3.1 创新发展

从世界范围看,美国、日本、德国、瑞典等国家非常重视科技创新,研发投入强度稳定在较高水平(见图6-1)。2000—2018年,中国的研发投入强度逐年上升,但与美国、日本、德国等发达国家还存在明显的差距。

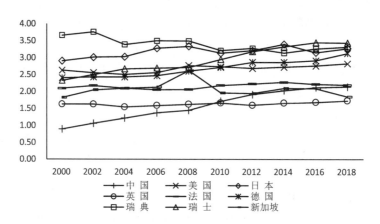

图6-1 代表性国家R&D占GDP的比重

第一,高强度的研发投入。美国是全球研发投入最大的国家,2011年研发资金投入总额达4181亿美元,接近于日本、中国、德国的研发投入总

① 蔡欣磊,范从来,林键.区域一体化下的共享发展:成效和机制——以长三角扩容为准自然实验的测度[J].南通大学学报(社会科学版),2021,37(3):42-51.

和(4363亿美元),其研发经费投入强度(R&D经费/GDP)为2.77%。日本的研发投入总量长期排名全球第二,2011年研发投入达到1989亿美元,投入强度为3.39%。德国是全球研发投入强度最高的国家之一,原计划2015年实现研发投入占GDP的3%,到2011年研发投入就已达746亿欧元,占GDP比重为2.90%,几乎提前4年完成预定目标。

第二,重视基础研究。美国政府对基础科学研究给予大量资助,鼓励科研机构、高等学校等开展基础研究,并引导大企业积极参与,以实现研究成果的有效转化。大企业有雄厚的经济、科研实力和相对成熟的创新体系,与基础研究紧密结合能够使企业加快创新发展。同时,鼓励大企业和中小企业互通互动,以更大程度地发挥创新的正外部性。美国通过原创性研究推动创新发展,使其长期保持全球科学和技术的全面领先地位。

第三,强化科技立法。美国的《拜杜法案》《技术创新法》《专利与商标修正法案》《联邦技术转移法》《政府绩效与效果法》《技术卓越法》《国家技术转移与促进法》等一系列法案,为企业特别是中小企业的技术创新提供了法律保障。1959年起,日本先后制定《科学技术会议设置法》《大学等技术转让促进法》《产业竞争力强化法》等法律法规,以促进创新发展。

第四,扶持中小企业。美国《拜杜法案》的发布和修订,使众多中小企业获得技术专利,极大地加快了技术创新成果的市场化、产业化步伐。小企业创新研究计划、技术转移计划等扶持举措,对解决高技术中小企业的资金短缺、信息不足等问题也起到了较好的支撑作用。政府营造创新环境、企业付出创新努力等原因,使美国中小型科技企业取得良好发展。德国支持大企业科技创新的同时,兼顾中小企业创新与发展,努力弥补中小企业在市场竞争中的相对弱势,通过中小企业远程工作计划、企业技术创新风险分担计划、中小企业创新与未来技术计划、高科技战略投资计划等,拓宽创新型初创企业融资途径,以增强这些企业的国际创新竞争力。

第五,政府战略引导。德国政府在1996—2012年陆续推出质量保障计划等,激励企业加大研发投入,企业研发投入占GDP的比重稳定上升,由1999年的1.67%提高到2012年的1.94%。1995年,日本将"科学技术创新立国"作为基本国策,提出向创新型国家转变,其后通过2006年的新经济增长战略、2007年的"创新25战略"、2011年的第4期科学技术基本计划、2014年的科学技术创新综合战略等国家战略计划,支持、鼓励企业进行民主创新、开展科研及技术创新等活动。

6.3.2　协调发展

在协调发展的历史过程中,人口城镇化是一个基本表征。据世界银行的公开数据,一些发达国家(这里选取欧洲、亚洲、北美洲各两个国家)的人口城镇化率在 1980 年前后就接近 80%,日本的人口城镇化率 2010 年超过90%,其他各国一直稳定在 80% 的水平上。我国的人口城镇化率 2000 年为 35.88%,2020 年达到 61.43%,近 20 年的年平均增速为 2.73 个百分点(见图 6-2 和图 6-3),正处于快速上升阶段。

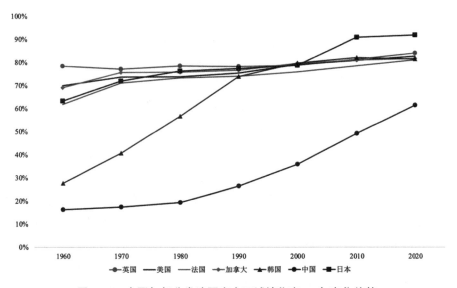

图 6-2　中国与部分发达国家人口城镇化率 60 年变化趋势

第一,政策推动区域城乡协调发展。英国是最早出现区域经济发展差异、最早实施区域政策的国家之一,政策重点从初期的劳动力转移、扶持衰退地区和边远欠发达地区扩展到支持中间地区,政策工具从初期的金融补贴发展到区域规划,区域政策体系不断完善。日本在政府政策的协调和激励下,为缓解大城市的压力,将部分工业向乡村转移,推进乡村工业化发展,还通过造街、造乡运动延续乡村文化;政府投入大量财力改善乡村基础设施,通过建立涵盖城乡的交通、物流、通信、社会服务、文化教育等公共产品,不仅拉近城乡之间的物理差距,更紧密了城乡之间的人心联系,为乡村价值的综合发挥提供了保障。①

---

① 张薇,秦兆祥.日本"魅力乡村建设"有哪些好做法[J].人民论坛,2017(25):120-121.

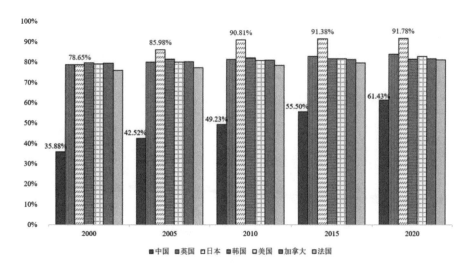

图 6-3　中国与部分发达国家人口城镇化率对比

第二,发挥市场作用推动协调发展。美国在协调发展政策实施中,注重依靠市场力量改善区域投资环境,增强自我发展能力,充分利用市场机制推动协调发展。日本在战后 3 次"魅力乡村建设"运动中,因地制宜培育富有地方特色的农村发展模式,形成"一村一品"和乡村观光旅游等,通过市场途径实现农业农村的多元价值,取得了经济、生态与社会的综合效益。

第三,通过立法保障协调发展。美国为解决发展的不协调、不平衡问题,颁布了一系列专门的法律法规。由于区域政策受到政治、经济、社会等多种因素的影响,英国也不断完善法律法规框架,为政策的有效实施提供保证。

6.3.3　绿色发展

1960 年前后,环境污染问题开始引起工业发达国家注意,环境保护、可持续发展、绿色经济等逐渐成为现代经济发展质量的主要标准。全球绿色经济指数(GGEI)使用定量和定性指标评价国家在领导力和气候变化、能效部门、市场和投资、环境资源 4 个关键维度的表现,包含 32 个基本指标,涵盖了 130 个国家的绿色经济表现,是被广泛引用的绿色经济度量指数。

2018 年 GGEI 排前 54 名的国家(见表 6-1)中,瑞典、瑞士、冰岛、挪威、芬兰、德国、丹麦和奥地利位居前列;中国为第 25 名,比 2014 年上升了 29 个名次。北欧国家和德国的绿色发展,与各国的资源禀赋、产业基础、制度环境、人文环境和政治体制都有密切关系。

表 6-1　2018 年 54 个国家 GGEI 得分和排名

排名	国家	得分	排名	国家	得分
1	瑞典	0.76	28	美国	0.55
2	瑞士	0.76	29	匈牙利	0.54
3	冰岛	0.71	30	巴西	0.54
4	挪威	0.70	31	西班牙	0.54
5	芬兰	0.70	32	葡萄牙	0.54
6	德国	0.69	33	印度	0.54
7	丹麦	0.68	34	智利	0.54
8	奥地利	0.65	35	阿尔巴尼亚	0.54
9	法国	0.64	36	安道尔	0.53
10	英国	0.62	37	埃塞俄比亚	0.53
11	哥伦比亚	0.62	38	墨西哥	0.53
12	哥斯达黎加	0.61	39	佛得角	0.53
13	爱尔兰	0.60	40	卢森堡	0.52
14	加拿大	0.60	41	格鲁吉亚	0.52
15	荷兰	0.59	42	马耳他	0.52
16	新西兰	0.59	43	毛里求斯	0.52
17	日本	0.59	44	立陶宛	0.52
18	肯尼亚	0.58	45	摩洛哥	0.51
19	乌拉圭	0.58	46	以色列	0.51
20	赞比亚	0.57	47	卢旺达	0.51
21	比利时	0.57	48	菲律宾	0.51
22	意大利	0.56	49	斯洛文尼亚	0.51
23	韩国	0.56	50	尼日利亚	0.51
24	泰国	0.56	51	柬埔寨	0.50
25	中国	0.55	52	马来西亚	0.50
26	秘鲁	0.55	53	克罗地亚	0.49
27	希腊	0.55	54	坦桑尼亚	0.49

第一，绿色政策体系。北欧是世界上经济最发达且最注重环境保护的地区之一，经过长期的绿色政策体系建设和经济改革，北欧国家在绿色经济发展、能源利用效率上都达到世界领先水平。针对生态环境领域的市场失灵，北欧国家实行了多种经济政策，包括环境税、新能源补贴、能效补贴、排放交易体系、自愿减排协议等，各种政策工具相互协调、相互补充，形成灵活有效的绿色政策体系。各国以法律法规保障政策执行的效力，通过制定、修订法律法规，使相关行动计划和具体措施均有充分的法律依据。

第二，循环经济体系。德国的循环经济思路来源于垃圾处理，对垃圾最大限度再利用，无法利用再作销毁处理。为了建立最终的垃圾处理模式，在工程设计阶段技术人员就明确"回收再利用"的思维，各行业的垃圾被重新利用的比例平均为50%，冶金行业的矿渣重复利用率达95%。各地都有提供垃圾再利用服务的公司，为企业提供相关技术咨询，帮助企业建立自己的垃圾处理系统。德国民众的循环经济意识很强，城市街道两旁有不同颜色的垃圾桶，居民厨房有放置不同垃圾的各种容器，以便于垃圾的分类与回收。[①] 德国大力发展循环经济，循环经济系统日趋成熟，循环经济水平也处于全球领先地位。

第三，国际合作。北欧国家由于地理相邻、经济关系紧密，具有悠久的区域合作传统，在电力、天然气、能源和环境研究等领域有广泛的合作。在欧盟的推动下，北欧以及欧盟各国的合作不断发展，欧盟排放交易体系成为区域与国际合作的一个成功的典范。[②]

6.3.4 开放发展

开放发展的基础和评价标准之一是营商环境。良好的营商环境是一个国家、地区经济开放发展水平的重要体现。根据世界银行《2020年营商环境报告》，总体上中国的营商环境排名位于第31名（77.9分），比2019年的排名上升了15个名次（见表6-2）。新加坡、阿联酋、美国等不仅排名靠前，在开放经济上也有各自的经验。

---

① 姚丹.中国绿色经济指标体系构建及空间统计分析[D].广州：暨南大学，2014.
② 史丹，李玉婷.北欧四国能源政策体系及借鉴意义[J].人民论坛·学术前沿，2015(1)：6-21.

表 6-2　世界银行《2020 年营商环境报告》部分国家（地区）

经济体	全球排名	开办企业	办理施工许可证	获得电力	登记财产	获得信贷	保护少数投资者	纳税	跨境贸易	执行合同	办理破产
新西兰	1	1	7	48	2	1	3	9	63	23	36
新加坡	2	4	5	19	21	37	3	7	47	1	27
中国香港	3	5	1	3	51	37	7	2	29	31	45
丹麦	4	45	4	21	11	48	28	8	1	14	6
韩国	5	33	12	2	40	67	25	21	36	2	11
美国	6	55	24	64	39	4	36	25	39	17	2
格鲁吉亚	7	2	21	42	5	15	7	14	45	12	64
英国	8	18	23	8	41	37	7	27	33	34	14
挪威	9	25	22	44	15	94	21	34	22	3	5
瑞典	10	39	31	10	9	80	28	31	18	39	17
立陶宛	11	34	10	15	4	48	37	18	19	7	89
马来西亚	12	126	2	4	33	37	2	80	49	35	40
毛里求斯	13	20	8	28	23	67	18	5	72	20	28
澳大利亚	14	7	11	62	42	4	57	28	106	6	20
中国台湾	15	21	6	9	20	104	21	39	61	11	23
阿联酋	16	17	3	1	10	48	13	30	92	9	80
北马其顿	17	78	15	68	48	25	12	37	32	47	30
爱沙尼亚	18	14	19	53	6	48	79	12	17	8	54
拉脱维亚	19	26	56	61	25	15	45	16	28	15	55
芬兰	20	31	42	24	34	80	61	10	37	45	1
泰国	21	47	34	6	67	48	3	68	62	37	24
德国	22	125	30	5	76	48	61	46	42	13	4
加拿大	23	3	64	124	36	15	7	19	51	100	13
爱尔兰	24	23	36	47	60	48	13	4	52	91	19
哈萨克斯坦	25	22	37	67	24	25	7	64	105	4	42
冰岛	26	64	72	16	16	94	28	42	53	33	12
奥地利	27	127	49	29	31	94	37	44	1	10	22

经济体	全球排名	开办企业	办理施工许可证	获得电力	登记财产	获得信贷	保护少数投资者	纳税	跨境贸易	执行合同	办理破产
俄罗斯联邦	28	40	26	7	12	25	72	58	99	21	57
日本	29	106	18	14	43	94	57	51	57	50	3
西班牙	30	97	79	55	59	80	28	35	1	26	18
中国	31	27	33	12	28	80	28	105	56	5	51

第一，新加坡的优质营商环境。新加坡是东南亚最大的海港，也是重要的国际航空中心，优质的营商环境使其一直被世界银行评估为全球营商环境最佳的经济体之一。一是信息化服务系统。新加坡的电子信息系统，通过 TradeNet 贸易网络系统整合货物流动的文件流程，可在 15 分钟内快速完成货物清关程序。PortNet 系统全天候为客户提供舱位预定和船只进出港服务，集装箱通过大门只需 25 秒。先进的信息化监管系统，加强了各个贸易部门之间的信息共享，便于监管部门对进出口货物实施监控，实现了监管部门与港口间的全面信息化管理。① 二是便利的经商条件。新加坡市场高度开放，不限制外资股权比例，公司注册手续简单，配套设施完备，投资者出入境便利，资金出入自由度高，是全球税负较低的国家之一，公司税率为 17%、消费税率为 7%、个人所得税率为 0～22%。三是全流程招商服务。新加坡对招商引资提供事前咨询、政策对接、项目落地、后续配套等服务，政府部门参与协调科技、税收、用工、劳动保障等周边事项，经常主动上门服务，切实打通招商引资的"最后一公里"。

第二，迪拜发达的流通体系。一是立体化的交通系统。迪拜是全球重要的航空枢纽，其畅通的航空、公路疏港体系，以及现代港口综合交通枢纽、集疏运陆路分运带，形成了大小港联合、海陆空一体化的立体交通物流网络。二是独特的"1＋N"运行模式。杰贝阿里自由港专注于物流贸易供应链管理、加工制造再出口等相关业务，主要是贸易便利化的功能，其他特色产业城则依托人才、资源、资本及技术的集聚效应，推动流通产业包括旅游业、服务业、交通运输、电子商务等繁荣发展，实现了港口与产业的协同、

---

① 崔凡.全球三大自由贸易港的发展经验及其启示[J].人民论坛·学术前沿,2019(22)：48－53＋158.

协调、高速发展。① 三是宽松的政策环境。迪拜实行进出口完全免税、外资100%独资、没有外汇管制等优惠政策,对外贸外资具有很大的吸引力。

第三,美国的人才开发制度。一是人才移民政策制度。美国不仅通过绿卡、杰出人才绿卡、入籍制度吸引全球的高层次人才,移民法规也优先考虑高层次人才的移民需要和经济移民申请,既解决了高层次人才数量不足的难题,又可以节约大量的教育开支。② 二是高层次人才培养体系。美国拥有世界上数量最多、质量最高的大学,高等教育投入占全球的40%,《成人教育法》规定雇主每年必须将全员工资总额的至少1%用于雇员的继续教育和培训。三是优化创新创业环境。依托高等学校、科研机构设立创业园区,如硅谷就是利用斯坦福大学、加州大学伯克利分校等高校的人才科研优势,构建电子学、生物技术、纳米技术和计算机技术等方面的人才集聚平台。美国人才管理的基本模式是遵循市场规律选择人才、配置资源,人才管理体系突破了政府、科教、产业部门之间的封闭形式,对人才集聚平台进行可全范围流动的体系化设计,使人才集聚平台成为高效流动的开放式人才市场。③

6.3.5 共享发展

联合国开发计划署发布的人类发展指数(HDI),将经济指标与社会指标相结合,基本指标分别为预期寿命、教育水平、生活质量,和共享发展的内涵具有很高相似性。2009—2019年,中国、美国、英国、日本、德国的人类发展指数均呈一定的波动上升状态,2010年出现较大幅度下降(见图6-4)。这期间,美国、日本、德国的指数呈上下波动状态,但波动幅度不大;英国的指数在2010—2015年呈较快上升趋势,2015—2019年呈上下波动状态但幅度不大;中国的人类发展指数在2010—2019年总体稳定增长,2016年有所下降后又迅速回升。2019年,德国排名第一(得分0.947),英国第二(得分0.932),美国第三(得分0.926),日本第四(得分0.919),中国第五(得分0.761)。

---

① 中国南海研究院课题组.迪拜、新加坡成功经验的宝贵启示——"流量"和"腹地"是怎样创造出来的?[J].今日海南,2019(8):54-57.
② 揭昊.建设高水平自由贸易港的国际实践与启示[J].宏观经济管理,2019(2):84-90.
③ 崔凡.全球三大自由贸易港的发展经验及其启示[J].人民论坛·学术前沿,2019(22):48-53+158.

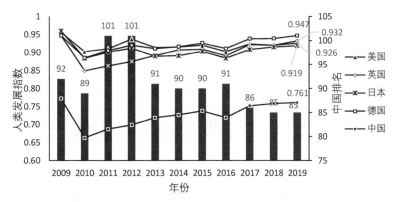

图 6-4 2009—2019 年人类发展指数折线图

资料来源:联合国开发计划署《人类发展报告》。

第一,经济发展是提高共享发展水平的基础。发达国家的经济发展水平较高,劳动报酬占 GDP 的比重较大,劳动者收入处于较高水平。政府拥有较高的财政收入,可以更多投入到教育、医疗、社会保障等民生领域。这是发达国家拥有较高共享发展水平的直接原因之一。

第二,政策制度是提高共享发展水平的保障。发达国家实行高福利政策,通过补贴等方式保证低收入阶层的生活水平,缩小国家内部的贫富差距,保护工人权益的法律制度也比较完备。因此,发达国家拥有更高的共享发展水平,政策制度保障也是一个直接原因。

第三,较高的科技水平是拥有较高共享发展水平的根本原因。在四次技术革命中,前三次技术革命均发端于发达国家,使其创造、积累了大量财富,为就业和收入、教育水平、社会保障等奠定了物质基础。1967 年,日本总务省和经济产业省设立非营利信息处理会社,支持信息技术产业的发展。1990 年后,美国率先提出"信息高速公路"和"数字地球"的概念,推动数字经济发展。2008 年爆发金融危机,英国政府启动"数字英国"战略项目,致力于建设数字化国家。因此,发达国家凭借科技优势提高劳动生产率,获得了较高的个人劳动报酬和更多的社会财富积累,保证了较高的共享发展水平。

7 数据资本对创新发展的驱动效应

为了验证数据资本对创新发展的推动作用,根据创新发展理念的要求,从国家战略科技力量、企业技术创新、人才创新活力和科技创新体制机制 4 个方面对中国创新发展进行水平测度,在此基础上利用 2013—2019 年的省级面板数据,以创新发展水平为被解释变量、数据资本为解释变量,分析数据资本对创新发展水平的影响,论证表明数据资本对创新发展具有显著的驱动效应。

7.1 中国创新发展水平测度

7.1.1 指标体系构建

7.1.1.1 指标初选

构建评价指标体系应遵循科学性、统一性、客观性和可操作性等基本原则。科学性原则是指所选指标必须科学合理,和所反映的对象存在相关性,体现指标之间的层次性和逻辑性;统一性原则是指对不同地区必须用一致的指标测度,不同年度的指标要赋予相同导入权重,以保证不同地区评价指标体系的结构一致,便于进行时空对比、分析;客观性原则要求指标能客观反映评价对象的特征,可运用比较客观的评价方法;可操作性原则体现在所选指标的数据可获得性上,对无法获取或很难量化的可使用替代指标,但替代指标也应遵循以上原则。①

根据创新发展理念的科学内涵,参考创新发展的理论分析和国际经验,遵循统计分析的基本原则,以下从战略科技力量、企业技术创新、人才创新活力和科技创新机制体制等方面,进行创新发展水平测度的指标初

---

① 郭亚军.综合评价理论方法及应用[M].北京:科学出版社,2007:6-8.

选。第一,国家战略科技力量选取科研院所数量、高校数量、专利申请量、科技论文发表量等。第二,企业技术创新选取企业 R&D 经费、企业 R&D 人员全时当量、高新技术企业数量、高新技术产业总产值、技术市场成交合同金额等。第三,人才创新活力选取高校专任教师数量、教育经费投入、R&D 人员全时当量等。第四,科技创新体制机制选取政府财政收入、地区生产总值、R&D 经费投入等。

7.1.1.2 数据来源和指标检验

中国创新发展水平测度的数据,主要来自国家统计局和《中国统计年鉴》《中国科技统计年鉴》《中国统计摘要》等,包括 31 个省(市、自治区)2008—2019 年的数据,不含香港、澳门、台湾等地区的数据。由于数据公布的滞后性,采用移动平均法对缺失数据进行预测补齐。

为了保证指标体系的科学性,从指标的重要性和指标的信息重叠程度两个角度进行指标筛选。指标重要性检验采用熵权法对各个指标进行客观赋权。熵权法是根据指标的变异程度进行赋权,指标变异程度越大则权重越大,重要性也越大。反之亦然。权重排名在最后 5 位的指标为高新技术产业总产值、有研发机构的企业数、高新产品开发经费、技术市场成交额和出口总额,对创新发展水平测度值的贡献最少,故将其剔除(见表 7-1)。

表 7-1　基于指标权重的创新发展指标筛选结果

指标名称	指标权重	筛选结果	指标名称	指标权重	筛选结果
高新技术产业总产值	0.012807	剔除	R&D 经费	0.034988	保留
有研发机构的企业数	0.030574	剔除	R&D 人员全时当量	0.035806	保留
高新产品开发经费	0.030914	剔除	企业技术改造经费	0.03675	保留
技术市场成交额	0.031026	剔除	财政收入	0.037064	保留
出口总额	0.032174	剔除	新增固定资产投资	0.037117	保留
有 R&D 活动的企业数	0.032866	保留	GDP	0.037174	保留
企业引进技术经费	0.033069	保留	R&D 经费投入强度	0.037636	保留
有效发明专利量	0.033200	保留	R&D 人员占就业人员比重	0.037693	保留
专利授权量	0.033541	保留	教育投入经费	0.037739	保留
专利申请量	0.033832	保留	研发机构数	0.038019	保留
高新技术企业数量	0.033999	保留	每万人高校专任教师数	0.038149	保留

（续表）

指标名称	指标权重	筛选结果	指标名称	指标权重	筛选结果
企业 R&D 项目数	0.034321	保留	高校专任教师数量	0.03818	保留
企业 R&D 经费支出	0.034520	保留	高校数量	0.038495	保留
科技论文发表量	0.034550	保留	教育经费占财政支出比重	0.039198	保留
企业 R&D 人员全时当量	0.034595	保留			

指标信息重叠度检验根据冗余度（RD）统计量，对指标集进行信息重叠度计算，公式如下：

$$RD = \frac{\sum_{i=1}^{n}\sum_{j=1}^{n}|r_{ij}| - n}{n^2 - n}$$ （式 7 - 1）

一般认为，当 RD 小于 0.5 时，表明信息重叠不严重，否则表明存在较为严重的信息重叠。基于熵权法筛选后的指标集 RD 值为 0.568，需要进一步筛选指标。根据指标间的相关系数矩阵，将相关性较高的专利申请量、专利授权量、企业 R&D 经费支出、企业 R&D 人员全时当量、R&D 人员全时当量和 GDP 剔除后，RD 值降到 0.483，形成最终的指标体系（见表 7 - 2）。

表 7 - 2 创新发展评价指标体系

二级指标	三级指标	单位	指标属性
战略科技力量	科研院所数量	所	＋
	高校数量	所	＋
	有效发明专利量	件	＋
	科技论文发表量	篇	＋
企业技术创新	有 R&D 活动的企业数	家	＋
	企业引进技术经费	万元	＋
	企业改造技术经费	万元	＋
	高新技术企业数量	家	＋
	企业 R&D 项目数	项	＋

二级指标	三级指标	单位	指标属性
人才创新活力	高校专任教师数量	万人	＋
	每万人高校专任教师数	人	＋
	R&D 人员投入强度	％	＋
	教育经费投入	万元	＋
	教育经费投入强度	％	＋
科技创新体制机制	政府财政收入	亿元	＋
	新增固定资产投资	亿元	＋
	R&D 经费投入	亿元	＋
	R&D 经费投入强度	％	＋

7.1.2　测度方法选择

7.1.2.1　熵权 Topsis 法

Topsis 法是一种多目标属性决策分析方法,适用于多个方案、多项指标之间进行对比选择,且对于样本数据的分布形态、指标多少、数据样本总量没有特殊要求和限制,其核心原理在于通过计算评价对象与正、负理想解之间的相对接近程度进行方案优劣排序,得到评价排名。

尽管 Topsis 法能够灵活地定量评估比较对象的优劣程度,但是缺乏对指标权重选取的量化处理,常用的层次分析法、经验决策、直觉判断或者专家打分等处理方法,会在一定程度上削弱评价结果的客观性。为了真实反映评价对象的客观情况,根据指标变异程度大小对评价系统的有序程度进行赋值。指标包含的信息量越大,权重越大,对综合评价的影响越大。反之亦然。因此,采用熵权改进的 Topsis 分析法对中国各省份的创新发展水平进行评价。

第一步,利用熵权法确定各指标权重。将每个指标进行归一化和标准化以消除量纲的影响,先用极值法将初始矩阵进行归一化处理,再用归一化的矩阵计算 j 项指标第 i 个省份的数值占第 j 项指标 i 个省份加和的权重矩阵 P_{ij} 进行标准化处理,公式为:

$$q_{ij} = \frac{X_{ij} - \min(X_j)}{\max(X_j) - \min(X_j)} , \quad p_{ij} = \frac{q_{ij}}{\sum_{i=1}^{n} q_{ij}} \qquad （\text{式 } 7 - 2）$$

再计算每个指标 X_j 的熵值 e_j,公式为:

$$e_j = -\frac{1}{\ln n} \sum_{i=1}^{n} p_{ij} \ln(p_{ij}) \qquad \text{(式 7-3)}$$

然后计算每个指标 X_j 的差异系数 g_j 和权重 w_j。指标的差异系数越大，说明在评价体系中越重要。在同一指标项中，如果省份的数值 X_{ij} 越小，则差异系数就越小，信息熵 e_j 就越大，说明对评价体系的贡献度就越小。反之亦然。因此，可以确定权重 w_j：

$$g_j = 1 - e_j \ , \ w_j = \frac{g_j}{\sum_{j=1}^{m} g_j} \qquad \text{(式 7-4)}$$

第二步，构造加权规范化矩阵。由于各个指标的重要程度不同，所以要对归一化后的初始矩阵进行加权处理，即 $y_j = w_j \cdot p_{ij}$。

第三步，计算正负理想解。令 y_j^+ 为第 j 个指标中的最大值，y_j^- 为第 j 个指标中的最小值：

$$y_j^+ = \max_{1 \leqslant i \leqslant n}(y_{ij}) \ , \ y_j^- = \min_{1 \leqslant i \leqslant j}(y_{ij}) \ , \ j = 1, 2, 3, \ldots m \qquad \text{(式 7-5)}$$

第四步，计算评价对象和理想解的欧氏距离。设 d_i^+ 为第 i 个省份和正理想解之间的欧氏距离，d_i^- 为第 i 个省份和负理想解之间的欧氏距离：

$$d_i^+ = \sqrt{\sum_{j=1}^{m}(y_{ij} - y_j^+)^2} \ , \ d_i^- = \sqrt{\sum_{j=1}^{m}(y_{ij} - y_j^-)^2}$$

$$\text{(式 7-6)}$$

第五步，计算相对贴近程度 c_i。c_i 为第 i 个省份的相对贴近程度，即第 i 个省份的创新发展水平得分：

$$c_i = \frac{d_i^-}{d_i^+ + d_i^-} \qquad \text{(式 7-7)}$$

一个省份的 c_i 值越大，表明越接近正理想解，说明该省份的创新发展水平越高，由此可以根据 c_i 的大小进行各省份的创新发展水平排序。

7.1.2.2 探索性空间数据分析

为了判断创新发展水平的空间相关性，采用探索性空间数据分析对创新发展水平是否具有集聚效应进行检验。先通过 Moran's I 对全局空间集聚进行检验，再计算 $Getis—Ord \ G_i^*$ 统计量对某个区域的空间自相关关系进行检验。

Moran's I 值介于 -1 到 1 之间。当 Moran's I 值为正时，存在空间正相关；当 Moran's I 值为负时，存在空间负相关；当 Moran's I 值为 0 时，不存在空间自相关关系。Moran's I 的公式为：

$$Moran's\ I = \frac{n \sum_{i=1}^{n} \sum_{j=1}^{n} w_{ij}(x_i - \bar{x})(x_j - \bar{x})}{\sum_{i=1}^{n}(x_i - \bar{x})^2 \sum_{i=1}^{n} \sum_{j=1}^{n} w_{ij}} \qquad (式\ 7-8)$$

式中，n 表示区域的个数，x_i 与 x_j 分别表示第 i 个区域和第 j 个区域的观测值，w_{ij} 表示空间权重矩阵。

选取空间邻接矩阵，$Getis-Ord\ G_i^*$ 统计量公式为：

$$G_i^* = \frac{\sum_{j=1}^{n} w_{ij} x_j - \sum_{j=1}^{n} x_j / n \sum_{j=1}^{n} w_{ij}}{\sqrt{\frac{\sum_{j=1}^{n} x_j^2}{n} - \bar{X}^2} \sqrt{\frac{n \sum_{j=1}^{n} w_{ij}^2 - (\sum_{j=1}^{n} w_{ij})^2}{n-1}}} \qquad (式\ 7-9)$$

式中，n 表示区域的个数，x_j 表示第 j 个区域的观测值，w_{ij} 表示空间权重矩阵。G_i^* 值为正且高于临界值表示为创新发展的热点地区，G_i^* 值为负且低于临界值为冷点地区，其余为不显著地区。

7.1.3 测度结果与分析

7.1.3.1 总指数分析

采用熵权改进 Topsis 法对 2008—2019 年创新发展水平进行评价，结果（见表 7-3、图 7-1）显示全国和各省（市、自治区）的创新发展水平总体呈稳步上升趋势，各省（市、自治区）创新发展水平存在显著差异，如北京从 2008 年的 0.306 提高到 2019 年的 0.403，广东从 2008 年的 0.232 提高到 2019 年的 0.692，而新疆仅从 2008 年的 0.059 提高到 2019 年的 0.085。

表 7-3　2008—2019 年各省份创新发展水平

地区	2008		2010		2012		2014		2016		2019	
	得分	排名	得分	排名	得分	排名	得分	排名	得分	排名	得分	排名
北京	0.306	1	0.318	1	0.341	2	0.358	3	0.369	3	0.403	4
天津	0.160	8	0.173	7	0.215	6	0.238	6	0.215	7	0.195	14
河北	0.125	14	0.129	14	0.144	14	0.164	14	0.176	13	0.197	13
山西	0.118	15	0.113	18	0.120	17	0.119	18	0.116	20	0.120	21
内蒙古	0.062	26	0.079	23	0.081	24	0.098	23	0.093	25	0.093	25
辽宁	0.153	9	0.153	10	0.162	11	0.177	10	0.148	16	0.183	15

地区	2008		2010		2012		2014		2016		2019	
	得分	排名	得分	排名	得分	排名	得分	排名	得分	排名	得分	排名
吉林	0.092	20	0.092	20	0.098	21	0.105	21	0.103	23	0.102	24
黑龙江	0.114	17	0.115	17	0.115	18	0.118	20	0.116	19	0.110	22
上海	0.180	6	0.196	6	0.211	7	0.232	7	0.303	6	0.334	6
江苏	0.240	2	0.302	2	0.407	1	0.434	1	0.463	2	0.553	2
浙江	0.206	4	0.204	5	0.249	5	0.295	5	0.333	4	0.442	3
安徽	0.118	16	0.117	16	0.150	13	0.168	13	0.181	12	0.229	9
福建	0.108	18	0.120	15	0.139	16	0.153	15	0.166	14	0.206	12
江西	0.100	19	0.098	19	0.107	19	0.124	17	0.133	18	0.183	16
山东	0.187	5	0.224	4	0.269	4	0.300	4	0.319	5	0.346	5
河南	0.126	11	0.144	12	0.168	10	0.197	8	0.209	8	0.260	7
湖北	0.170	7	0.153	9	0.161	12	0.176	11	0.186	11	0.222	11
湖南	0.126	12	0.148	11	0.175	8	0.174	12	0.187	10	0.227	10
广东	0.232	3	0.285	3	0.338	3	0.387	2	0.486	1	0.692	1
广西	0.081	21	0.090	21	0.103	20	0.103	22	0.113	21	0.123	20
海南	0.042	29	0.042	28	0.040	28	0.042	29	0.044	29	0.050	29
重庆	0.078	22	0.085	22	0.098	22	0.118	19	0.136	17	0.151	18
四川	0.126	13	0.154	8	0.169	9	0.185	9	0.196	9	0.239	8
贵州	0.063	25	0.062	26	0.073	26	0.081	26	0.094	24	0.109	23
云南	0.069	24	0.074	25	0.083	23	0.092	24	0.109	22	0.129	19
西藏	0.010	31	0.013	31	0.013	31	0.016	31	0.013	31	0.017	31
陕西	0.129	10	0.136	13	0.142	15	0.153	16	0.157	15	0.169	17
甘肃	0.076	23	0.075	24	0.079	25	0.082	25	0.084	26	0.084	27
青海	0.020	30	0.030	30	0.028	30	0.027	30	0.025	30	0.028	30
宁夏	0.051	28	0.038	29	0.040	29	0.051	28	0.046	28	0.057	28
新疆	0.059	27	0.061	27	0.066	27	0.072	27	0.076	27	0.085	26

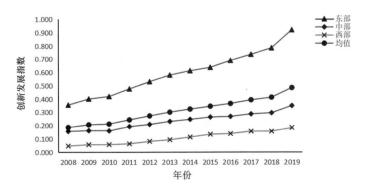

图7-1 东中西部区域创新发展趋势图

创新发展水平及其上升幅度的东、中、西部地区差异明显。根据国家统计局的区域划分,东部地区:北京、天津、河北、辽宁、上海、江苏、浙江、福建、山东、广东、海南,共11个省(市);中部地区:山西、吉林、黑龙江、安徽、江西、河南、湖北、湖南,共8个省;西部地区:四川、重庆、贵州、云南、西藏、陕西、甘肃、青海、宁夏、新疆、广西、内蒙古,共12个省(市、自治区)。[①] 测度结果(见图7-1)显示,东部创新发展水平及其上升幅度高于全国和中西部地区,且这种差距也呈逐年扩大趋势,排名靠前的广东、江苏、北京、浙江、山东、上海等均位于东部地区;中西部地区创新发展水平一直低于全国水平,且差距呈加大趋势。

7.1.3.2 二级指数分析

东、中、西部区域创新发展水平二级指标的结果(见表7-4、图7-2)显示,2008—2019年得分为东部高于中部、中部高于西部,整体呈逐年上升、东中西部区域差距加大的趋势,其中2008—2010年在人才创新活力、企业技术创新方面表现出明显波动。

表7-4 东中西部区域创新发展二级指标得分

时间	战略科技力量			企业技术创新			人才创新活力			科技创新体制机制		
	东部	中部	西部	东部	中部	西部	东部	中部	西部	东部	中部	西部
2008	0.362	0.184	0.007	0.376	0.145	0.027	0.454	0.255	0.108	0.238	0.057	0.029
2009	0.375	0.187	0.012	0.455	0.135	0.035	0.444	0.271	0.109	0.292	0.099	0.064

---

① 国家统计局.东西中部和东北地区划分方法[EB/OL].(2015-12-22)[2023-08-22]. http://www.stats.gov.cn/ztjc/zthd/sjtjr/dejtjkfr/tjkp/201106/t20110613_71947.htm.

数据资本及其对中国经济高质量发展的驱动效应研究

时间	战略科技力量			企业技术创新			人才创新活力			科技创新体制机制		
	东部	中部	西部	东部	中部	西部	东部	中部	西部	东部	中部	西部
2010	0.409	0.193	0.025	0.425	0.123	0.034	0.520	0.251	0.105	0.354	0.129	0.068
2011	0.447	0.198	0.032	0.468	0.158	0.048	0.586	0.314	0.085	0.454	0.172	0.085
2012	0.506	0.206	0.044	0.507	0.157	0.044	0.642	0.339	0.134	0.534	0.218	0.111
2013	0.555	0.214	0.052	0.539	0.166	0.041	0.691	0.373	0.146	0.617	0.264	0.137
2014	0.590	0.220	0.061	0.555	0.155	0.052	0.713	0.376	0.181	0.687	0.316	0.166
2015	0.644	0.228	0.070	0.554	0.148	0.053	0.723	0.380	0.209	0.747	0.359	0.204
2016	0.702	0.234	0.090	0.628	0.148	0.049	0.736	0.426	0.230	0.789	0.353	0.201
2017	0.773	0.245	0.098	0.671	0.174	0.062	0.750	0.422	0.260	0.852	0.381	0.227
2018	0.872	0.259	0.110	0.718	0.187	0.060	0.785	0.459	0.279	0.904	0.375	0.212
2019	0.968	0.278	0.123	0.948	0.269	0.096	0.805	0.494	0.302	0.989	0.431	0.251

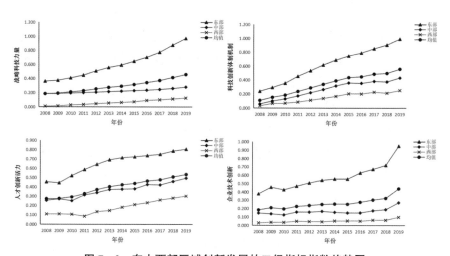

图 7-2 东中西部区域创新发展的二级指标指数趋势图

7.1.3.3 创新发展水平的动态演进

全国创新发展水平的核密度(见图 7-3)显示,创新发展指数的核密度曲线均呈逐年右偏分布并趋于平缓,且由 2008 年的单峰形态转变为 2011、2015 和 2019 年的多峰形态,整体向右侧小幅移动,右侧拖尾越来越长,延展性呈拓宽的演变趋势,说明我国创新发展水平整体不断上升,且随着时间推移由两级分化向多级分化转变,地区差异扩大。

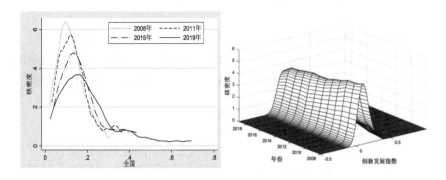

图7-3 全国创新发展指数的核密度

东部地区创新发展水平的核密度(见图7-4)显示,核密度曲线随着时间推移逐渐趋于平缓,表现为明显的右移趋势,说明东部的创新发展水平上升较快;2008和2011年的曲线为单峰形态,2015和2019年转变为多峰形态,说明东部的多级分化加重,存在一定的阶梯效应;随着年份变化,曲线的波峰减小、波宽增大,说明东部各省份创新发展水平差异在不断扩大。

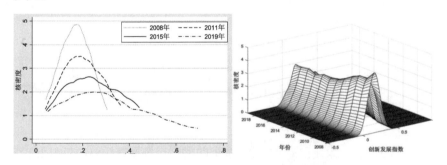

图7-4 东部地区创新发展指数的核密度

中部地区创新发展水平的核密度(见图7-5)显示,核密度曲线随着时间推移逐渐趋于平缓,表现为明显的右移趋势,说明中部的创新发展水平上升较快;2008、2011、2015和2019年曲线均为多峰形态,说明中部的多级分化突出,存在明显的阶梯效应。随着年份变化,曲线的波峰不断减小、波宽不断增大,尤其是2015和2019年平缓近于水平线,说明中部各省份创新发展水平差异有明显扩大趋势。

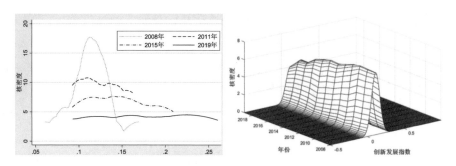

图 7-5　中部地区创新发展指数的核密度

西部地区创新发展水平的核密度(见图 7-6)显示,核密度曲线随着时间推移逐渐趋于平缓,表现为先略向左移再向右移,说明西部的创新发展水平先下降后上升,且上升速度较慢;2008、2011、2015 和 2019 年曲线均为多峰形态,说明西部的多级分化比较严重,存在明显的阶梯效应。随着年份变化,曲线的波峰减小、波宽增大,说明西部各省份创新发展水平差异在不断扩大。

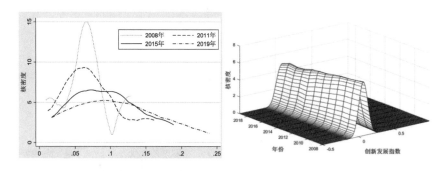

图 7-6　西部地区创新发展指数的核密度

7.1.4　创新发展水平的空间分布

为了对我国创新发展水平在空间集聚效应上进行初步判断,应用 ArcGIS 软件对测度结果进行处理(数据缺失地区赋予值为 0),将创新发展水平分成 6 个层次。

2008 年,创新发展水平第一层次是广东、北京、江苏,第二层次是浙江、山东、上海,第三层次是四川、山西、陕西、湖南、湖北等,第四层次是安徽、福建、广西、江西,第五层次是新疆、西藏、青海、甘肃等。2019 年,浙江和山东从第二层次上升到第一层次,四川、湖北和河南从第三层次上升到第二层次,安徽从第四层次快速上升到第二层次。因此,不论是创新发展水平还是其上升速度,都呈现出"东高西低""东快西慢"的特征,我国创新发展水平在空间上表现出明显的集聚效应。

7.1.4.1 全局空间自相关分析

应用 Stata 15.0 软件计算创新发展水平及其二级指标的全局 Moran's I 值(见表 7 - 5),结果显示 2008—2019 年创新发展指数的 Moran's I 值呈先升后降的趋势,并且在 5% 水平下均为显著正值,表明创新发展水平存在显著的空间正相关关系。2008—2016 年,创新发展指数的 Moran's I 值为上升趋势,表明在此期间创新发展水平的空间依赖性越来越强。2016 年后,创新发展指数的 Moran's I 值呈现下降趋势,但总体依然正向相关。

2008—2019 年,战略科技力量指数的 Moran's I 值总体呈现上升趋势,除 2008 年 Moran's I 值不显著,即不存在明显的空间依赖性,以后各年度都显著为正,但显著性不稳定且均小于 0.15,说明战略科技力量存在较弱的空间正相关关系。企业技术创新指数的 Moran's I 值总体呈现先升后降的趋势,且在 5% 水平下都显著为正值,说明企业技术创新在空间上存在较强的依赖性。人才创新活力指数的 Moran's I 值总体呈现上升的趋势,在 1% 水平下显著为正且均大于 0.22,为二级指标中最大值,说明人才创新活力在空间上存在很强的依赖性。科技创新体制机制指数的 Moran's I 值总体呈现上升趋势,在 2012 年前小于 0.2 且在 5% 水平下显著为正,说明在此期间存在较强的空间正相关关系;在 2013 年后大于 0.2 且在 1% 水平下显著为正,说明在此期间的空间正相关关系明显加强。

表 7 - 5　创新发展及其二级指标指数的 Moran's I

年份	综合	战略科技力量	企业技术创新	人才创新活力	科技创新体制机制
2008	0.157 **	0.085	0.181 **	0.234 ***	0.140 **
	(0.031)	(0.110)	(0.015)	(0.004)	(0.043)
2009	0.161 **	0.098 *	0.188 **	0.228 ***	0.138 **
	(0.029)	(0.090)	(0.014)	(0.006)	(0.047)
2010	0.164 **	0.106 *	0.189 **	0.231 ***	0.152 **
	(0.027)	(0.081)	(0.013)	(0.006)	(0.034)
2011	0.195 **	0.130 *	0.233 ***	0.248 ***	0.176 **
	(0.012)	(0.052)	(0.004)	(0.003)	(0.019)

（续表）

年份	综合	战略科技力量	企业技术创新	人才创新活力	科技创新体制机制
2012	0.197 **	0.145 **	0.230 ***	0.230 ***	0.190 **
	(0.011)	(1.782)	(0.003)	(0.006)	(0.014)
2013	0.204 ***	0.146 **	0.230 ***	0.247 ***	0.205 ***
	(0.009)	(0.037)	(0.004)	(0.003)	(0.009)
2014	0.203 ***	0.128 *	0.225 ***	0.246 ***	0.213 ***
	(0.010)	(0.055)	(0.004)	(0.004)	(0.007)
2015	0.200 ***	0.135 **	0.205 ***	0.246 ***	0.240 ***
	(0.010)	(0.048)	(0.008)	(0.004)	(0.003)
2016	0.206 ***	0.133 **	0.232 ***	0.246 ***	0.243 ***
	(0.009)	(0.049)	(0.004)	(0.004)	(0.003)
2017	0.183 **	0.113 *	0.198 ***	0.237 ***	0.259 ***
	(0.014)	(0.071)	(0.009)	(0.004)	(0.002)
2018	0.181 **	0.138 **	0.187 **	0.236 ***	0.246 ***
	(0.014)	(0.042)	(0.011)	(0.004)	(0.003)
2019	0.183 **	0.140 **	0.175 **	0.250 ***	0.263 ***
	(0.014)	(0.040)	(0.015)	(0.003)	(0.002)

注：*** 、** 、* 分别表示在 1%、5% 和 10% 水平下显著，括号内为 P 值。

总体上，创新发展水平及其二级指标呈现一定的空间依赖性，其中战略科技力量的空间依赖性最弱、人才创新活力最强、科技创新体制机制逐步增强。

7.1.4.2 局部空间自相关分析

应用 ArcGIS 软件对 2019 年创新发展水平及其二级指标进行冷热点分析，显示西藏和青海为冷点区域，说明其周围地区的创新发展处于较低水平；江苏、福建、浙江、安徽、上海、湖北、湖南和江西为热点区域，说明周围地区的创新发展处于较高水平。

在创新发展水平的二级指标上，上海、浙江和安徽均为显著热点地区，江苏、福建、江西和湖北为显著或较显著地区，其中企业技术创新、科技创新体制机制的显著热点地区均为上述省份，表现出明显的一致性，说明企业技术创新和科技创新体制机制具有同步发展的特点。

7.1.5　中国创新发展水平综合评价

第一,2008—2019年,全国和各省(市、自治区)的创新发展水平总体稳步上升,但各省(市、自治区)的创新发展水平有显著差异,东部地区创新发展水平、上升速度均显著高于其他地区。创新发展水平的二级指标得分逐年上升,且"东部地区＞中部地区＞西部地区",东、中、西部区域差距加大。

第二,中国创新发展水平由两级分化向多级分化转变,地区差异扩大。东、中、西部区域内创新发展水平差异不断扩大,中部地区内差异扩大趋势更加明显。

第三,创新发展水平及其二级指标上都呈现出一定的空间依赖性,其中战略科技力量的空间依赖性最弱、人才创新活力最强、科技创新体制机制逐步增强。

7.2　数据资本影响创新发展的实证分析

7.2.1　变量说明与描述统计

7.2.1.1　数据来源

数据资本影响创新发展实证分析的数据,来源于国家统计局和《中国统计年鉴》《中国科技统计年鉴》《中国通信统计年鉴》,包括30个省(市、自治区)2013—2019年的数据,不含西藏、香港、澳门、台湾等地区的数据。对少数的缺失数据,采用插值法、移动平均等方法补齐。

7.2.1.2　变量说明

被解释变量为创新发展水平,通过创新发展水平评估指标体系测度得到,能够比较全面地反映我国创新发展状况,故选择其测度值作为被解释变量。

核心解释变量为数据资本,通过基础设施投入、研发投入、应用投入等3个二级指标的主成分分析选取。

控制变量为对外开放水平(open)、经济发展水平(avgdp)、政府支持力度(govsupp)、劳动力素质(labqua)、产业结构(indstr)。创新发展水平的高低不是完全受数据资本的影响,而是数据资本和其他因素共同作用的结果。为使得模型估计结果更加精确,选取对外开放水平、经济发展水平、政府支持力度、劳动力素质、产业结构作为控制变量。对外开放水平用实际利用的外商投资额测算,经济发展水平用人均 GDP 测算,政府支持力度用财政科技支出占地方政府一般公共预算支出的比重测算,劳动力素质用每百人在校大学生数测算,产业结构用第三产业增加值占 GDP 的比重测算。

7.2.1.3 数据资本的主成分确定

由于数据资本包括基础设施投入、研发投入、应用投入 3 个二级指标,故采用主成分分析法提取 3 个二级指标的主成分作为核心解释变量,既能够克服多重共线性对回归结果的影响,也能够较好地代表数据资本。

主成分提取的原则为对应的特征值大于 1,且主成分累计贡献率大于50%。从主成分提取结果(见表 7-6)可知,各二级指标下均只有一个成分的特征值大于 1,其方差贡献率累计分别为 65.637%、73.524%、54.973%,表明基础设施投入、数据研发投入、应用投入的主成分能较好地解释绝大部分指标信息。以下将基础设施投入的主成分记为 fac1,研发投入的主成分记为 fac2,应用投入的主成分记为 fac3。

表 7-6 数据资本主成分提取结果

成分		初始特征值			提取载荷平方和		
		总计	方差百分比	累积/%	总计	方差百分比	累积/%
基础设施投入	1	1.969	65.637	65.637	1.969	65.637	65.637
	2	0.701	23.360	88.998			
	3	0.330	11.002	100.000			
研发投入	1	2.941	73.524	73.524	2.941	73.524	73.524
	2	0.899	22.465	95.989			
	3	0.144	3.591	99.580			
	4	0.017	0.420	100.000			
应用投入	1	1.649	54.973	54.973	1.649	54.973	54.973
	2	0.771	25.712	80.685	0.771	25.712	80.685
	3	0.579	19.315	100.000			

7.2.1.4 描述性统计

为消除异方差和多重共线性的影响,将数据资本的 3 个主成分取对数处理,结果(见表 7-7)显示:基础设施投入(lnfac1)的最小值为 3.645、最大值为 7.672、标准差为 0.760,研发投入（lnfac2）的最小值为 3.663、最大值为 14.784、标准差为 2.033,应用投入（lnfac3）的最小值为 6.710、最大值为 18.453、标准差为 2.323,说明各省份之间数据资本分布不均衡,其中应用投入差异最大,其次为研发投入差异,基础设施投入差异最小。

此外,创新发展水平的最小值为 0.024、最大值为 0.692、平均值为 0.182、标准差为 0.119,说明各省份创新发展水平差异较大、发展不平衡。

表 7-7　数据资本影响创新发展模型的变量描述性统计

变量	平均数	中位数	标准差	最小值	最大值
INNO	0.182	0.157	0.119	0.024	0.692
lnfac1	6.107	6.164	0.760	3.645	7.672
lnfac2	11.190	11.647	2.033	3.663	14.784
lnfac3	13.888	14.103	2.323	6.710	18.453
lnopen	12.846	13.371	1.660	6.100	15.017
govsupp	2.128	1.444	1.470	0.539	6.757
lnavgdp	10.882	10.805	0.411	10.050	12.009
indstr	48.114	46.678	9.180	32.000	83.500
labqua	1.996	1.937	0.472	0.877	3.453

7.2.2　创新发展水平的空间效应检验

考虑到创新发展水平可能存在空间依赖关系,且数据资本对创新发展水平的空间溢出效应以空间相关为基础,在采用空间计量模型分析前需要进行空间自相关检验,进行探索性空间分析。

7.2.2.1　空间权重矩阵

由于创新发展不仅受地理位置的影响,也受经济发展水平的影响,以下分别构建空间邻接矩阵、地理距离权重矩阵和经济距离权重矩阵,分析数据资本对创新发展水平的影响。

$$空间邻接矩阵：w_{ij} = \begin{cases} 1, i \text{ 和 } j \text{ 有邻边} \\ 0, i \text{ 和 } j \text{ 无邻边} \end{cases} \qquad (式 7-10)$$

$$地理距离矩阵：w_{ij} = \begin{cases} (1/d_{ij})^2, i \neq j \\ 0, i = j \end{cases} \qquad (式 7-11)$$

式 7.11 中,d_{ij} 代表地区之间的中心距离,其具体计算公式为：

$$d_{ij} = R * arccos(cos\,x_i cos\,x_j cos(y_j - y_i) + sin\,x_i sin\,x_j) \quad (式7-12)$$

式 7.12 中，R 表示地球半径，y 和 x 分别表示各地区的经度和纬度。

$$经济距离矩阵: w_{ij} = \begin{cases} \dfrac{1}{|GDP_i - GDP_j|}, i \neq j \\ 0, i = j \end{cases} \quad (式7-13)$$

式 7.13 中，GDP 为各地区 2013—2019 年的 GDP 均值。

7.2.2.2 全局自相关检验

应用 Stata 软件计算空间邻接矩阵、地理距离矩阵和经济距离矩阵下创新发展水平的全局 Moran's I 指数（见表 7-8），发现 2013—2019 年三种空间权重矩阵下的 Moran's I 指数值都显著为正，说明各省（市、自治区）的创新发展水平不是随机分布的，在空间上具有显著的正向自相关关系，也表明采用空间计量模型是合适的。

表 7-8 2013—2019 年创新发展的 Moran's I 指数

年份	空间邻接矩阵		地理距离矩阵		经济距离矩阵	
	Moran's I 值	z 值	Moran's I 值	z 值	Moran's I 值	z 值
2013	0.204 **	2.269	0.132 *	1.363	0.247 ***	2.990
2014	0.204 **	2.267	0.123 *	1.294	0.261 ***	3.139
2015	0.202 **	2.248	0.134 *	1.383	0.229 ***	2.808
2016	0.211 ***	2.344	0.132 *	1.375	0.225 ***	2.775
2017	0.197 **	2.231	0.138 *	1.437	0.198 ***	2.502
2018	0.185 **	2.138	0.130 *	1.377	0.202 ***	2.577
2019	0.188 **	2.184	0.132 *	1.408	0.202 ***	2.600

注：*** 、** 、* 分别表示在 1%、5% 和 10% 水平下显著。

7.2.2.3 局部自相关检验

为了进一步研究创新发展水平的空间效应，以空间邻接距离矩阵为例，应用 Stata 软件绘制 2008 和 2019 年的莫兰散点图（见图 7-7），位于第一象限的省（市、自治区）创新发展水平是高—高集聚，位于第二象限的是低—高集聚，位于第三象限的是低—低集聚，位于第四象限的是高—低集聚。

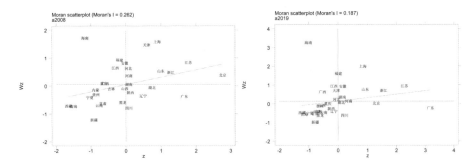

图 7-7 基于空间邻接矩阵的创新发展莫兰散点图

由于大部分地区分布在第一象限和第三象限,表明全国省际创新发展水平以高—高聚集和低—低聚集的空间分布为主,各省份之间存在空间自相关性,和全局空间自相关分析的检验结果一致。此外,更多省(市、自治区)向第一象限和第三象限靠拢,表明在各省份之间相互影响的作用下,无论是高—高集聚地区还是低—低集聚地区均呈现不断扩散的趋势。

7.2.3 数据资本影响创新发展水平的回归分析

通过莫兰指数分析可知创新发展水平具有显著空间效应,故采用空间面板模型对数据资本影响创新发展水平的空间效应进行分析。

7.2.3.1 实证模型构建

为了分析数据资本与创新发展水平之间的关系,设定基准面板模型为:

$$INNO_{it} = \beta_1 \, dacap_{it} + \beta_2 \, open_{it} + \beta_3 \, avgdp_{it} + \beta_4 \, govsupp_{it} +$$
$$\beta_5 \, labqua_{it} + \beta_6 \, indstr_{it} + \mu_{it} \qquad (式 7-14)$$

在上式中,i 为省(市、自治区),t 为年份,$INNO$ 为各省(市、自治区)的创新发展水平;$dacap$ 为数据资本,从基础设施投入(fac1)、研发投入(fac2)和应用投入(fac3)方面测算,$open$ 为对外开放水平,$avgdp$ 为经济发展水平,$govsupp$ 为政府支持力度,$labqua$ 为劳动力素质,$indstr$ 为产业结构,μ 为误差项。

由于创新发展水平的空间依赖性,在基准面板模型的基础上引入空间因素,构建空间杜宾模型(SDM),综合考虑被解释变量和解释变量的空间滞后项,其形式如下:

$$INNO_{it} = \rho \sum_{j=1}^{N} W_{ij} \, INNO_{jt} + \beta X_{it} + \gamma \sum_{j=1}^{N} W_{ij} \, X_{jt} + \mu_{it}$$

$$(式 7-15)$$

其中，$INNO$ 为创新发展水平；W_{ij} 代表空间权重矩阵；$\mathbf{X}$ 为所有解释变量，表示本地解释变量对创新发展水平的影响；$\sum_{j=1}^{N} W_{ij} INNO_{jt}$ 为被解释变量的空间滞后项，表示周边省(市、自治区)创新发展水平对本地创新发展水平的影响；$\sum_{j=1}^{N} W_{ij} X_{jt}$ 为解释变量的空间滞后项，表示周边省(市、自治区)的解释变量对本地创新发展水平的影响；ρ、β、γ 为影响方向和大小；μ 为误差项。

7.2.3.2 不考虑空间因素的回归分析

在进行空间计量模型分析前，应以普通面板回归作为基准。为了克服异方差和多重共线性对回归结果的影响，可采用稳健标准误和对变量取对数进行估计，结果(见表7-9)显示：

在不加入控制变量的情况下，无论是混合 OLS 模型还是固定效应模型(FE)、随机效应模型(RE)，数据资本的3个二级指标对创新发展水平都有显著影响。对于混合 OLS 估计，基础设施投入、研发投入、应用投入的系数估计值分别为 0.0435、0.0080、0.0261，且在1%水平下显著；对于固定效应模型，基础设施投入、研发投入、应用投入系数估计值依次为 0.0162、0.0040、0.0096，且在5%水平下显著，表明基础设施投入、研发投入和应用投入对创新发展水平均有显著的正向效应。

在加入控制变量的情况下，混合 OLS 估计结果变化不大，回归系数仍然显著为正；固定效应模型和随机效应模型的显著性有所降低，但是回归系数的正负号没有变化。因此，数据资本对创新发展水平的影响是稳健的。

表 7-9 数据资本影响创新发展的普通面板模型回归结果

变量	混合 OLS_robust	FE_robust	RE_robust
常数项	−0.5350 ***	−0.00539	−0.185 ***
	(0.0498)	(0.0609)	(0.0628)
lnfac1	0.0435 ***	0.0162 ***	0.0202 ***
	(0.0081)	(0.0048)	(0.0065)
lnfac2	0.0080 ***	0.0040 ***	0.0019 *
	(0.0028)	(0.0011)	(0.0011)
lnfac3	0.0261 ***	0.0096 **	0.0190 ***
	(0.0028)	(0.0039)	(0.0045)
控制变量	未控制	未控制	未控制

变量	混合 OLS_robust	FE_robust	RE_robust
R^2	0.6695	0.5831	0.6426
Hausman 检验		0.0000	
常数项	−0.3920 ***	0.0697	−0.1220 ***
	(0.0304)	(0.0566)	(0.0458)
lnfac1	0.0537 ***	0.0010	0.0083
	(0.0076)	(0.0065)	(0.0066)
lnfac2	0.0044 **	0.0030 ***	0.0010
	(0.0021)	(0.0009)	(0.0010)
lnfac3	0.0076 **	0.0082 ***	0.0126 ***
	(0.0030)	(0.0029)	(0.0027)
控制变量	控制	控制	控制
R^2	0.8316	0.6870	0.7750
Hausman 检验		0.0000	

注：*** 、** 、* 分别表示在 1%、5%和 10%水平下显著，括号内为稳健标准误。

7.2.3.3　空间杜宾模型的确定

根据空间计量模型的构建步骤，先采用混合 OLS 估计并进行 LM 检验，进一步验证空间计量模型是否优于普通面板模型。检验结果（见表 7 - 10）显示，在空间邻接矩阵下，所有的统计量都通过显著性检验，故空间杜宾模型优于普通面板模型；在地理距离矩阵下，空间误差模型的统计量通过显著性检验，空间滞后的统计量未通过检验；在经济距离矩阵下，空间误差模型和空间滞后模型的拉格朗日检验未通过，但是稳健拉格朗日检验通过。

表 7 - 10　数据资本影响创新发展模型的 LM 检验结果

模型	检验指标	空间邻接矩阵		地理距离矩阵		经济距离矩阵	
		统计量	P 值	统计	P 值	统计量	P 值
SEM	Moran's I	7.333	0.000	4.972	0.000	1.329	0.184
	拉格朗日乘数	40.521	0.000	18.152	0.000	0.936	0.333
	稳健拉格朗日乘数	22.422	0.000	15.830	0.000	2.981	0.084
SLM	拉格朗日乘数	21.471	0.000	2.382	0.123	1.753	0.186
	稳健拉格朗日乘数	3.372	0.066	0.060	0.806	3.798	0.051

出于严谨性考虑,再通过 LR 检验和 Wald 检验判定空间杜宾模型是否能够退化成空间误差模型或空间滞后模型。检验结果(见表 7 - 11)显示,无论是 LR 检验还是 Wald 检验,3 种权重矩阵的检验结果都强烈拒绝原假设,表明空间杜宾模型优于空间误差模型和空间滞后模型,故选择空间杜宾模型进行分析。

表 7 - 11　数据资本影响创新发展模型的 LR 检验与 Wald 检验结果

检验方法	模型	空间邻接矩阵		地理距离矩阵		经济距离矩阵	
		统计量	P 值	统计量	P 值	统计量	P 值
LR 检验	SLM	37.47	0.000	24.49	0.003	33.47	0.000
	SEM	41.26	0.000	24.09	0.002	33.68	0.000
Wald 检验	SLM	40.88	0.000	25.99	0.001	35.96	0.000
	SEM	34.83	0.000	19.58	0.012	30.75	0.000

7.2.3.4　空间杜宾模型回归分析

应用 Stata 软件计算得到空间邻接矩阵、地理距离矩阵、经济距离矩阵下的空间杜宾模型回归结果(见表 7 - 12、表 7 - 13、表 7 - 14),显示空间邻接矩阵和经济距离矩阵回归结果的 R^2 均大于 0.7,拟合优度较高,说明模型的解释效果较好。无论是核心解释变量还是控制变量,在 3 种空间权重矩阵下的系数估计值变化不大,说明具有较好的稳健性,估计结果是可靠的。

总体上,基础设施投入、研发投入的 3 种空间权重矩阵的回归系数平均值分别为 0.034 和 0.036,且在 1% 水平下均通过显著性检验,表明两者对创新发展水平均有显著的正向效应,说明基础设施投入、研发投入都会促进本地的创新发展水平上升。应用投入的回归系数平均值为 0.003,但未通过显著性检验。

在直接效应上,对于核心解释变量,在 3 种空间权重矩阵下,基础设施投入、研发投入的回归系数平均值为 0.034 和 0.038,且在 1% 水平下通过显著性检验,表明其对创新发展水平均具有正的直接效应;应用投入的回归系数平均值为 0.003,未通过显著性检验。对于控制变量,政府支持、产业结构、劳动力素质的回归系数在 3 种空间权重矩阵下均通过 1% 的显著性水平检验,表明政府支持、产业结构对创新发展水平具有正的直接效应,劳动力素质具有负的直接效应。

在空间溢出效应上,从地理距离矩阵和经济距离矩阵看,基础设施投入、研发投入、应用投入的空间溢出效应均为负,说明本地的创新发展水平会随着邻近地区基础设施投入、研发投入和应用投入的增加而降低。从空间邻接矩阵看,系数估计值与其他两个权重矩阵略有差异,研发投入对创新发展水平存在显著的负溢出效应,基础设施投入、应用投入对创新发展水平有正的溢出效应但未通过显著性检验,说明本地创新发展水平会受相邻地区研发投入的增加而降低。

表 7 - 12　数据资本影响创新发展的空间杜宾回归结果(空间邻接矩阵)

变量	Main	WX	直接效应	溢出效应	总效应
lnfac1	0.0390 ***	0.0286 *	0.0382 ***	0.0144	0.0527 ***
	(0.000)	(0.074)	(0.000)	(0.214)	(0.000)
lnfac2	0.0402 ***	−0.0086	0.0411 ***	−0.0163 **	0.0248 ***
	(0.000)	(0.241)	(0.000)	(0.010)	(0.000)
lnfac3	0.0022	0.0061	0.0022	0.0040	0.0062
	(0.436)	(0.274)	(0.427)	(0.384)	(0.194)
lnopen	−0.0049 *	−0.0023	−0.0050 *	−0.0006	−0.0056
	(0.087)	(0.714)	(0.073)	(0.914)	(0.262)
govsupp	0.0314 ***	−0.0022	0.0318 ***	−0.0099	0.0219 ***
	(0.000)	(0.859)	(0.000)	(0.161)	(0.001)
lnavgdp	0.0307 ***	−0.0168	0.0327 ***	−0.0211 **	0.0115
	(0.007)	(0.110)	(0.005)	(0.045)	(0.356)
indstr	0.0012 ***	0.0012	0.0012 **	0.0006	0.0018 **
	(0.007)	(0.227)	(0.014)	(0.426)	(0.016)
labqua	−0.0375 ***	−0.0018	−0.0387 ***	0.0085	−0.0302 **
	(0.000)	(0.919)	(0.000)	(0.556)	(0.014)
LogL	381.66	381.6 6	381.66	381.66	381.66
R^2	0.725	0.725	0.725	0.725	0.725
观测值	210	210	210	210	210

注:*** 、** 、* 分别表示在 1%、5% 和 10% 水平下显著,括号内为 P 值。

表 7-13　数据资本影响创新发展的空间杜宾回归结果（地理距离矩阵）

变量	Main	WX	直接效应	溢出效应	总效应
lnfac1	0.0324***	0.0015	0.0336***	−0.0098	0.0238
	(0.000)	(0.955)	(0.000)	(0.581)	(0.219)
lnfac2	0.0353***	−0.0569**	0.0427***	−0.0158*	0.0269***
	(0.000)	(0.010)	(0.000)	(0.074)	(0.000)
lnfac3	0.0017	−0.0201*	0.0033	−0.0152*	−0.0119
	(0.558)	(0.077)	(0.259)	(0.061)	(0.136)
lnopen	−0.0030	0.0026	−0.0034	0.0032	−0.0003
	(0.345)	(0.820)	(0.243)	(0.685)	(0.974)
govsupp	0.0301***	0.0192	0.0300***	0.0013	0.0313***
	(0.000)	(0.229)	(0.000)	(0.896)	(0.004)
lnavgdp	0.0180	−0.0948***	0.0247*	−0.0732***	−0.0485**
	(0.169)	(0.004)	(0.080)	(0.005)	(0.038)
indstr	0.0014***	0.0050**	0.0012**	0.0030**	0.0041***
	(0.002)	(0.021)	(0.023)	(0.041)	(0.004)
labqua	−0.0395***	0.0455	−0.0386***	−0.0157	−0.0543*
	(0.000)	(0.328)	(0.000)	(0.622)	(0.086)
LogL	382.55	382.55	382.55	382.55	382.55
R^2	0.519	0.519	0.519	0.519	0.519
观测值	210	210	210	210	210

注：***、**、*分别表示在1%、5%和10%水平下显著，括号内为P值。

表 7-14　数据资本影响创新发展的空间杜宾回归结果（经济距离矩阵）

变量	Main	WX	直接效应	溢出效应	总效应
lnfac1	0.0317***	−0.0601***	0.0322***	−0.0583***	−0.0261
	(0.000)	(0.001)	(0.000)	(0.002)	(0.231)
lnfac2	0.0320***	−0.0032	0.0317***	−0.0040	0.0277**
	(0.000)	(0.802)	(0.000)	(0.730)	(0.033)
lnfac3	0.0041	−0.0042	0.0044	−0.0045	−0.0000
	(0.171)	(0.556)	(0.129)	(0.543)	(0.996)
lnopen	−0.0047*	0.0212**	−0.0050*	0.0214**	0.0164*
	(0.092)	(0.013)	(0.062)	(0.014)	(0.079)

变量	Main	WX	直接效应	溢出效应	总效应
govsupp	0.0291 ***	0.0145	0.0291 ***	0.0130	0.0421 ***
	(0.000)	(0.210)	(0.000)	(0.253)	(0.000)
lnavgdp	0.0161	0.1647 ***	0.0164	0.1623 ***	0.1787 ***
	(0.376)	(0.000)	(0.369)	(0.000)	(0.000)
indstr	0.0018 ***	−0.0053 **	0.0018 ***	−0.0052 **	−0.0033
	(0.001)	(0.012)	(0.001)	(0.015)	(0.126)
labqua	−0.0333 ***	−0.1584 ***	−0.0334 ***	−0.1575 ***	−0.1909 ***
	(0.000)	(0.000)	(0.000)	(0.000)	(0.000)
LogL	395.87	395.87	395.87	395.87	395.87
R^2	0.704	0.704	0.704	0.704	0.704
观测值	210	210	210	210	210

注：*** 、** 、* 分别表示在 1%、5% 和 10% 水平下显著，括号内为 P 值。

7.2.3.5 稳健性检验

为进一步检验估计结果的可靠性，通过删除控制变量进行模型的稳健性检验，仍采用固定效应的空间杜宾模型以避免误差。检验结果（见表 7 - 15、表 7 - 16）显示，在 3 种权重矩阵下的直接效应中，基础设施投入、研发投入和应用投入对创新发展水平均存在正的直接效应，与表 7 - 12、表 7 - 13 和表 7 - 14 中的结果相似。在间接效应中，数据资本的 3 个方面与表 7 - 12、表 7 - 13 和表 7 - 14 中的结果存在微小差异但基本相似。因此，含固定效应的空间杜宾模型估计结果是稳健的，具有较高的可靠性。

表 7 - 15　数据资本影响创新发展模型的稳健性检验（空间杜宾结果）

变量	空间邻接矩阵	地理距离矩阵	经济距离矩阵
lnfac1	0.0096	0.0114	0.0157 *
	(0.259)	(0.182)	(0.076)
lnfac2	0.0623 ***	0.0513 ***	0.0581 ***
	(0.000)	(0.000)	(0.000)
lnfac3	0.0060 *	0.0066 **	0.0051 *
	0.0096	(0.048)	(0.087)

变量	空间邻接矩阵	地理距离矩阵	经济距离矩阵
W * lnfac1	−0.0022	−0.0613 ***	0.0647 **
	(0.895)	(0.009)	(0.035)
W * lnfac2	−0.0090	−0.0091	0.0793 ***
	(0.414)	(0.543)	(0.000)
W * lnfac3	0.0035	0.0002	−0.0465 ***
	(0.598)	(0.975)	(0.000)
LogL	304.91	308.99	319.50
R^2	0.456	0.180	0.281
观测值	210	210	210

注：*** 、** 、* 分别表示在 1%、5% 和 10% 水平下显著，括号内为 P 值。

表 7−16　数据资本影响创新发展模型的稳健性检验（空间效应分解结果）

空间权重矩阵	变量	直接效应	溢出效应	总效应
空间邻接矩阵	lnfac1	0.0100	−0.0023	0.0078
		(0.254)	(0.881)	(0.646)
	lnfac2	0.0621 ***	−0.0111	0.0510 ***
		(0.000)	(0.285)	(0.000)
	lnfac3	0.0062 *	0.0031	0.0093
		(0.062)	(0.598)	(0.202)
地理距离矩阵	lnfac1	0.0122	0.0379 *	0.0501 **
		(0.164)	(0.057)	(0.025)
	lnfac2	0.0549 ***	−0.0186 **	0.0363 ***
		(0.000)	(0.034)	(0.000)
	lnfac3	0.0089 ***	−0.0340 ***	−0.0251 ***
		(0.003)	(0.000)	(0.001)
经济距离矩阵	lnfac1	0.0068	−0.0943 **	−0.0875 *
		(0.479)	(0.039)	(0.085)
	lnfac2	0.0537 ***	0.0511 *	0.1049 ***
		(0.000)	(0.072)	(0.001)
	lnfac3	0.0071 **	−0.0051	0.0020
		(0.041)	(0.710)	(0.438)

注：*** 、** 、* 分别表示在 1%、5% 和 10% 水平下显著，括号内为 P 值。

7.3　基于面板门槛模型的进一步分析

由于数据资本的 3 个二级指标对创新发展水平存在显著影响,故采用面板门槛模型对数据资本影响创新发展水平是否存在门槛效应、不同阶段的影响值方向与大小进行进一步分析。

7.3.1　面板门槛模型构建

在普通面板模型的基础上,考虑到存在门槛效应的可能性,故将数据资本的 3 个二级指标作为门槛变量分别引入面板门槛模型,设定如下:

$$INNO_{it} = \beta_1 \, dacap_{it} I(g_{it} \leqslant \gamma) + \beta_2 \, dacap_{it} I(g_{it} > \gamma) + \beta_3 \, open_{it} +$$
$$\beta_4 \, avgdp_{it} + \beta_5 \, govsupp_{it} + \beta_6 \, labqua_{it} + \beta_7 \, indstr_{it} + \mu_{it}$$
$$(式 7 - 16)$$

其中,g_{it} 代表门槛变量,γ 代表门槛值,$I(.)$ 代表指示函数,即当 $g_{it} \leqslant \gamma$ 时,$I(g_{it} \leqslant \gamma)$ 取值为 0,$I(g_{it} > \gamma)$ 取值为 1;当 $g_{it} > \gamma$ 时,$I(g_{it} > \gamma)$ 取值为 1,$I(g_{it} \leqslant \gamma)$ 取值为 0。

由于可能存在多个门槛值,设定双门槛面板模型如下:

$$INNO_{it} = \beta_1 \, dacap_{it} I(g_{it} \leqslant \gamma) + \beta_2 \, dacap_{it} I(\gamma < g_{it} \leqslant \delta) +$$
$$\beta_3 \, dacap_{it} I(g_{it} > \delta) + \beta_4 \, open_{it} + \beta_5 \, avgdp_{it} +$$
$$\beta_6 \, govsupp_{it} + \beta_7 \, labqua_{it} + \beta_8 \, indstr_{it} + \mu_{it} \quad (式 7 - 17)$$

式中各变量的含义和式 7.16 一致。

7.3.2　门槛效应检验

为确定是否存在门槛效应,应进行门槛似然比检验。如检验结果表明存在门槛效应,则需要确定门槛的个数;如不存在门槛效应,则没有必要建立面板门槛模型。

应用 Stata 软件进行面板门槛效应检验和门槛值估计,通过 300 次自助抽样的方法检验数据资本的二级指标对创新发展水平的影响是否具有显著的门槛效应,结果(见表 7 - 17)表明,基础设施投入、研发投入和应用投入对创新发展水平的影响存在显著的单一门槛效应,但仍需检验门槛估计值是否等于真实值。

表7-17 数据资本影响创新发展的门槛效应检验结果

门槛变量	模型	bs次数	F值	P值	结论
基础设施投入（fac1）	单门槛	300	22.08 *	0.0733	存在单门槛效应
	双门槛	300	9.48	0.3533	
研发投入（fac2）	单门槛	300	54.53 ***	0.0000	存在单门槛效应
	双门槛	300	6.61	0.7467	
应用投入（fac3）	单门槛	300	40.61 **	0.0233	存在单门槛效应
	双门槛	300	14.77	0.4033	

注：*** 、** 、* 分别表示在1%、5%和10%水平下显著。

从门槛估计值检验结果（见表7-18）来看，最终将基础设施投入（$fac1$）划分为 $fac1 \leqslant 7.1566$、$fac1 > 7.1566$ 两个区间，将研发投入（$fac2$）划分为 $fac2 \leqslant 12.6813$、$fac2 > 12.6813$ 两个区间，将应用投入（$fac3$）划分为 $fac3 \leqslant 16.4702$、$fac2 > 16.4702$ 两个区间。

表7-18 数据资本影响创新发展的门槛值估计结果

门槛变量	门槛	门槛值	95%置信区间
基础设施投入（fac1）	第一门槛	7.1566	［7.0774，7.1585］
研发投入（fac2）	第一门槛	12.6813	［12.6329，12.7260］
应用投入（fac3）	第一门槛	16.4702	［16.3184，16.4847］

在门槛值的似然比统计量函数图（见图7-8）中，基础设施投入、研发投入、应用投入的单一门槛值对应LR值均落在5%临界值的下方，表明估计的门槛值与实际相符。

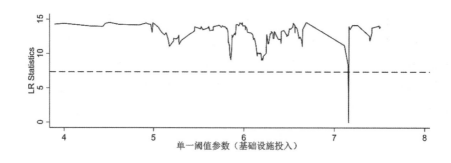

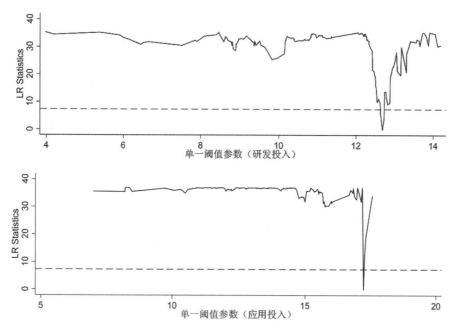

图 7 - 8　数据资本影响创新发展的门槛似然比

7.3.3　结果与分析

分别以数据资本的基础设施投入、研发投入、应用投入为门槛变量,对相关参数进行估计(见表 7 - 19)发现,以基础设施投入为门槛变量时,其对创新发展水平的影响存在显著的单一门槛效应。基础设施投入存在两个门槛区间,分别为小于等于 7.1566 和大于 7.1566;当小于门槛值 7.1566 时,系数估计值为 0.0145,且在 1% 的水平下显著,表明此时基础设施投入对创新发展水平具有显著正向作用;当大于门槛值 7.1566 时,系数估计值为 0.0093,且在 10% 水平下显著,表明此时具有显著正向作用,但效果相比于第一个门槛值前有所降低。综合两个区间的估计结果,说明基础设施投入促进了创新发展水平的提升,但随着投入的增加而减弱,具有边际效用递减的特点。

以研发投入为门槛变量时,系数估计结果表明其对创新发展水平的影响存在显著的单一门槛效应。研发投入存在两个门槛区间,分别为小于等于 12.6813 和大于 12.6813;当小于等于 12.6813 时,系数估计值为 0.001 但不显著;当大于门槛值 12.6813 时,系数估计值为 0.0021,且在 10% 水平下显著,表明此时研发投入对创新发展水平具有显著正向作用。综合两个区间的估计结果,说明研发投入只有达到一定规模时才能提高创新发展水平。

以应用投入为门槛变量时,系数估计结果表明其对创新发展水平的影响存在显著的单一门槛效应。应用投入存在两个门槛区间,分别为小于等于16.4702和大于16.4702;当小于等于门槛值16.4702时,系数估计值为0.0064,且在5%的水平下显著,表明此时应用投入对创新发展水平具有显著正向作用;当大于门槛值16.4702时,系数估计值为−0.0043,但未通过10%水平检验。综合两个区间的估计结果,说明应用投入对创新发展水平具有先促进后微弱抑制的作用。

表 7‐19 数据资本影响创新发展的面板门槛估计结果

门槛变量	变量		系数估计值	P 值
基础设施(fac1)	门槛区间 1	fac1_1	0.0145 ***	0.008
	门槛区间 2	fac1_2	0.0093 *	0.083
	控制变量	lnopen	−0.0060 ***	0.007
		govsupp	0.0269 ***	0.000
		lnavgdp	0.0861 ***	0.000
		indstr	0.0004	0.367
		labqua	−0.0058	0.719
研发投入(fac2)	门槛区间 1	fac2_1	0.0010	0.389
	门槛区间 2	fac2_2	0.0021 *	0.053
	控制变量	lnopen	−0.0048 **	0.020
		govsupp	0.0284 ***	0.000
		lnavgdp	0.0787 ***	0.000
		indstr	0.0007	0.105
		labqua	−0.0135	0.407
应用投入(fac3)	门槛区间 1	fac3_1	0.0064 **	0.032
	门槛区间 2	fac3_2	−0.0043	0.135
	控制变量	lnopen	−0.0048 **	0.027
		govsupp	0.0280 ***	0.000
		lnavgdp	0.0743 ***	0.000
		indstr	0.0005	0.308
		labqua	0.0005	0.974

注:*** 、** 、* 分别表示在1%、5%和10%水平下显著。

因此,基础设施投入、研发投入、应用投入和创新发展水平之间的关系不是线性的,不同投入规模的影响方向和强弱不尽相同。基础设施投入对创新发展水平始终存在着促进作用,但是当越过门槛值 7.1566 时有所减弱。研发投入较少时对创新发展水平没有显著影响,当越过门槛值 12.6813 时,就会显著提高创新发展水平。应用投入对创新发展水平起先为显著的促进作用,当越过门槛值 16.4702 时反而有微弱的抑制作用。

7.4 实证分析的初步结论

以上从国家战略科技力量、企业技术创新、人才创新活力和科技创新体制机制 4 个方面,对中国创新发展水平进行综合评价,在此基础上以创新发展水平为被解释变量,以数据资本的主成分为核心解释变量,以对外开放水平、经济发展水平、政府支持力度、劳动力素质、产业结构为控制变量,利用 2013—2019 年的省级面板数据,通过空间计量模型等分析数据资本对创新发展的影响。

第一,数据资本对创新发展具有显著的驱动效应。基础设施投入和研发投入对创新发展水平均具有显著正向直接效应,即两者均会显著促进本地区的创新发展;应用投入对创新发展水平的影响不显著。

第二,数据资本对创新发展存在空间溢出效应。数据资本对创新发展水平存在负向间接效应,即基础设施投入、研发投入和应用投入的增加,会降低周边省份的创新发展水平。究其原因,一是由于现阶段处于数据资本发展初期,对基础设施的投入、应用投入是有限的,本地区两者的增加可能导致对邻近地区的投入减少,从而抑制邻近地区的创新发展水平;二是研发投入中包含研发人员工资,本地区研发投入的增加相应地带动研发人员薪资增加,对邻近地区的技术创新人才产生吸引作用,有可能抑制邻近地区的创新发展水平。

第三,数据资本对创新发展存在非线性效应。基础设施投入、研发投入、应用投入对创新发展水平的影响方向和强弱与投入规模相关。基础设施投入对创新发展水平上升存在促进作用,但当投入达到一定规模后又有所减弱。研发投入达到一定规模后才呈现显著促进作用。应用投入在初期具有显著促进作用,但达到一定规模后反而有微弱的抑制作用。

8 数据资本对协调发展的驱动效应

为了验证数据资本对协调发展的推动作用,根据协调发展理念的要求,从新型城镇化、经济投资和民生福祉 3 个方面,对中国协调发展进行水平测度,在此基础上利用 2013—2019 年的省级面板数据,以协调发展水平为被解释变量,以数据资本为解释变量,分析数据资本对协调发展水平的影响,论证表明数据资本对协调发展具有显著的驱动效应。

8.1 中国协调发展水平测度

8.1.1 指标体系构建

8.1.1.1 指标初选

根据协调发展理念的科学内涵,参考协调发展的理论分析和国际经验,遵循统计分析的基本原则,以下从新型城镇化、经济投资和民生福祉 3 个方面选取协调发展水平测度的指标。

第一,新型城镇化主要是体现城乡协调发展,从城市规模、人口密度、城乡一体方面选取指标,包括城市建成区面积、公共交通客运总量、建城区绿化覆盖率、人口城镇化率、二三产业劳动者比重、每万人在校大学生数、农业机械化水平、有效灌溉率、城乡居民收入水平比和城乡居民消费水平比。

第二,经济投资主要是体现区域协调发展,从地区经济水平、建设投入方面选取指标,包括人均 GDP 之比、产业结构高级化指数(第三产业GDP/第二产业 GDP)、地区固定资产投入比、教育支出比重、高新技术市场成交额和 R&D 经费支出比重。

第三,民生福祉主要是体现经济增长和生活质量的协调均衡发展,从基础设施和保障扶贫选取指标,包括人均拥有公共图书馆藏量、交通线网密度、每千人医疗卫生机构床位数、城镇登记失业率、最低生活保障人数比、基本养老和医疗保险覆盖率。

8.1.1.2 数据来源

中国协调发展水平测度的数据,主要来自《中国统计年鉴》《中国人力资源和社会保障年鉴》《中国劳动统计年鉴》《中国卫生健康统计年鉴》《中国交通年鉴》《中国农村统计年鉴》,各省份统计年鉴及"国民经济和社会发展统计公报"、国泰安数据库,包括 30 个省(市、自治区)2008—2019 年的数据,不含西藏、香港、澳门、台湾等地区的数据。

对缺失值的处理,个别省份、个别年度的缺失值用前后两期的均值或前后期的值填补,所有省份个别年度的缺失值使用插值法填补。

8.1.1.3 指标处理与筛选

对逆指标通过倒扣逆变换法使其正向化。这种线性变换不会改变指标值的分布规律,公式为:

$$x_i^* = \max\{x_i\} - x_i \qquad (式 8\text{-}1)$$

或将常数 C 除以该指标下样本数值,公式为:

$$x_i^* = C/x_i \qquad (式 8\text{-}2)$$

通常 C 取值 1 或 100,当原指标值 x_i 较大时,其值的变动引起变换后指标值的变动较慢;当原指标值较小时,其值的变动引起变换后指标值的变动较快;特别是当原指标值接近 0 时,变换后指标值的变动会非常快。因此,C 的取值视情况而定。

对初选指标中的逆指标进行正向化、指标无量纲化处理后,进行相关性分析(见图 8‑1)显示,相关性系数绝对值≥0.8,具有高度相关关系的指标有:人口城镇化率、基本养老保险覆盖率(0.93),每千人医疗卫生机构床位数、城市建成区面积(0.88),每千人医疗卫生机构床位数、地区固定资产投入比(0.83),城市建成区面积、地区固定资产投入比(0.83),每千人医疗卫生机构床位数、城镇登记失业率(-0.82),城市建成区面积、城镇登记失业率(-0.84)。因此,采用熵值法计算指标权重,将权重偏低的基本养老保险覆盖率、地区固定资产投入比、城市建成区面积这 3 个指标筛除(见表8‑1)。

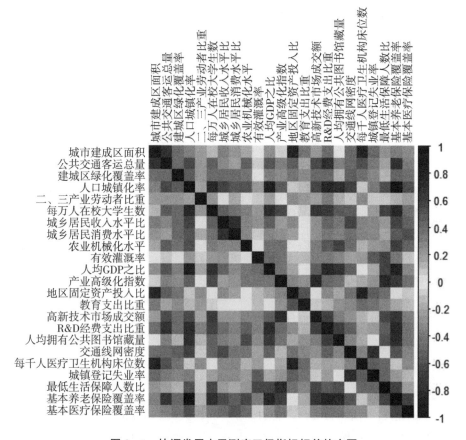

图 8‑1 协调发展水平测度三级指标相关热力图

表 8‑1 协调发展初选指标高度相关三级指标权重表

指标	权重	指标	权重
人口城镇化率	0.0454	地区固定资产投入比	0.0439
基本养老保险覆盖率	0.0445	城市建成区面积	0.0437
每千人口医疗卫生机构床位数	0.0440	城镇登记失业率	0.0389

8.1.1.4 指标体系

根据指标相关性分析和权重计算,构建由 3 个方面、7 个分项指标和 20 个基础指标组成的协调发展评价指标体系(见表 8‑2)。

表 8-2　协调发展评价指标体系

评价层	措施层	指标层	指标释义	单位	属性
新型城镇化	规模结构	公共交通客运总量	—	万人次	＋
		建城区绿化覆盖率	—	％	＋
	人口密度	人口城镇化率	城镇人口/年末常住人口	％	＋
		二、三产业劳动者比重	第二、三产业城镇单位就业人员/城镇单位就业人员	％	＋
	城乡一体	每万人在校大学生数	—	人	＋
		城乡居民收入水平比	农村居民＝1	基准为1	适度
		城乡居民消费水平比	农村居民＝1	基准为1	适度
		农业机械化水平	农业产值/农业机械总动力	百元/千瓦	＋
		有效灌溉率	有效灌溉面积/农作物总播种面积	％	＋
经济投资	财富水平	人均 GDP 之比	地区人均 GDP/全国人均 GDP	全国＝100	＋
		产业结构高级化指数	第三产业 GDP/第二产业 GDP	—	＋
	投入资本	教育支出比重	教育财政支出/地方财政支出	％	＋
		高新技术市场成交额	—	亿元	＋
		R&D 经费支出比重	R&D 经费支出/一般预算支出	％	＋
民生福祉	基础设施	人均拥有公共图书馆藏量	—	册/百人	＋
		交通线网密度	(公路＋铁路＋高速长度)/建成区面积	公里/平方公里	＋
		每千人医疗卫生机构床位数	—	张	＋
	保障扶贫	城镇登记失业率	—	％	－
		最低生活保障人数比	地区低保人数/全国低保人数	全国＝100	－
		基本医疗保险覆盖率	医疗保险参保人数/年末常住人口	％	＋

注:"—"表示数据可直接获得。

采用熵值法确定评价指标体系权重(见表 8-3)。评价层指标权重中，新型城镇化为 0.466，经济投资为 0.244，民生福祉为 0.290；措施层指标权重中，规模结构为 0.103，人口密度为 0.157，城乡一体为 0.206，财富水平为 0.101，投入资本为 0.143，基础设施为 0.149，保障扶贫为 0.141；指标层权重在 0.41 到 0.53 之间，分布较为均衡。

表 8-3　协调发展评价指标体系权重分布结果

指标	权重	指标	权重
建城区绿化覆盖率	0.053	每千人口医疗卫生机构床位数	0.051
二、三产业劳动者比重	0.053	基本医疗保险覆盖率	0.050
城乡居民消费水平比	0.052	公共交通客运总量	0.050
人口城镇化率	0.052	R&D 经费支出比重	0.050
教育支出比重	0.052	产业高级化指数	0.050
城乡居民收入水平比	0.052	人均拥有公共图书馆藏量	0.049
每万人在校大学生数	0.052	交通线网密度	0.049
农业机械化水平	0.051	最低生活保障人数比	0.046
有效灌溉率	0.051	城镇登记失业率	0.045
人均 GDP 之比	0.051	高新技术市场成交额	0.041

8.1.2　测度结果与分析

计算协调发展水平的综合得分 $s_i = \sum_{j=1}^{20} w_j p_{ij}$，得到 2008—2019 年全国和 30 个省(市、自治区)的协调发展水平测度结果(见表 8-4)。

2008—2019 年，全国及 30 个省份协调发展水平均稳步上升，全国协调发展水平得分从 2008 年的 0.23 上升到 2019 年的 0.32，年均增长率达 2.78%。各省份协调发展水平存在明显差异，2019 年超过全国水平的省份共有 11 个，得分排前 5 名的分别为北京、上海、广东、江苏和浙江，分别是排名最后的青海的 2.55 倍、2.32 倍、2.27 倍、2 倍和 1.82 倍。在上升幅度上，高于全国年均增长率的省份有 16 个，排前 5 名的为江西、安徽、四川、海南和湖北，分别是排名最后的天津的 5.30 倍、4.52 倍、4.46 倍、4.39 倍和 3.85倍。

表 8 - 4 2008—2019 年协调发展水平得分

地区	省份	2008	2010	2012	2014	2016	2018	2019	年增长率/%
东部地区	北京	0.43	0.45	0.45	0.48	0.49	0.52	0.56	2.49
	天津	0.29	0.30	0.31	0.30	0.31	0.32	0.32	0.94
	河北	0.22	0.23	0.24	0.23	0.26	0.27	0.28	2.46
	辽宁	0.27	0.28	0.30	0.29	0.29	0.30	0.31	1.27
	上海	0.44	0.44	0.44	0.44	0.45	0.47	0.51	1.34
	江苏	0.31	0.33	0.36	0.37	0.39	0.43	0.44	3.29
	浙江	0.29	0.30	0.33	0.35	0.37	0.39	0.40	3.09
	福建	0.23	0.25	0.27	0.27	0.29	0.33	0.34	3.49
	山东	0.29	0.30	0.32	0.33	0.36	0.37	0.38	2.56
	广东	0.36	0.37	0.40	0.41	0.45	0.48	0.50	2.92
	海南	0.18	0.20	0.22	0.21	0.23	0.26	0.28	4.15
	东部均值	0.30	0.31	0.33	0.34	0.35	0.38	0.39	2.48
中部地区	山西	0.19	0.20	0.21	0.21	0.23	0.24	0.24	2.06
	吉林	0.21	0.20	0.21	0.21	0.21	0.23	0.24	0.98
	黑龙江	0.18	0.19	0.21	0.22	0.23	0.25	0.24	2.53
	安徽	0.19	0.20	0.23	0.23	0.25	0.29	0.31	4.27
	江西	0.17	0.19	0.20	0.22	0.23	0.27	0.28	5.01
	河南	0.22	0.23	0.24	0.25	0.26	0.30	0.32	3.51
	湖北	0.23	0.23	0.26	0.27	0.29	0.32	0.34	3.64
	湖南	0.21	0.22	0.24	0.24	0.25	0.29	0.31	3.49
	中部均值	0.20	0.21	0.23	0.23	0.24	0.28	0.28	3.22
西部地区	内蒙古	0.19	0.21	0.21	0.22	0.22	0.23	0.23	1.85
	广西	0.19	0.20	0.21	0.21	0.21	0.25	0.26	2.90
	重庆	0.21	0.22	0.26	0.26	0.28	0.29	0.30	3.37
	四川	0.21	0.22	0.25	0.26	0.29	0.33	0.33	4.21
	贵州	0.20	0.20	0.21	0.20	0.23	0.28	0.28	3.32
	云南	0.20	0.20	0.21	0.21	0.22	0.26	0.27	2.94
	陕西	0.23	0.24	0.26	0.25	0.27	0.30	0.31	2.69
	甘肃	0.18	0.18	0.20	0.20	0.21	0.24	0.25	2.78
	青海	0.19	0.19	0.20	0.18	0.19	0.22	0.22	1.34
	宁夏	0.18	0.18	0.20	0.21	0.22	0.23	0.24	2.52
	新疆	0.22	0.23	0.24	0.24	0.24	0.27	0.27	1.95
	西部均值	0.20	0.21	0.22	0.22	0.24	0.26	0.27	2.75
	全国	0.23	0.24	0.26	0.26	0.28	0.31	0.32	2.78

　　2019年,在新型城镇化、经济投资和民生福祉方面,协调发展水平的二级指数得分和排名(见表8-5)显示:新型城镇化水平全国得分为0.286,高于全国水平的省市有11个,分别是北京、上海、广东、江苏、福建、陕西、天津、辽宁、浙江、新疆和重庆,仅青海得分在0.2以下。经济投资水平全国得分为0.381,高于全国水平的省市有11个,分别是北京、广东、上海、江苏、浙江、湖北、山东、天津、陕西、四川和安徽,其中北京(1.713)远超第二名广东(0.802),新疆、宁夏、山西、内蒙古和青海在0.2以下。民生福祉全国得分为0.334,所有省份均在0.2以上,高于全国水平的省份有8个,其中最高的上海(0.579)是最低的黑龙江(0.231)的2.51倍。

表8-5　2019年协调发展水平排名

排名	新型城镇化	得分	经济投资	得分	民生福祉	得分	协调发展
1	北京	0.504	北京	1.713	上海	0.579	北京
2	上海	0.462	广东	0.802	青海	0.577	上海
3	广东	0.431	上海	0.740	北京	0.577	广东
4	江苏	0.336	江苏	0.615	海南	0.431	江苏
5	福建	0.335	浙江	0.532	天津	0.397	浙江
6	陕西	0.326	湖北	0.512	宁夏	0.382	山东
7	天津	0.318	山东	0.478	浙江	0.368	福建
8	辽宁	0.306	天津	0.456	江苏	0.364	湖北
9	浙江	0.305	陕西	0.416	**全国**	0.334	四川
10	新疆	0.301	四川	0.405	福建	0.329	河南
11	重庆	0.289	安徽	0.393	山东	0.324	天津
12	**全国**	0.286	**全国**	0.381	四川	0.324	**全国**
13	山东	0.284	海南	0.332	广东	0.323	辽宁
14	湖北	0.278	福建	0.314	湖南	0.313	湖南
15	海南	0.275	湖南	0.310	河南	0.312	陕西
16	四川	0.272	贵州	0.265	贵州	0.310	安徽
17	云南	0.264	江西	0.264	甘肃	0.305	重庆
18	贵州	0.260	河北	0.261	湖北	0.293	江西
19	甘肃	0.255	辽宁	0.257	云南	0.293	河北
20	湖南	0.255	河南	0.255	重庆	0.292	贵州
21	江西	0.246	吉林	0.235	新疆	0.285	海南

排名	新型城镇化	得分	经济投资	得分	民生福祉	得分	协调发展
22	河北	0.244	重庆	0.230	陕西	0.283	云南
23	山西	0.244	广西	0.221	辽宁	0.281	新疆
24	河南	0.242	甘肃	0.215	安徽	0.272	广西
25	宁夏	0.241	云南	0.202	江西	0.271	甘肃
26	广西	0.236	黑龙江	0.200	广西	0.266	黑龙江
27	安徽	0.233	新疆	0.192	内蒙古	0.264	吉林
28	吉林	0.217	宁夏	0.181	河北	0.261	宁夏
29	内蒙古	0.215	山西	0.175	吉林	0.257	山西
30	黑龙江	0.213	内蒙古	0.145	山西	0.250	内蒙古
31	青海	0.198	青海	0.125	黑龙江	0.231	青海

8.1.3 协调发展水平的区域特征

第一，总指数的区域特征。对全国和东、中、西部地区的协调发展水平比较分析（见图8－2）显示，东、中、西部地区协调发展水平总体稳定上升，东部得分均值远高于全国水平，中西部均低于全国水平。2008—2019年，东部的协调发展水平均值从0.30上升到0.39，年均增长率为2.48%；中部从0.20上升到0.28，年均增长率为3.22%；西部从0.20上升到0.27，年均增长率为2.75%；表明中国协调发展水平呈东、中、西部地区依次下降的趋势，协调发展水平的上升幅度呈现中、西、东部地区依次递减的趋势。

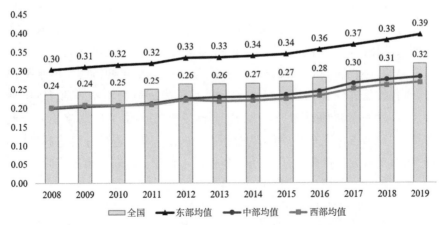

图8－2 2008—2019年全国及东、中、西部地区协调发展水平测算值

第二,措施层得分的区域特征。对东、中、西部地区协调发展水平措施层的分析(见图 8-3)显示,2019 年较 2008 年协调发展水平的措施层 7 个指标得分增加且分布更加均匀。2008 年,东部的措施层指标分布较为均匀,其中得分最高的是财富水平(0.37),最低的是基础设施(0.21);中部、西部分布不均匀,中部保障扶贫指标得分最低,西部的城乡一体、财富水平差距最大(差 0.22)。2019 年,东部各项得分均超过全国水平,投入资本得分最高(0.65),城乡一体得分最低(0.31);中部、西部的分布较 2008 年更趋均匀。

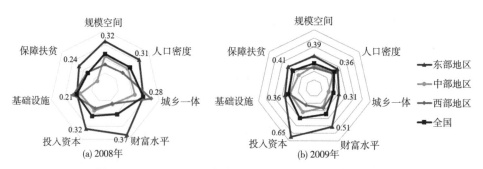

图 8-3　2008 和 2019 年东中西部协调发展子系统雷达图

第三,动态演进的区域特征。运用核密度估计方法,对区域协调发展水平的动态演进分析(见图 8-4)显示,2009—2019 年,全国及东、中、西部地区协调发展水平的核密度曲线均有着明显的右移趋势,表明协调发展水平从低水平向高水平不断上升。从核密度曲线的特征看,全国的核密度曲线波峰和开口宽度变化不大,表明全国范围内协调发展水平整体差异变化不大;东部表现出波峰由陡峭稍变平缓,表明东部各省份协调发展水平的差异有所增大;中部、西部表现出明显的波峰由陡峭明显变为平缓、开口宽度变大的特征,表明中西部各省份的协调发展水平差异逐渐拉大。

第四,协调发展的区域类型。根据 2008—2019 年的协调发展水平得分,对各省份进行 K-means 聚类分析,将协调发展分为领先型、追赶型、平稳型、落后型 4 类(见表 8-6),发现 2 个领先省份均位于东部,各有 4 个追赶型、平稳型省份在东部,河北为落后型;中部各有 4 省份分属追赶型、平稳型;西部有 5 省份属追赶型,有 4 省份属平稳型,青海、甘肃属落后型。

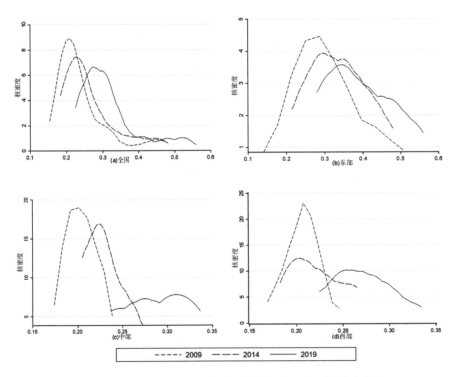

图 8-4　等距年份全国及东中西部协调发展水平核密度曲线

表 8-6　协调发展四种类型区域划分

地区类型	东部地区	中部地区	西部地区
领先型	北京、上海	—	—
追赶型	广东、江苏、浙江、海南	安徽、山西、黑龙江、江西	内蒙古、广西、贵州、云南、宁夏
平稳型	天津、山东、福建、辽宁	吉林、河南、湖北、湖南	重庆、四川、陕西、新疆
落后型	河北	—	青海、甘肃

8.1.4　中国协调发展水平综合评价

第一，中国协调发展水平不断提高，2016 年后快速上升。总体上，全国协调发展水平从 2008 年得分 0.23 上升到 2016 年的 0.28，到 2019 年得分为 0.32。2015 年 10 月，党的十八届五中全会提出协调发展理念，2016年起协调发展水平有较明显的上升。

第二,全国 30 个省(自治区、直辖市)协调发展水平差异较大,"东部水平高,西部水平低"的特征较为明显。自 2016 年起,中西部协调发展水平上升速度加快,水平较低的省份对水平较高的省份存在"追赶效应"。在 7 个措施层指标上,西部个别省份已达中部地区水平,但中西部和东部地区总体还有较大差距。

第三,全国各省份的协调发展水平可划分为 4 种类型:领先型、追赶型、平稳型和落后型。从其动态演进趋势看,东、中、西部地区内各省份皆存在协调发展水平差异逐年加大的趋势,中部地区最为明显。

8.2　数据资本影响协调发展的实证分析

8.2.1　变量说明与描述统计

8.2.1.1　数据来源

数据资本影响协调发展实证分析的数据,主要来源为《中国统计年鉴》、《中国科技统计年鉴》、《中国通信统计年鉴》等,包括 30 个省(市、自治区)2013—2019 年的数据,不含西藏、香港、澳门、台湾等地区的数据。

第一,对原始数据缺失值的处理,采用平滑法在 SPSS 中完成。

第二,除地区固定资产投资额(FIR)采用原数据外,其余变量均在 Excel 中进行对数化处理,以消除量纲和多重共线性的影响。

8.2.1.2　变量说明与处理

被解释变量为协调发展水平,通过协调发展水平评估指标体系测度得到,能够比较全面地反映我国协调发展现状,故选择其测度值作为被解释变量。

核心解释变量为数据资本,通过基础设施投入、研发投入、应用投入等 3 个二级指标的主成分分析选取(见 7.2.1 变量说明与描述统计)。

控制变量为对外开放水平、社会固定资产投入,其中对外开放水平选用实际利用的外商直接投资额(记为 FDI)进行测算,社会固定资产投入选用地区固定资产投资额(记为 FIR)进行测算。

表 8 - 7　数据资本影响协调发展模型的变量说明

变量类型	名称	变量描述	变量定义
被解释变量	Y	协调发展水平	引用 8.1.2 的测算结果
解释变量	lnBasic	数据资本基础设施投入	基础设施投入 3 个三级指标主成分
	lnR & D	数据资本研发投入	研发投入 4 个三级指标主成分
	lnApply	数据资本应用投入	应用投入 3 个三级指标主成分
控制变量	lnFDI	外商直接投资额	外商直接投资额对数化
	FIR	地区固定资产投资额	地区固定资产投资额对数化

8.2.1.3　描述性统计

为消除异方差和多重共线性的影响,将数据资本的 3 个主成分取对数处理,结果(见表 8 - 8)显示:基础设施投入(lnBasic)的最小值为 3.6447、最大值为 7.6721、标准差为 0.7600,研发投入(lnR&D)的最小值为 3.6630、最大值为 14.7840、标准差为 2.0332,应用投入(lnApply)的最小值为 6.7098、最大值为 18.4527、标准差为 2.3235,说明各省份之间数据资本分布不均衡,其中应用投入差异最大,其次为研发投入差异,基础设施投入差异最小。

此外,协调发展水平的最小值为 0.1848、最大值为 0.8203、平均值为 0.2832,说明各省份协调发展水平差异较大、发展不平衡。

表 8 - 8　数据资本影响协调发展模型的变量描述性统计

变量		均值	标准差	最小值	最大值	样本量
Y	变异	0.2832	0.1060	0.1848	0.8203	N=210
	组间		0.1041	0.2010	0.7082	n=30
	组内		0.0266	0.1991	0.3953	T=7
lnBasic	变异	6.1074	0.7600	3.6447	7.6721	N=210
	组间		0.6987	4.5156	7.4494	n=30
	组内		0.3216	5.0459	6.9369	T=7
lnR&D	变异	11.1896	2.0332	3.6630	14.7840	N=210
	组间		1.4754	8.0142	13.8723	n=30
	组内		1.4211	6.2009	12.5149	T=7

（续表）

变量		均值	标准差	最小值	最大值	样本量
lnApply	变异	13.8885	2.3235	6.7098	18.4527	N=210
	组间		2.2772	7.8849	17.1226	n=30
	组内		0.6014	12.3917	15.6792	T=7
lnFDI	变异	12.8455	1.6599	6.1003	15.0173	N=210
	组间		1.5576	8.0033	14.4631	n=30
	组内		0.6313	10.8663	15.4336	T=7
FIR	变异	3.3260	2.1638	0.3854	8.8711	N=210
	组间		2.1404	0.5593	8.4210	n=30
	组内		0.4819	1.7360	6.4558	T=7
CODE	变异	15.5	8.6761	1	30	N=210
	组间		8.8034	1	30	n=30
	组内		0	15.5	15.5	T=7
YEAR	变异	2016	2.0048	2013	2019	N=210
	组间		0	2016	2016	n=30
	组内		2.0048	2013	2019	T=7

8.2.2　协调发展水平的探索性空间分析

考虑到协调发展水平可能存在空间依赖关系，在采用空间计量模型分析前应通过空间自相关检验，进行探索性空间分析。

8.2.2.1　全局自相关检验

采用经济距离空间权重矩阵，进行空间自相关关系的莫兰指数（Moran's I）检验。其中，Moran's I 值大于 0 表明存在正相关关系，小于 0 表明存在负相关关系；其值越大，相关关系越强，空间集聚效应越显著；反之则越弱。

Moran's I 检验结果（见表 8-9）显示，协调发展水平的全局 Moran's I 在 7 年内均为正值，且均在 1% 水平下显著，表明协调发展水平呈显著的正向空间相关性，说明协调发展水平存在显著集聚效应，各省份的协调发展水平对邻近省份的协调发展水平具有协同影响。

表 8 - 9 2013—2019 年协调发展水平的全局莫兰指数

Variables	I	E(I)	sd(I)	z	p-value *
2013	0.241	−0.034	0.082	3.348	0.000
2014	0.237	−0.034	0.080	3.412	0.000
2015	0.227	−0.034	0.080	3.262	0.001
2016	0.214	−0.034	0.080	3.091	0.001
2017	0.194	−0.034	0.077	2.961	0.002
2018	0.194	−0.034	0.079	2.899	0.002
2019	0.177	−0.034	0.080	2.648	0.004

8.2.2.2 局部自相关检验

为检验相邻省份之间的空间相关关系,对代表性年度协调发展指数的局部莫兰散点图分析(见图 8 - 5)显示,不同年度绝大多数省份落在了第一象限和第三象限,协调发展水平呈现正向集聚特征;少数省份落在了第二象限和第四象限,协调发展水平呈现负向离群特征。

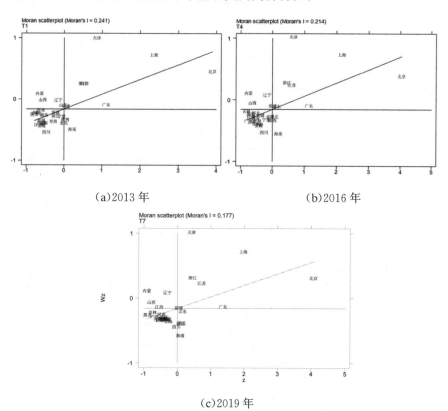

（a）2013 年　　　　　　　　　　（b）2016 年

（c）2019 年

图 8 - 5 代表性年度协调发展局部莫兰指数散点图

在 2013、2016 和 2019 年,第一、第三象限的省份数分别为 24、24 和 22,第二、第四象限的省份数分别为 6、6 和 8,虽然第一、第三象限的省份有所减少,但总数仍然占大多数。北京、上海、江苏、浙江、天津和广东在 3 个代表性的年份中始终落在第一象限,河南、河北、吉林、黑龙江、安徽、江西、湖南、广西、重庆、四川、贵州、云南、甘肃、青海、宁夏和新疆始终落在第三象限,表明协调发展水平的空间相关性特征具有较强稳定性。

空间相关性检验结果表明,协调发展水平较高的省份多被其他高水平省份包围,协调发展水平较低的省份多被其他低水平省份包围。

8.2.2.3 区域集聚类型分析

2013—2019 年局部 Moran's I 的区域分布(见表 8 - 10)表明,区域协调发展水平存在显著的空间依赖关系,即区域协调发展水平与相邻区域呈现集聚特征,主要表现为东部区域集中在扩散区(HH),西部区域集中在低速增长区(LL),呈现显著的正向相关性。

这期间,多数省份并未发生跃迁变化,协调发展水平表现出较高的空间稳定性;发生跃迁的山东、福建和湖北均跃迁到邻近象限,未发生跃迁的省份主要集中在低速区,与周边区域呈现正相关。

各省(市、自治区)协调发展水平的空间集聚效应差异明显,主要表现为全国多省份仍处于低速区,大多数中西部省份处于过渡区(LH)和极化区(HL),呈现空间负相关性。

表 8 - 10 协调发展区域空间集聚分布划分与现状

集聚类型	含义	2013 年	2016 年	2019 年
扩散区(HH)	"高—高"集聚:观测区域与周边区域协调发展水平均相对较高,呈现显著的正向相关性,空间关联表现为扩散效应	北京、上海、江苏、天津、浙江、广东、福建	北京、上海、江苏、天津、浙江、广东、山东、福建	北京、上海、江苏、天津、浙江、广东
过渡区(LH)	"低—高"集聚:观测区域协调发展水平较低,但周边区域协调发展水平相对较高,呈现负向相关性,空间关联表现为过渡效应	内蒙古、山西、辽宁、山东	内蒙古、山西、辽宁	内蒙古、山西、辽宁

集聚类型	含义	2013 年	2016 年	2019 年
低速区（LL）	"低—低"集聚：观测区域和周边区域协调发展水平均相对较低，呈现正向相关性，空间关联表现为低水平区域	河南、河北、吉林、黑龙江、安徽、江西、湖北、湖南、广西、重庆、四川、贵州、云南、甘肃、青海、宁夏、新疆	河南、河北、吉林、黑龙江、安徽、江西、湖南、广西、重庆、四川、贵州、云南、甘肃、青海、宁夏、新疆	河南、河北、吉林、黑龙江、安徽、江西、湖南、广西、重庆、四川、贵州、云南、甘肃、青海、宁夏、新疆
极化区（HL）	"高—低"集聚：观测区域协调发展水平较高，但周边区域协调发展水平较低，呈现负向相关性，空间关联表现为极化效应	海南、陕西	海南、陕西、湖北	海南、陕西、湖北、山东、福建

8.2.3　数据资本影响协调发展水平的回归分析

通过莫兰指数分析可知协调发展水平具有显著空间效应，故采用空间面板模型对数据资本影响协调发展水平的空间效应进行分析。

8.2.3.1　实证模型构建

考虑到空间集聚效应，实证分析采用空间杜宾模型，为空间滞后模型（SAR）和空间误差模型（SEM）的组合扩展形式，可通过对 SAR 与 SEM 增加相应的约束条件，兼顾因变量的空间相关性和自变量的空间相关性。应用 Stata 15.0 软件进一步对其空间效应进行分解后分析。

第一步，建立混合 OLS 回归模型：

$$Y = \beta_1 \ln Basic + \beta_2 \ln R\&D + \beta_3 \ln Apply + u_i \qquad （式 8-3）$$

其中，u_i 为随机扰动项（$i=1,2,3,\cdots,210$）。

第二步，考虑时间效应，建立面板 OLS 回归模型：

$$Y_i = X_i \beta_i + U_i$$

其中，$Y_i = \begin{bmatrix} y_{i1} \\ y_{i1} \\ \vdots \\ y_{i7} \end{bmatrix}, X_i = \begin{bmatrix} \ln Basic_{i1} & \ln R\&D_{i1} & \ln Apply_{i1} \\ \ln Basic_{i2} & \ln R\&D_{i2} & \ln Apply_{i2} \\ \vdots & \vdots & \vdots \\ \ln Basic_{i7} & \ln R\&D_{i7} & \ln Apply_{i7} \end{bmatrix}, t=1,2,3,\cdots,7。$

第三步,考虑空间效应,建立空间杜宾模型:

$$y = \rho W y + X\beta + WX\theta + \varepsilon \qquad (式 8-4)$$

其中,y 表示 $n \times 1$ 的被解释变量;X 表示 $n \times k$ 的解释变量矩阵,包括核心解释变量、控制变量;W 表示 $n \times n$ 维的空间权重矩阵,采用经济地理权重矩阵;ρ 表示空间滞后项的系数,反映样本观测值之间的空间相互作用程度大小,即相邻地区的观测值对因变量的影响程度和方向;β 表示 $k \times 1$ 的待估计参数向量,即自变量系数;θ 表示待估计自变量空间滞后项 WX 的系数;ε 表示误差项,即白噪声干扰项。

8.2.3.2 不考虑空间因素的回归分析

为了克服异方差和多重共线性对回归结果的影响,采用稳健标准误(Robust)对面板数据进行混合 OLS 回归,并通过 Hausman 检验以确定为随机效应还是固定效应,得到 p 值小于 0.000,拒绝原假设,即认为存在固定效应。

采取 LSDV 法,进行考虑时间的面板固定效应 OLS 稳健回归,结果(见表 8-11)显示,考虑固定效应的稳健面板回归拟合优度 R^2 为 0.963(接近于 1),比拟合优度为 0.379 的混合回归更优。因此,两个模型的解释变量全部通过检验,即每个解释变量对被解释变量皆有显著影响。

在模型 Ⅱ 中,基础设施投入的系数估计值在 5% 水平下为 0.02,表明基础设施投入对协调发展水平存在显著正向效应;研发投入系数估计值在 1% 水平下为 -0.006,表明其对协调发展水平显著存在负向效应;应用投入系数估计值在 1% 水平下为 0.014,表明其对协调发展水平显著存在正向效应。

表 8-11 数据资本影响协调发展的非空间效应模型结果

变量	模型 Ⅰ 混合 OLS 回归 Robust	模型 Ⅱ 面板 OLS 回归 FE_ Robust
lnBasic	-0.048 **	0.020 **
	(0.04)	(0.02)
lnR&D	-0.005 **	-0.006 ***
	(0.02)	(0.00)
lnApply	0.039 ***	0.014 ***
	(0.00)	(0.00)
Constant	0.093	0.424 ***
	(0.27)	(0.07)

变量	模型Ⅰ	模型Ⅱ
	混合 OLS 回归 Robust	面板 OLS 回归 FE_ Robust
R-squared	0.379	0.963

注：***、**、*分别表示在1%、5%和10%水平下显著，括号内为 P 值。

8.2.3.3 空间效应检验

第一，拉格朗日乘数检验。根据空间计量模型的构建步骤，先采用混合 OLS 估计并进行 LM 检验，进一步验证空间计量模型是否优于普通面板模型，结果（见表8-12）表明，在加入控制变量的模型中，所有的统计量都通过显著性检验，空间杜宾模型优于普通 OLS 面板模型；无控制变量的模型中，所有的统计量都通过显著性检验，空间杜宾模型优于普通 OLS 面板模型。因此，初步选择空间杜宾模型。

表 8-12　数据资本影响协调发展模型的 LM 检验结果

是否加入控制变量	检验指标	统计量	估计量	p-value
控制	莫兰指数	Moran's I	6.266	0.000
	空间误差项	LM-Error	33.559	0.000
		Robust LM-Error	45.721	0.000
	空间自回归项	LM-Lag	4.142	0.042
		Robust LM-Lag	16.304	0.000
未控制	莫兰指数	Moran's I	5.726	0.000
	空间误差项	LM-Error	29.223	0.000
		Robust LM-Error	31.639	0.000
	空间自回归项	LM-Lag	7.894	0.005
		Robust LM-Lag	10.309	0.001

第二，LR 检验。出于严谨性考虑，通过 LR 检验判定空间杜宾模型是否能够退化成空间误差模型或空间滞后模型，对空间杜宾模型进行稳健性检验。

第一步，对空间杜宾模型进行 Hausman 检验，得到加入和不加入控制变量的检验结果（见8-13），表明不论是否加入控制变量都拒绝原假设，故采用固定效应模型。

表 8‑13　数据资本影响协调发展模型的 Hausman 检验结果

模型	统计量	P 值
控制	chi2(11)＝33.55	Prob≥chi2＝0.0004
未控制	chi2(7)＝26.51	Prob≥chi2＝0.0004
Ho：difference in coeffs not systematic		

第二步，对模型进行稳健性检验，加入控制变量前后的 LR 检验结果（见表 8‑14）都强烈地拒绝原假设，即空间杜宾模型优于空间误差模型和空间滞后模型，故选用空间杜宾模型。

表 8‑14　数据资本影响协调发展模型的 LR 检验结果

LR 检验	控制		未控制	
模型	统计量	P 值	统计量	P 值
SAR	78.51	0.000	78.83	0.003
SEM	48.33	0.000	42.45	0.002

第三步，比较拟合优度（见表 8‑15）选取最佳模型。个体固定效应模型可解决不随时间但随地区而变的遗漏变量问题，时间固定效应可解决不随地区但随时间而变的遗漏变量问题，当空间与时间具有混合效应时可以采用双项固定效应模型。根据对数似然函数值，双固定效应下的模型效果最优，Logl 皆大于 660，故采用混合效应空间杜宾模型进行分析。

表 8‑15　数据资本影响协调发展实证模型的对数似然函数值

判断标准	个体效应		时间效应		混合效应	
	控制	未控制	控制	未控制	控制	未控制
Logl	618.8098	615.1557	279.4286	246.6293	667.6840	661.3138

8.2.3.4　多元空间杜宾模型回归分析

两个空间杜宾模型的回归结果和效应分解结果（见表 8‑16）显示，在直接效应上，无论是否加入控制变量，基础设施投入对本地协调发展水平的影响均不显著；研发投入在 1% 水平下未控制（模型Ⅲ）的系数估计值为 0.017，控制后（模型Ⅳ）的系数估计值为 0.016，表明研发投入对协调发展水平存在显著的正向效应;应用投入在 5% 水平下未控制的系数估计值为 0.005,表明其对协调发展水平存在显著正向效应。在控制变量中,社会固定资产投入在 5% 水平下存在显著正效应,影响系数为 0.005。这说明研发投入、应用投入和地区固定投资额的增加,都直接推动协调发展水平的提高。

在间接效应上,模型Ⅲ中被解释变量协调发展水平的空间滞后项系数为 0.668,且在 1% 水平下显著,表明各省份协调发展水平具有明显的正外部性;模型Ⅳ中空间滞后项系数为 −0.429,且在 1% 水平下显著,表明本地的协调发展水平对周围省份存在反作用。未加入控制变量时,研发投入对协调发展水平的影响在 1% 水平下显著为负,影响系数为 −0.024,表明存在显著的空间溢出负效应;应用投入对协调发展水平的影响在 1% 水平下显著为正,影响系数为 0.032,表明存在显著的空间溢出正效应;无论是否控制,基础设施投入对协调发展水平均不具有显著影响。在加入控制变量后,仅社会固定资产投入在 1% 水平下存在显著为负的溢出效应,影响系数为 −0.007。这说明仅考虑核心解释变量时,研发投入对周边省份协调发展水平存在抑制作用,应用投入对周边省份的协调发展水平存在促进作用。

在总效应上,模型Ⅲ中研发投入、应用投入对协调发展水平的影响在 1% 水平下均显著,研发投入存在显著负向影响(−0.007),应用投入为显著的正向影响(0.037),且研发投入的系数估计值远小于应用投入,说明数据资本整体对协调发展水平上升具有明显的推动作用;模型Ⅳ中,研发投入对协调发展水平在 1% 水平下存在显著正向影响;对外开放水平、社会固定资产投入的影响分别在 1%、10% 水平下显著,说明二者对协调发展水平均具有一定影响。

表 8-16 数据资本影响协调发展空间杜宾模型的回归结果

模型	变量	Main	Wx	直接效应	溢出效应	总效应	ρ
模型Ⅲ:双向固定效应 SDM(未控制)	lnBasic	0.006 *	−0.009	0.005	−0.013	−0.008	0.668 *** (0.00)
		(0.06)	(0.16)	(0.16)	(0.51)	(0.72)	
	lnR&D	0.018 ***	−0.021 ***	0.017 ***	−0.024 ***	−0.007 ***	
		(0.00)	(0.00)	(0.00)	(0.00)	(0.00)	
	lnApply	0.003	0.010 ***	0.005 **	0.032 ***	0.037 ***	
		(0.12)	(0.01)	(0.02)	(0.00)	(0.00)	

模型	变量	Main	Wx	直接效应	溢出效应	总效应	ρ
模型Ⅳ：双向固定效应SDM（控制）	lnBasic	−0.004	−0.013	−0.003	−0.008	−0.011	−0.429*** (0.00)
		(0.26)	(0.23)	(0.35)	(0.31)	(0.17)	
	lnR&D	0.016***	0.004	0.016***	−0.002	0.014***	
		(0.00)	(0.51)	(0.00)	(0.62)	(0.00)	
	lnApply	0.000	−0.002	0.000	−0.002	−0.001	
		(0.96)	(0.73)	(0.84)	(0.55)	(0.67)	
	lnFDI	−0.001	−0.010***	−0.001	−0.007***	−0.008***	
		(0.23)	(0.01)	(0.62)	(0.00)	(0.00)	
	FIR	0.005**	0.006	0.005**	0.003	0.008*	
		(0.01)	(0.25)	(0.04)	(0.44)	(0.07)	

注：***、**、* 分别表示在1%、5%和10%水平下显著，括号内为P值。

比较直接效应和间接效应系数，无论影响是否显著，各变量的间接效应影响系数的绝对值都大于直接效应，说明采用空间计量模型进行分析是必要的。

8.2.3.5　一元空间杜宾模型回归分析

对各解释变量分别用空间杜宾模型回归分析，结果（见表8-17）显示，被解释变量协调发展水平的空间滞后项系数分别为0.579、0.490和0.478，均在1%水平下有显著正影响，表明协调发展水平会受到前一期水平的正影响，存在正向反馈趋势。

从直接效应看，3个解释变量均显著存在正影响，系数估计值分别为0.022、0.025和0.022，说明数据资本对省域协调发展水平具有直接的推动作用。

从溢出效应看，3个解释变量均显著存在正影响，系数估计值分别为0.117、0.060和0.028，表明数据资本对周围省份协调发展水平存在显著的空间溢出效应，即带动周围省份协调发展水平的上升。

表8-17　数据资本二级指标影响协调发展的单变量空间杜宾模型结果

变量	模型Ⅴ	模型Ⅵ	模型Ⅶ
lnx1	0.015*(0.08)	—	—
lnx2	—	0.021***(0.00)	—

变量	模型 V	模型 Ⅵ	模型 Ⅶ
lnx3	—	—	0.020 *** (0.00)
Wx	0.040 ** (0.02)	0.020 ** (0.02)	0.005 (0.37)
直接效应	0.022 ** (0.03)	0.025 *** (0.00)	0.022 *** (0.00)
溢出效应	0.117 * (0.07)	0.060 *** (0.01)	0.028 ** (0.03)
总效应	0.139 * (0.05)	0.085 *** (0.00)	0.049 *** (0.00)
ρ	0.579 *** (0.00)	0.490 *** (0.00)	0.478 *** (0.00)
logl	198.913	215.484	225.546

注：*** 、** 、* 分别表示在 1%、5% 和 10% 水平下显著，括号内为 P 值。

8.3 数据资本和协调发展的耦合分析

由于数据资本对协调发展水平存在显著影响，故采用耦合协调度模型对数据资本对协调发展水平作用强度进行进一步分析。

8.3.1 耦合协调度模型

耦合通常表示两个或两个以上的系统之间通过各种相互作用，形成彼此影响的现象，耦合度就是描述这种相互作用、彼此影响的程度，模型如下：

$$C_n = \left\{ \frac{(u_1, u_2, \cdots, u_m)}{\prod (u_i + u_j)} \right\}^{\frac{1}{n}} \qquad (式 8-5)$$

其中，$u_i, i = 1, 2, \cdots, m$，是各子系统评价值。

构建数据资本和协调发展水平的耦合协调度测算模型，令 $f(x)$、$g(y)$ 分别为协调发展水平、数据资本，将式 8.5 展开为：

$$C = \left\{ \frac{(f(x) \cdot g(y))}{[(f(x) + g(y))^2]} \right\}^{\frac{1}{2}} \qquad (式 8-6)$$

其中，$C \in [0, 1]$，C 值越接近于 1 表示两者之间的关联程度越大，反之则关联程度越小，当 $C = 0$ 时表示两者无关。

耦合协调度模型如下：

$$D = \sqrt{C \times T} \qquad (式 8-7)$$

$$T = \alpha u_1 + \beta u_2 \qquad (式 8-8)$$

其中，T 为综合评价值；α、β 为待定系数，考虑到客观性，故均取 0.5。

8.3.2 耦合协调度分析

对 2013—2019 年数据资本和协调发展水平的耦合协调度进行测算，结果（见表 8-18、表 8-19）显示，全国及各省份的耦合协调度逐年增强，全国的耦合协调度从 0.410 上升到 0.470，高于全国得分的省市有 15 个左右，排名前列的为北京、上海、广东、江苏等，排名最后的为宁夏、青海、海南。部分省市的年度排名有一定变化，但在长时间跨度上均呈逐年增强趋势。

表 8-18　2013—2019 年数据资本和协调发展的耦合协调度 D 及其排名表（1）

排名	2013		2014		2015		2016	
1	北京	0.587	北京	0.601	北京	0.635	北京	0.653
2	上海	0.584	广东	0.586	广东	0.622	上海	0.652
3	广东	0.566	江苏	0.585	江苏	0.613	广东	0.638
4	江苏	0.565	山东	0.566	山东	0.547	江苏	0.626
5	山东	0.503	上海	0.522	上海	0.542	山东	0.557
6	浙江	0.487	浙江	0.499	浙江	0.516	浙江	0.529
7	辽宁	0.465	辽宁	0.480	辽宁	0.483	辽宁	0.510
8	陕西	0.459	陕西	0.457	湖北	0.474	四川	0.472
9	湖南	0.445	四川	0.444	四川	0.468	福建	0.471
10	湖北	0.437	湖北	0.443	福建	0.463	陕西	0.467
11	四川	0.436	河北	0.441	陕西	0.458	天津	0.467
12	河北	0.433	福建	0.440	湖南	0.451	湖北	0.465
13	福建	0.430	湖南	0.436	河南	0.450	河北	0.460
14	安徽	0.424	河南	0.436	新疆	0.449	湖南	0.457
15	河南	0.423	天津	0.432	天津	0.443	安徽	0.457
16	黑龙江	0.420	安徽	0.430	安徽	0.443	河南	0.455
17	全国	0.410	全国	0.420	河北	0.440	全国	0.451
18	重庆	0.409	黑龙江	0.419	全国	0.438	重庆	0.438
19	天津	0.408	内蒙古	0.416	重庆	0.435	黑龙江	0.428
20	广西	0.399	重庆	0.407	黑龙江	0.419	广西	0.424
21	山西	0.393	吉林	0.405	吉林	0.417	江西	0.421

排名	2013		2014		2015		2016	
22	吉林	0.392	广西	0.404	广西	0.411	吉林	0.420
23	内蒙古	0.390	山西	0.392	江西	0.403	云南	0.409
24	江西	0.384	江西	0.389	山西	0.398	贵州	0.396
25	云南	0.377	云南	0.383	内蒙古	0.391	山西	0.394
26	甘肃	0.343	甘肃	0.356	云南	0.386	内蒙古	0.391
27	贵州	0.337	新疆	0.348	贵州	0.360	新疆	0.371
28	新疆	0.323	贵州	0.346	甘肃	0.357	甘肃	0.368
29	海南	0.190	海南	0.195	海南	0.243	青海	0.292
30	宁夏	0.134	宁夏	0.173	青海	0.240	海南	0.265
31	青海	0.130	青海	0.156	宁夏	0.206	宁夏	0.229

表 8-19 2013—2019 年数据资本和协调发展的耦合协调度 D 及其排名表（2）

排名	2017		2018		2019	
1	江苏	0.728	北京	0.718	北京	0.754
2	北京	0.679	广东	0.693	广东	0.727
3	上海	0.663	江苏	0.670	江苏	0.668
4	广东	0.662	上海	0.592	上海	0.619
5	山东	0.615	山东	0.569	浙江	0.590
6	浙江	0.543	浙江	0.563	山东	0.588
7	福建	0.519	天津	0.511	四川	0.522
8	四川	0.483	四川	0.505	湖南	0.522
9	湖北	0.480	福建	0.501	湖北	0.518
10	天津	0.479	湖北	0.497	福建	0.508
11	河南	0.476	湖南	0.496	河南	0.487
12	湖南	0.475	陕西	0.481	河北	0.486
13	陕西	0.470	河南	0.480	陕西	0.482
14	安徽	0.465	河北	0.472	安徽	0.477
15	河北	0.463	安徽	0.468	**全国**	**0.470**
16	**全国**	**0.459**	**全国**	**0.460**	天津	0.465
17	辽宁	0.447	辽宁	0.450	重庆	0.458
18	重庆	0.444	重庆	0.447	江西	0.454

排名	2017		2018		2019	
19	黑龙江	0.435	黑龙江	0.438	辽宁	0.447
20	吉林	0.432	江西	0.434	黑龙江	0.441
21	江西	0.424	吉林	0.433	广西	0.435
22	广西	0.420	广西	0.427	吉林	0.427
23	云南	0.406	云南	0.408	云南	0.409
24	内蒙古	0.400	贵州	0.397	内蒙古	0.398
25	贵州	0.389	内蒙古	0.393	贵州	0.397
26	新疆	0.376	山西	0.373	山西	0.381
27	山西	0.352	新疆	0.369	新疆	0.366
28	甘肃	0.335	甘肃	0.343	甘肃	0.342
29	海南	0.281	海南	0.253	海南	0.267
30	宁夏	0.243	青海	0.246	青海	0.258
31	青海	0.236	宁夏	0.208	宁夏	0.210

8.3.3　耦合协调度的动态演进

参照耦合协调度分类方法，将数据资本和协调发展水平的耦合协调度分为 10 个等级（见表 8 - 20）。

表 8 - 20　耦合协调度等级划分

耦合协调度	耦合协调等级	耦合协调度	耦合协调等级
[0.00, 0.10]	极度耦合失衡	(0.50, 0.60]	勉强耦合平衡
(0.10, 0.20]	严重耦合失衡	(0.60, 0.70]	初级耦合平衡
(0.20, 0.30]	中度耦合失衡	(0.70, 0.80]	中级耦合平衡
(0.30, 0.40]	轻度耦合失衡	(0.80, 0.90]	良好耦合平衡
(0.40, 0.50]	濒临耦合失衡	(0.90, 1.00]	优质耦合平衡

对 2013—2019 年数据资本和协调发展水平的耦合协调度进行等级划分（见表 8 - 21）显示，2019 年北京（0.754）、广东（0.727）达到中级耦合平衡水平，2015 年起所有省市均高于严重耦合失衡水平。总体上，我国数据资本和协调发展水平耦合协调度越来越高，说明两者之间互相促进作用越来越显著。

表 8‑21　数据资本和协调发展的耦合协调度水平演进表

等级划分	区间	2013	2016	2019
中级耦合平衡	(0.70，0.80]			北京、广东
初级耦合平衡	(0.60，0.70]		北京、上海、广东、江苏	江苏、上海
勉强耦合平衡	(0.50，0.60]	北京、上海、广东、江苏、山东	山东、浙江、辽宁	浙江、山东、四川、湖南、湖北、福建
濒临耦合失衡	(0.40，0.50]	浙江、辽宁、陕西、湖南、湖北、四川、河北、福建、安徽、河南、黑龙江、全国、重庆、天津	四川、福建、陕西、天津、湖北、河北、湖南、安徽、河南、全国、重庆、黑龙江、广西、江西、吉林、云南	河南、河北、陕西、安徽、全国、天津、重庆、江西、辽宁、黑龙江、广西、吉林、云南
轻度耦合失衡	(0.30，0.40]	广西、山西、吉林、内蒙古、江西、云南、甘肃、贵州、新疆	贵州、山西、内蒙古、新疆、甘肃	内蒙古、贵州、山西、新疆、甘肃
中度耦合失衡	(0.20，0.30]		青海、海南、宁夏	海南、青海、宁夏
严重耦合失衡	(0.10，0.20]	海南、宁夏、青海		

分地区看,东部数据资本和协调发展水平的耦合协调度高于全国水平,中部与全国水平基本持平,西部低于全国水平。在变动趋势上,东、中、西部与全国的耦合协调度变动趋势表现出较高的一致性,呈现稳定的上升趋势,东部的耦合协调度从 0.474 上升到 0.556,年均增长 2.70%;中部从 0.415 上升到 0.463,年均增长 1.84%;西部从 0.340 上升到 0.389,年均增长 2.27%。因此,数据资本和协调发展水平的耦合协调度呈东、西、中部依

次递减,耦合协调度的上升幅度呈东、西、中部递减(见图 8 - 6)。

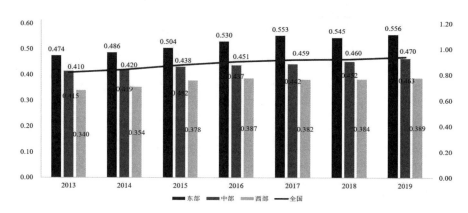

图 8 - 6 2013—2019 年东中西部数据资本与协调发展耦合协调度

8.4 实证分析的初步结论

以上从新型城镇化、经济投资和民生福祉 3 个方面,对中国协调发展水平进行综合评价,在此基础上以协调发展水平为被解释变量,以数据资本的主成分为核心解释变量,以对外开放水平、社会固定投资额为控制变量,利用 2013—2019 年的省级面板数据,通过空间计量模型等分析数据资本对协调发展的影响。

第一,数据资本对协调发展具有显著的驱动效应。基础设施投入、研发投入和应用投入对协调发展水平均具有显著正向直接效应,数据资本投入对本地区协调发展水平上升具有显著的推动作用。

第二,数据资本对协调发展存在显著的空间溢出效应。从数据资本投入的 3 个方面分别看,基础设施投入、研发投入、应用投入对协调发展水平的空间溢出效应均为显著正向影响。同时考虑 3 个解释变量时,三者的相互作用使研发投入对协调发展水平存在显著负向影响,应用投入存在显著正向影响。

第三,数据资本和协调发展之间存在耦合效应,且耦合协调度越来越高。数据资本投入高的地区协调发展水平相应较高,协调发展水平高的地区数据资本投入相应也较高,两者耦合协调度越高说明数据资本和协调发展之间的互相促进作用越来越显著。

9 数据资本对绿色发展的驱动效应

为了验证数据资本对绿色发展的推动作用,根据绿色发展理念的要求,从经济增长水平、环境承载能力和政府政策强度3个方面,对中国绿色发展进行水平测度,在此基础上利用2013—2019年省级面板数据,以绿色发展水平为被解释变量,以数据资本为解释变量,分析数据资本对绿色发展水平的影响,论证表明数据资本对绿色发展具有多元化的驱动效应。

9.1 中国绿色发展水平测度

9.1.1 指标体系构建

9.1.1.1 指标初选

根据绿色发展理念的科学内涵,参考绿色发展的理论分析和国际经验,遵循统计分析的基本原则,按照3个准则层(经济增长水平、环境承载能力、政府政策强度)初步选取13个指标(见表9-1),构建绿色发展评价指标体系。

9.1.1.2 数据来源

中国绿色发展水平测度的数据,主要来自《中国统计年鉴》、《中国环境统计年鉴》、《中国环境统计年报》、《中国水利统计年鉴》、《中国沙漠及其治理》、《中国工业统计年鉴》、各省份统计年鉴(统计公报),包括30个省(市、自治区)2011—2019年的数据,不含西藏、香港、澳门、台湾等地区的数据。

对缺失数据,主要采用均值替换法和回归替换法进行填补。

9.1.1.3 指标检验

为了避免同一准则层的评价指标信息重复,需对评价指标数据进行筛选,通过多重共线性检验以删除多重共线性严重的指标。

表 9-1 绿色发展评价指标初选

一级指标	二级指标	三级指标	指标定义	类型
绿色发展指标体系	经济增长水平	第三产业增加值比重	第三产业增加值/GDP	正向
		人均 R&D 经费	研究与试验发展（R&D）经费支出合计/该年平均人口	正向
		人口自然增长率	人口自然增长率	正向
		人均地区生产总值	国内生产总值的绝对值/该年平均人口	正向
	环境承载能力	人均水资源量	水资源量/该年平均人口	正向
		人均森林面积	森林面积/该年平均人口	正向
		单位灌溉面积施用量	农用化肥施用折纯量/有效灌溉面积	逆向
	政府政策强度	地方财政环境保护支出占财政预算比重	地方财政环境保护支出/财政预算	正向
		生活垃圾无害化处理率	报告期生活垃圾无害化处理量/生活垃圾产生量	正向
		每万人拥有公共交通车辆	公共交通运营车标台数/（城区人口＋城区暂住人口）	正向
		突发环境事件次数	突发环境事件次数	逆向
		城市污水日处理能力	污水处理厂及处理装置每昼夜处理污水量的设计能力	正向
		人均互联网宽带接入端口	互联网宽带接入端口/该年平均人口	正向

设第 j 个评价指标为因变量，指标层的其他评价指标为自变量，因变量对于自变量回归的可决系数是 R_j^2，于是第 j 个指标的方差膨胀因子 VIF_j 为：

$$VIF_j = \frac{1}{1-R^2} \qquad (式 9-1)$$

在每一准则层内部，以每个评价指标作因变量、其他评价指标作自变量，计算出回归的可决系数 R_j^2，再将每个可决系数 R_j^2 代入计算 VIF_j。方差膨胀系数（variance inflation factor，VIF）是衡量线性回归模型中多重共线性严重程度的一种常用度量。当 VIF＜10，表示变量间不存在多重共线性;当 10≤VIF<100,表示存在较强的多重共线性;当 VIF≥100,存在严重多重共线性,应采取适当的方法进行调整。

应用 SPSS 19.0 软件得到评价指标的方差膨胀因子(见表 9-2),各指标方差膨胀因子均小于 10,表明不存在多重共线性,无需剔除指标。

表 9-2　绿色发展三级指标的多重共线性检验结果

一级指标	二级指标	三级指标	可决系数	方差膨胀因子	多重共线性检验结果
绿色发展指标体系	经济增长水平	第三产业增加值比重	0.89	9.09	保留
		人均 R&D 经费	0.88	8.62	保留
		人口自然增长率	0.06	1.07	保留
		人均地区生产总值	0.53	2.13	保留
	环境承载能力	人均水资源量	0.13	1.15	保留
		人均森林面积	0.13	1.15	保留
		单位灌溉面积施用量	0.01	1.01	保留
	政府政策强度	地方财政环境保护支出占财政预算比重	0.16	1.19	保留
		生活垃圾无害化处理率	0.26	1.35	保留
		每万人拥有公共交通车辆	0.21	1.26	保留
		突发环境事件次数	0.10	1.11	保留
		城市污水日处理能力	0.19	1.23	保留
		人均互联网宽带接入端口	0.38	1.60	保留

9.1.1.4　指标权重设置

第一,数据预处理。因指标体系中含有正向指标和逆向指标,各指标的量纲也不尽相同,需要对逆向指标数据进行正向化处理,并对所有指标进行标准化处理以去除量纲影响。

逆向指标正向化处理公式为:

$$x^* = \frac{1}{x} \tag{式 9-2}$$

标准化计算公式为:

$$y_{ij} = \frac{x_{ij} - \min(x_{ij})}{\max(x_{ij}) - \min(x_{ij})} \tag{式 9-3}$$

第二,指标体系权重确定。运用熵权法和改进的 Topsis 方法确定评价指标体系权重(见表 9-3)。在二级指标中,经济增长水平为 36.92%,环境承载能力权重为 39.57%,政府政策强度为 23.51%,权重分布较均衡,总体反映了绿色发展理念的要求,即将环境资源作为社会经济发展的内在要素,把实现经济、社会和环境的可持续发展作为绿色发展的目标,把经济活动过程和结果的"绿色化"、"生态化"作为绿色发展的主要内容和途径。①

表 9-3 绿色发展评价指标体系

一级指标	二级指标	三级指标	权重/%
绿色发展指标体系	经济增长水平(36.92%)	第三产业增加值比重	11.05
		人均 R&D 经费	11.78
		人口自然增长率	5.44
		人均地区生产总值	8.65
	环境承载能力(39.57%)	人均水资源量	18.97
		人均森林面积	15.91
		单位灌溉面积施用量	4.69
	政府政策强度(23.51%)	地方财政环境保护支出占财政预算比重	2.73
		生活垃圾无害化处理率	5.17
		每万人拥有公共交通车辆	2.23
		突发环境事件次数	2.58
		城市污水日处理能力	6.39
		人均互联网宽带接入端口	4.41

9.1.2 测度结果与分析

9.1.2.1 测度结果

通过数据预处理并加权求和,计算得到 2011—2019 年 30 个省区(市、自治区)绿色发展水平测度的结果,截取 2013—2019 年的绿色发展指数(见表 9-4),分东、中、西部地区按绿色发展指数增幅由高到低排列,显示大部分地区的绿色发展水平都有明显提升。

---

① 任理轩.坚持绿色发展(深入学习贯彻习近平同志系列重要讲话精神)[N].人民日报,2015-12-22(07).

表 9 - 4 　2013—2019 年各省份绿色发展水平测度结果

	地区	2013	2014	2015	2016	2017	2018	2019	增幅
东部	广东	0.56	0.58	0.61	0.64	0.67	0.71	0.74	0.180
	江苏	0.35	0.37	0.40	0.43	0.46	0.49	0.51	0.163
	浙江	0.22	0.24	0.29	0.30	0.32	0.34	0.37	0.145
	福建	0.17	0.18	0.21	0.24	0.24	0.24	0.27	0.101
	北京	0.29	0.32	0.34	0.37	0.39	0.38	0.38	0.092
	山东	0.30	0.32	0.35	0.38	0.41	0.40	0.39	0.088
	河北	0.32	0.35	0.37	0.38	0.40	0.40	0.41	0.087
	上海	0.20	0.22	0.23	0.25	0.27	0.27	0.28	0.081
	天津	0.16	0.17	0.17	0.18	0.20	0.18	0.22	0.059
	辽宁	0.14	0.15	0.16	0.17	0.17	0.18	0.18	0.040
	海南	0.13	0.12	0.12	0.15	0.15	0.17	0.16	0.035
中部	河南	0.23	0.26	0.28	0.30	0.32	0.33	0.34	0.106
	湖北	0.14	0.15	0.17	0.20	0.20	0.21	0.23	0.084
	安徽	0.33	0.34	0.36	0.37	0.39	0.40	0.41	0.084
	湖南	0.15	0.17	0.18	0.20	0.20	0.21	0.23	0.081
	江西	0.12	0.13	0.15	0.16	0.18	0.17	0.20	0.073
	山西	0.34	0.37	0.37	0.38	0.39	0.40	0.41	0.072
	黑龙江	0.14	0.13	0.14	0.15	0.15	0.15	0.17	0.032
	吉林	0.11	0.10	0.11	0.13	0.13	0.13	0.14	0.032
西部	四川	0.15	0.16	0.16	0.18	0.20	0.22	0.23	0.088
	贵州	0.10	0.11	0.12	0.13	0.14	0.15	0.16	0.067
	陕西	0.11	0.12	0.13	0.14	0.15	0.16	0.18	0.067
	重庆	0.12	0.13	0.14	0.16	0.18	0.18	0.19	0.063
	青海	0.20	0.22	0.21	0.21	0.24	0.26	0.26	0.060
	云南	0.12	0.12	0.14	0.15	0.16	0.17	0.17	0.049
	宁夏	0.39	0.40	0.41	0.41	0.43	0.44	0.43	0.043
	广西	0.14	0.14	0.16	0.16	0.17	0.17	0.18	0.042
	甘肃	0.09	0.09	0.10	0.10	0.12	0.12	0.13	0.040
	内蒙古	0.14	0.13	0.14	0.15	0.15	0.15	0.16	0.019
	新疆	0.15	0.15	0.16	0.17	0.17	0.17	0.17	0.014

9.1.2.2　按空间维度分析

第一，东部地区绿色发展总体处于较高水平，且大部分省份上升较快。其中，广东绿色发展指数由 0.56 上升为 0.74，江苏由 0.35 上升为 0.51，浙江由 0.22 上升为 0.37，表明广东、江苏、浙江的绿色发展水平在全国领先且上升较显著。

第二，中部地区绿色发展指数总体偏低且分布呈多极化。其中，河南绿色发展指数由 2013 年的 0.23 上升到 2019 年的 0.34，增幅为 0.11；湖北、安徽、湖南的增幅分别为 0.084、0.084、0.081，均超过 0.08；黑龙江、吉林的增幅仅有 0.032，表明中部绿色发展水平较低的省份偏多，且增幅较小。

第三，西部地区绿色发展初始水平较高，但上升缓慢且区域差异两极化明显。西部地区在 2013 年总体拥有较高的绿色发展水平，宁夏的绿色发展指数（0.39）位列全国第二，青海的绿色发展指数（0.20）也与上海（0.20）持平，但这两个省份到 2019 年分别上升了 0.04、0.06；2019 年绿色发展指数最高、最低的省份相差 0.30。

9.1.2.3　按时间维度分析

为了探索绿色发展水平的动态变化趋势，采用高斯正态分布核密度函数估计绿色发展水平分布的核密度曲线，分别绘制 2013、2015 和 2019 年绿色发展指数的核密度曲线（见图 9 - 1）。

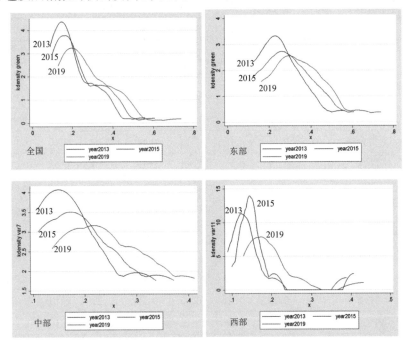

图 9 - 1　绿色发展指数核密度曲线图

第一,全国和东、中、西部地区绿色发展指数的核密度曲线均有着明显的右移趋势,表明全国整体和各省份绿色发展指数呈由低到高的发展趋势,说明我国近十年各地区的绿色发展水平均逐步上升。

第二,东部地区的核密度曲线整体向右移动,且峰值有所下降、开口宽度增大,表明东部地区绿色发展指数呈增长态势,空间差异有所扩大,说明东部的绿色发展水平较高且上升较快,东部各省份的差距逐年增大。

第三,中部地区的核密度曲线右拖尾存在逐年拉长的现象,表明中部地区绿色发展水平的分布延展性存在一定程度的拓宽趋势,说明中部各省份的区域差距在逐步扩大。

第四,西部地区的核密度曲线多峰分布的总体态势不变,但波峰的垂直高度在 2015 年有所上升、水平宽度减小,表明西部存在多极分化现象和动态收敛性特征,说明西部各省份的绿色发展水平参差不齐,且差异的大小随时间变化存在先减小后增大的趋势。

9.1.3 中国绿色发展水平综合评价

第一,中国总体绿色发展水平逐年上升。2012 年 11 月,党的十八大提出要把资源消耗、环境损害、生态效益纳入经济社会发展评价体系,建立体现生态文明要求的目标体系、考核办法和奖惩机制,2013 年起绿色发展水平呈明显上升。

第二,全国 30 个省份绿色发展水平差异较大。由于生态资源、经济水平、政府投入等因素的差异,东、中、西部地区绿色发展水平上升的速度也各不相同,全国绿色发展水平"东部高,中、西部低"的特征明显,且中、西部地区的上升幅度低于东部地区。

第三,各地区绿色发展水平存在显著的空间异质性。2011—2019 年,东部绿色发展水平的地区内部差异逐渐缩小;中部地区内部差异逐步扩大且出现多极化现象;西部地区的内部差异在 2015 年后有所减小,到 2019 年又有所扩大呈两极化分布。

9.2 数据资本影响绿色发展的实证分析

9.2.1 变量说明和描述统计

9.2.1.1 数据来源

数据资本影响绿色发展实证分析的数据,主要来源为《中国城市数字经济指数白皮书》、《中国水利统计年鉴》、《中国环境统计年鉴》、《中国工业统计年鉴》、《中国沙漠及其治理》、《中国省市经济发展年鉴》，包括 30 个省（市、自治区）2013—2019 年的数据，不含西藏、香港、澳门、台湾等地区的数据。

对缺失数据，主要采用均值替换法和回归替换法进行填补。为了消除异方差和多重共线性的影响，对全部变量取对数处理。

9.2.1.2　变量说明

如表 9-5 所示，被解释变量为绿色发展水平，通过绿色发展水平评估指标体系测度得到，能够比较全面地反映我国绿色发展状况，故选择其测度值作为被解释变量。

表 9-5　数据资本影响绿色发展模型的变量说明

变量类型	变量名称	符号	变量说明
被解释变量	绿色发展水平	Green	绿色发展指标体系测度值
解释变量	数据资本	Data	数据资本 3 个二级指标主成分
	基础设施	Basic	基础设施投入 3 个三级指标主成分
	研发投入	R&D	研发投入 4 个三级指标主成分
	应用投入	Apply	应用投入 3 个三级指标主成分
控制变量	环境治理投资	EPI	工业污染治理完成投资/GDP
	能源结构	Industry	电力消费量/GDP
	产业结构	EC	第二产业增加值/GDP

核心解释变量为数据资本，通过基础设施投入、研发投入、应用投入等 3 个二级指标的主成分分析选取（见 7.2.1 变量说明与描述统计）。

控制变量为环境治理投资、能源结构、产业结构，其中环境治理投资选用工业污染治理完成投资与 GDP 的比值（EPI）进行测算，能源结构选用单位国内生产总值电耗（EC）进行测算，产业结构选用第二产业增加值与 GDP 的比重（Industry）进行测算。

9.2.1.3　描述性统计

对各变量进行描述性统计结果（见表 9-6）显示，绿色发展水平的最小值为 0.0889、最大值为 0.737、平均值为 0.242，说明各省份绿色发展水平差异明显；在数据资本指标中，基础设施投入的最小值为 38.27、最大值为 2148、标准差为 434.7，研发投入的最小值为 38.98、最大值为 2634000、标准差为 392881,应用投入的最小值为 820.4、最大值为 103300000、标准差为 12750000,说明不同省份之间数据资本分布不均衡,其中应用投入差异最大,其次为研发投入差异,基础设施投入的差异最小。

计算各变量的方差膨胀系数 VIF 显示,自变量和控制变量的 VIF 最大值为 2.38,远小于 10,表明变量之间没有多重共线性,说明变量选择合理。

表 9 - 6　数据资本影响绿色发展模型的变量描述性统计

变量名	样本数	均值	标准差	最小值	最大值	VIF
id	210	15.50	8.676	1	30	
year	210	2,016	2.005	2,013	2,019	
Green	210	0.242	0.126	0.0889	0.737	
Basic	210	584.2	434.7	38.27	2,148	2.38
R&D	210	246,671	392,881	38.98	2,634,000	1.92
Apply	210	6,500,000	12,750,000	820.4	103,300,000	1.58
Industry	210	5.308	5.883	0.0585	44.51	1.71
EPI	210	0.227	0.225	0.00806	1.151	1.73
EC	210	0.0404	0.0254	0.00409	0.128	1.61

9.2.2　绿色发展水平的探索性空间分析

考虑到绿色发展水平可能存在空间依赖关系,在采用空间计量模型分析前需通过空间自相关检验,进行探索性空间分析。

9.2.2.1　空间权重矩阵

空间权重矩阵包含邻接权重矩阵、反距离权重矩阵、经济权重矩阵等。为保证结果的稳健性,在进行空间相关性检验和空间计量分析时选用基于邻接关系的空间权重矩阵。

通常,用一个二元对称空间权重矩阵 W 来表达 n 个位置的区域邻近关系,其中,W_{ij} 为区域 i 与区域 j 的邻接关系。

$$W = \begin{bmatrix} W_{11} & W_{12} & W_{13} & \cdots & W_{1n} \\ W_{21} & W_{22} & W_{23} & \cdots & W_{2n} \\ W_{31} & W_{32} & W_{33} & \cdots & W_{3n} \\ \vdots & \vdots & \vdots & & \vdots \\ W_{n1} & W_{n2} & W_{n3} & \cdots & W_{nn} \end{bmatrix} \qquad (式9-4)$$

相邻权重的定义如下：

$$W_{ij} = \begin{cases} 1 & 当区域\,i\,与区域\,j\,相邻接 \\ 0 & 其他 \end{cases} \qquad (式9-5)$$

因此，可得全国省际相邻空间权重矩阵为：

$$\begin{matrix} 北京 \\ 天津 \\ 河北 \\ 山西 \\ 内蒙古 \\ 辽宁 \\ 吉林 \\ \vdots \\ 新疆 \end{matrix} \begin{bmatrix} 0 & 1 & 1 & 0 & 0 & 0 & 0 & \cdots & 0 \\ 1 & 0 & 1 & 0 & 0 & 0 & 0 & \cdots & 0 \\ 1 & 1 & 0 & 1 & 1 & 1 & 0 & \cdots & 0 \\ 0 & 0 & 1 & 0 & 1 & 0 & 0 & \cdots & 0 \\ 0 & 0 & 1 & 1 & 0 & 1 & 1 & \cdots & 0 \\ 0 & 0 & 1 & 0 & 1 & 0 & 1 & \cdots & 0 \\ 0 & 0 & 0 & 0 & 1 & 1 & 0 & \cdots & 0 \\ \vdots & \vdots & \vdots & \vdots & \vdots & \vdots & \vdots & & \vdots \\ 0 & 0 & 0 & 0 & 0 & 0 & 0 & 0 & 0 \end{bmatrix}$$

9.2.2.2　全局自相关检验

采用莫兰指数（Moran's I）检验判定一定范围内的空间实体之间是否存在相关关系，其取值范围为 -1 到 1，大于 0 表示有正的空间相关性，即有相似的属性集聚在一起；小于 0 表示有负的空间相关性，即有相异的属性集聚在一起；等于 0 表示没有空间相关性。

Moran's I 检验结果（见表 9-7）显示，绿色发展水平的 Moran's I 值在 0.241 和 0.464 之间，p 值均小于 0.05，表明 2013—2019 年绿色发展水平在 5% 显著性水平下存在正的空间自相关关系。因此，构建绿色发展水平影响因素的面板数据模型，必须包含空间滞后因素。

表 9-7　绿色发展水平各年度全局 Moran's I 值

Variables	2013	2014	2015	2016	2017	2018	2019
Moran's I	0.464 **	0.444 **	0.391 ***	0.241 **	0.275 **	0.329 **	0.299 **
p-value	0.024	0.018	0.002	0.048	0.036	0.017	0.026

注：***、**、* 分别表示在 1%、5% 和 10% 水平下显著。

9.2.2.3 局部自相关检验

对绿色发展水平的二级指标"经济增长水平、环境承载能力、政府政策强度"进行局部自相关检验,通过局部莫兰散点图(见图 9 - 2)判断各相邻省份在这三个维度上是否具有空间相关性。在经济增长能力、政府政策强度上,部分省份呈现高—高集聚、低—低集聚的两极分化态势;在环境承载能力上,部分省份呈现微弱空间负相关特征。

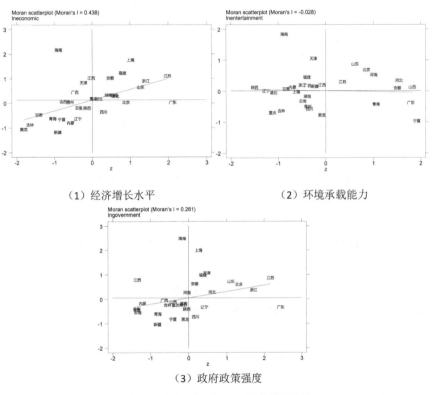

（1）经济增长水平   （2）环境承载能力

（3）政府政策强度

图 9 - 2   绿色发展各维度局部莫兰散点图

9.2.3 数据资本影响绿色发展水平的回归分析

通过莫兰指数分析可知绿色发展水平具有显著空间效应,故采用空间分位数回归模型对数据资本影响绿色发展水平的空间效应进行分析。

9.2.3.1 空间分位数回归模型构建

分位数回归模型能够较为全面地描述因变量在不同条件分位下,自变量对因变量的影响大小,具有充分发挥空间计量模型考虑地区间空间相依性的优点,不仅可以刻画相应变量的中心趋势,还可以刻画变量极端分位行为。我国东、中、西部地区绿色发展水平存在较大差异,运用分位数回归方法进行估计分析,可以区分数据资本对绿色发展不同水平省份产生的影响。

假设条件分布 $y \mid x$ 的总体 q 分位数 $y_q(x)$ 是 x 的线性函数,即:

$$y_q(x_i) = x_i \beta_q \qquad (式9-6)$$

式中,β_q 为 q 分位数回归系数,其估计量 β_q 的估计方法是让目标函数最小,即:

$$\min \sum_{y_i \geqslant x_i \beta_q}^{n} q \mid y_i - x_i \beta_q \mid + \sum_{y_i < x_i \beta_q}^{n} (1-q) \mid y_i - x_i \beta_q \mid \qquad (式9-7)$$

构建基础回归模型如下:

$$\ln Green_{it} = \alpha_0 + \beta_1 \ln Basic_{it} + \beta_2 \ln R\&D_{it} + \beta_3 \ln Apply_{it} +$$
$$\beta_5 \ln EPI_{it} + \beta_6 \ln Industry_{it} + \beta_7 \ln EC_{it} + \varepsilon_{it}$$

$$(式9-8)$$

式中,被解释变量 $Green_{it}$ 为绿色发展水平,解释变量 $Basic$、$R\&D$、$Apply$ 为数据资本的二级指标,EPI、$Industry$、EC 为回归模型控制变量,ε_{it} 为随机误差项。为消除异方差的影响,对全部变量取对数处理。

通过回归分析得到普通最小二乘回归估计(OLS)、固定效应模型(FE)、随机效应模型(RE)的回归结果(见表9-8)。Hausman 检验显示 p值为 0.000,拒绝原假设,说明固定效应模型比随机效应模型更合适。因此,采用固定效应分位数回归模型进行分析。

表9-8 数据资本影响绿色发展多模型回归结果对比

变量	(1) OLS	(2) FE1	(3) FE2	(4) RE
lnBasic	−0.013	−0.028	−0.039 ***	−0.027
	(−0.17)	(−1.70)	(−2.89)	(−1.60)
lnR&D	0.092 ***	0.003	0.029 ***	0.005 **
	(4.69)	(1.41)	(2.86)	(2.23)
lnApply	−0.006	−0.009	−0.010	−0.009
	(−0.32)	(−0.96)	(−1.13)	(−1.09)
lnEPI	0.004	0.002	0.002	0.001
	(0.11)	(0.28)	(0.24)	(0.18)

变量	（1）	（2）	（3）	（4）
	OLS	FE1	FE2	RE
lnIndustry	−0.069 *	−0.010	−0.011 *	−0.011
	（−1.75）	（−1.48）	（−1.73）	（−1.61）
lnEC	−0.113 **	−0.374 ***	−0.076	−0.358 ***
	（−2.11）	（−10.65）	（−0.85）	（−10.65）
常数项	3.983 ***	7.186 ***	6.680 ***	7.102 ***
	（5.26）	（26.38）	（17.77）	（27.47）
样本量	210	210	210	210
R²	0.225	0.825	0.872	
个体数		30	30	30
城市个体		固定	固定	
时间			固定	

注：***、**、* 分别表示在1%、5%和10%水平下显著，括号内为 z 值。

9.2.3.2 空间分位数回归分析

采用固定效应分位数回归模型，分别计算 15%、35%、50%、75%分位数水平下的参数估计结果，以最小二乘回归结果（见表 9‑9）作为参考，分析在不同分位数水平下数据资本对绿色发展水平的影响。

表 9‑9 数据资本影响绿色发展的固定效应分位数回归结果

变量	（1）	（2）	（3）	（4）	（5）
	OLS	0.15	0.35	0.50	0.75
lnBasic	−0.013 *	0.076	0.081	0.080	−0.050 **
	（−0.17）	（1.50）	（0.84）	（0.53）	（−0.28）
lnR&D	0.092 ***	0.061 ***	0.086 ***	0.096 ***	0.120 ***
	（4.69）	（3.79）	（3.36）	（3.67）	（3.96）
lnApply	−0.006	0.013	−0.006	0.002	−0.030
	（−0.32）	（0.81）	（−0.29）	（0.06）	（−0.82）
lnEPI	0.004	0.017	0.075 **	0.042	0.026
	（0.11）	（0.48）	（2.10）	（0.84）	（0.30）

变量	（1）	（2）	（3）	（4）	（5）
	OLS	0.15	0.35	0.50	0.75
lnIndustry	−0.069 *	−0.041	0.012	−0.045	−0.057 *
	（−1.75）	（−1.23）	（0.33）	（−0.74）	（−0.49）
lnEC	−0.113 **	−0.006	0.039	−0.127	−0.203
	（−2.11）	（−0.13）	（0.42）	（−1.17）	（−1.49）
常数项	3.983 ***	2.961 ***	3.049 ***	2.608 *	4.570 ***
	（5.26）	（4.41）	（2.64）	（1.69）	（3.15）
样本量	210	210	210	210	210

注：*** 、** 、* 分别表示在 1%、5% 和 10% 水平下显著，括号内为 z 值。

第一，基础设施投入对绿色发展中低水平省份有不显著的正向效应，对高水平省份有显著的弱负向效应。回归结果显示，基础设施投入的系数估计值在 10% 水平下为 −0.013，表明其对全国绿色发展水平有显著的负向效应。分位数回归结果显示，绿色发展中低水平（50% 分位数水平及以下）省份基础设施投入的系数估计值分别为 0.076、0.081、0.08，绿色发展高水平省份的系数估计值在 5% 水平下为 −0.05，表明基础设施投入对绿色发展中低水平省份有不显著的正向效应，对绿色发展高水平省份有显著的轻微负向效应，且负向效应渐趋显著。

第二，研发投入对绿色发展水平有显著的正向效应。回归结果显示，研发投入的系数估计值在 1% 水平下为 0.092，表明研发投入对全国绿色发展水平具有显著的正向效应；随着分位点的升高，系数估计值从 0.061 逐步上升至 0.12，且均在 1% 水平下显著，表明研发投入对绿色发展水平的正向效应也逐步递增，说明绿色发展水平越高的省份，研发投入对绿色发展水平提升的贡献越大。

第三，应用投入对绿色发展水平没有显著影响。回归结果显示，应用投入在全国范围对绿色发展水平的影响皆不显著，其对绿色发展水平是否具有正向影响无法证实。

第四，在控制变量中，环境治理投资对绿色发展水平有正向效应，在绿色发展中等水平地区为显著；产业结构对绿色发展水平具有显著的负向效应，且这种负向效应在绿色发展高水平省份为显著；能源结构对绿色发展水平有显著的负向效应，且随着绿色发展水平的上升逐渐加强。

9.2.3.3 区域维度模型求解

我国东、中、西部地区之间的绿色发展水平有较大差异,部分地区内部存在两极分化的情形,且不同地区在地理位置、生态禀赋、政策支持等方面不同,可能会影响数据资本对绿色发展水平的作用。因此,需要对东、中、西部地区分别进行固定效应分位数回归分析(见表9-10)。

第一,基础设施投入。东部地区的基础设施投入对绿色发展水平有显著正向效应,且随着分位数点由0.15升至0.75效应也逐步增强,与全国范围内的负向效应相反。中西部的基础设施投入对绿色发展水平有反向效应,中部绿色发展水平在0.5分位点以下的省份,基础设施投入的反向效应为显著;西部绿色发展水平在0.5分位点以上的省份,基础设施投入也有显著反向效应。

第二,研发投入。东部地区的研发投入对绿色发展水平有显著的正向效应,且对位于不同分位点的省份没有明显差异,表明在整个东部地区研发投入均显著提升绿色发展水平。中部地区整体和位于0.5分位点及以下的省份,研发投入也显著提升了绿色发展水平,但贡献率低于东部地区。西部地区的研发投入对绿色发展水平没有显著影响。

第三,应用投入。东部地区的应用投入对绿色发展水平有显著正向效应,但随着分位数点的上升呈现先减小后增大的现象。中部地区的应用投入对绿色发展水平没有显著影响。西部地区的应用投入对绿色发展低水平的省份有显著反向效应,对绿色发展高水平的省份有显著正向效应。

表9-10 数据资本影响东中西部绿色发展水平的固定效应分位数回归结果

地区	变量	(1)	(2)	(3)	(4)	(5)
		OLS	0.15	0.35	0.50	0.75
东部地区	lnBasic	0.347 ***	0.290 ***	0.396 ***	0.437 ***	0.439 **
		(5.29)	(3.43)	(3.94)	(3.76)	(2.60)
	lnR&D	0.106 ***	0.099 **	0.108 ***	0.093 **	0.116 ***
		(4.63)	(2.15)	(3.29)	(2.56)	(2.82)
	lnApply	0.053 **	0.081	0.064 *	0.061 **	0.070 *
		(2.59)	(1.28)	(1.71)	(2.04)	(1.78)
	控制变量	控制	控制	控制	控制	控制
	常数项	0.031	0.869	−0.113	−0.162	−0.506
		(0.05)	(0.70)	(−0.11)	(−0.14)	(−0.32)
	样本量	77	77	77	77	77

地区	变量	（1）OLS	（2）0.15	（3）0.35	（4）0.50	（5）0.75
中部地区	lnBasic	−0.242 ***	−0.219 *	−0.198 *	−0.214	−0.309
		（−2.77）	（−1.76）	（−1.82）	（−1.33）	（−1.44）
	lnR&D	0.078 ***	0.049 *	0.054 *	0.059 *	0.068
		（4.08）	（1.83）	（1.88）	（1.68）	（1.45）
	lnApply	−0.068	−0.011	−0.090	−0.054	−0.134
		（−1.47）	（−0.22）	（−1.90）	（−0.96）	（−1.58）
	控制变量	控制	控制	控制	控制	控制
	常数项	7.047 ***	5.666 ***	7.530 ***	7.005 ***	9.766 ***
		（7.69）	（4.13）	（7.43）	（4.51）	（4.22）
	样本量	56	56	56	56	56
西部地区	lnBasic	−0.234 **	0.144	0.080	−0.068	−0.464 ***
		（−2.42）	（1.22）	（0.85）	（−0.36）	（−3.00）
	lnR&D	−0.006	−0.007	0.004	−0.001	−0.015
		（−0.25）	（−0.43）	（0.24）	（−0.06）	（−0.78）
	lnApply	0.003	−0.062 ***	−0.070 ***	−0.029	0.068 **
		（0.12）	（−3.00）	（−3.71）	（−0.67）	（2.12）
	控制变量	控制	控制	控制	控制	控制
	常数项	8.524 ***	5.479 ***	6.364 ***	7.201 ***	9.816 ***
		（9.15）	（5.40）	（7.82）	（4.53）	（7.25）
	样本量	77	77	77	77	77

注：*** 、** 、* 分别表示在1%、5%和10%水平下显著，括号内为 z 值。

9.2.3.4　驱动方向拆解分析

对数据资本的三级指标和绿色发展水平的二级指标进行分位数回归，以绿色发展水平的二级指标为被解释变量，以数据资本的三级指标为解释变量，同时估计三个分位点 t ＝（0.25，0.5，0.75）以反映绿色发展的高、中、低三种不同水平。为判断回归模型的拟合效果，选用 R^2 统计量评价线性回归模型解释的目标变量变化比例。当 $0.1 < R^2 \leqslant 0.3$ 时，被解释变量与解释变量弱相关；当 $0.3 < R^2 \leqslant 0.5$ 时，两者为中等相关；当 $0.5 < R^2 \leqslant 1$ 时，两者为强相关。

第一，数据资本对经济增长水平的影响。数据资本与经济增长不同分位水平下参数估计结果(见表 9 - 11)显示,计算机、通信及电子设备 R&D 经费,软件产品投入,信息传输、软件和信息技术行业人员薪资对经济增长均具有显著正向效应,计算机、通信及电子设备新产品开发经费只对经济增长中高水平地区具有显著正向效应,三个分位点下的回归 R^2 分别为 0.686、0.779、0.848,表明数据资本与经济增长水平相关性较高,说明随着经济水平上升数据资本对经济增长的驱动效应越来越强。

表 9 - 11　数据资本影响经济增长水平的分位数回归结果

	分位数 0.25	分位数 0.50	分位数 0.75
常数	0.027 **	0.031 **	0.033 **
	(13.286)	(20.489)	(26.894)
计算机、通信及电子设备 R&D 经费	0.251 **	0.217 **	0.274 **
	(6.257)	(8.775)	(14.046)
信息传输、软件和信息技术固定资产投入	0.024	0.009	−0.026
	(0.469)	(0.261)	(−0.930)
科学技术研究固定资产投入	0.141 **	0.076 *	0.074 *
	(−2.927)	(−2.101)	(−2.399)
软件产品投入	0.029 **	0.020 *	0.017 *
	(3.528)	(2.304)	(2.278)
信息技术服务投入	0.010	0.003	0.017
	(0.599)	(0.270)	(1.661)
嵌入式系统投入	−0.009	−0.016 *	−0.003
	(−0.772)	(−2.320)	(−0.527)
信息传输、软件和信息技术行业人员薪资	0.019 *	0.024 **	0.027 **
	(2.297)	(3.920)	(4.714)
科学技术研究行业人员薪资	−0.011	−0.010	−0.019 *
	(−1.354)	(−1.527)	(−2.567)
计算机、通信及电子设备新产品开发经费	0.072	0.113 **	0.067 **
	(1.726)	(4.743)	(3.958)
R^2	0.686	0.779	0.848

注:*** 、** 、* 分别表示在1%、5%和10%水平下显著,括号内为 z 值。

　　第二,数据资本对环境承载能力的影响。数据资本与环境承载能力不同分位水平下参数估计结果(见表 9‑12)显示,三个分位点下的回归 R^2 分别为 0.064、0.094、0.094,均位于 0.1 以下,表明数据资本与环境承载能力水平不相关,说明数据资本对环境承载能力没有影响。

表 9‑12　数据资本影响环境承载能力的分位数回归结果

	分位数 0.25	分位数 0.50	分位数 0.75
常数	0.018 ** (4.098)	0.034 ** (7.178)	0.104 ** (3.683)
计算机、通信及电子设备 R&D 经费	−0.326 ** (−4.118)	−0.231 ** (−2.955)	−0.408 (−1.071)
信息传输、软件和信息技术固定资产投入	0.034 (0.354)	0.058 (0.513)	0.381 (0.612)
科学技术研究固定资产投入	0.252 * (2.444)	0.191 (1.669)	−0.060 (−0.098)
软件产品投入	−0.023 (−0.642)	−0.053 (−1.907)	−0.113 (−0.671)
信息技术服务投入	−0.028 (−0.860)	−0.032 (−1.017)	−0.058 (−0.279)
嵌入式系统投入	0.020 (0.641)	−0.001 (−0.051)	−0.098 (−0.929)
信息传输、软件和信息技术行业人员薪资	0.010 (0.502)	−0.025 (−1.289)	−0.059 (−0.655)
科学技术研究行业人员薪资	0.035 (1.682)	0.034 (1.617)	0.072 (0.744)
计算机、通信及电子设备新产品开发经费	0.346 ** (5.190)	0.378 ** (5.005)	0.684 (1.727)
R^2	0.064	0.094	0.094

注:***、**、* 分别表示在 1%、5% 和 10%水平下显著,括号内为 z 值。

第三,数据资本对政府政策强度的影响。数据资本与政府政策强度不同分位水平下参数估计结果(见表 9‑13)显示,三个分位点下的回归 R^2 分别为 0.504、0.532、0.545,均处于 0.5 与 1 之间,表明数据资本与政府政策强度为强相关,说明数据资本对政府政策强度影响较大,且不会随着政府政策强度水平的变化而产生差异。

表 9-13　数据资本影响政府政策强度的分位数回归结果

	分位数 0.25	分位数 0.50	分位数 0.75
常数	0.040 **	0.048 **	0.061 **
	(18.536)	(25.833)	(25.557)
计算机、通信及电子设备 R&D 经费	0.036	0.018	0.005
	(1.071)	(0.591)	(0.106)
信息传输、软件和信息技术固定资产投入	−0.027	0.019	0.137 *
	(−0.495)	(0.442)	(2.417)
科学技术研究固定资产投入	0.078	0.048	−0.038
	(1.484)	(1.080)	(−0.628)
软件产品投入	−0.001	0.003	−0.002
	(−0.119)	(0.262)	(−0.184)
信息技术服务投入	0.009	0.006	−0.001
	(0.543)	(0.473)	(−0.042)
嵌入式系统投入	0.015	0.011	0.007
	(1.674)	(1.254)	(0.507)
信息传输、软件和信息技术行业人员薪资	0.040 **	0.044 **	0.025 **
	(5.082)	(5.925)	(2.690)
科学技术研究行业人员薪资	0.001	0.008	0.018
	(0.129)	(0.996)	(1.435)
计算机、通信及电子设备新产品开发经费	0.026	0.022	0.039
	(0.677)	(0.742)	(1.040)
R^2	0.504	0.532	0.545

注：***、**、* 分别表示在 1%、5% 和 10% 水平下显著，括号内为 z 值。

9.2.4　内生性检验

通过构建分位数回归模型进行分析，可以发现数据资本对绿色发展水平的多元化影响。但是，基准回归模型 OLS 回归可能存在内生性问题，继而导致回归偏误。内生性问题主要来源于两个层面：一是遗漏变量，尽管已尽可能地控制了影响绿色发展水平的相关变量，但依然可能存在遗漏变量导致的内生性偏差;二是双向因果,实证表明数据资本对绿色发展水平存在显著影响,同样地,绿色发展水平也可能反过来影响数据资本投入。因此,通过以下方法处理:

第一,高阶固定效应。回归模型中控制时间与个体的双向固定效应是一种常规方法,在控制内生性问题上较为"柔性",故在进行固定效应与随机效应选择时,通过 Hausman 检验采用"时间 * 省域"的高阶联合固定效应模型。

第二,工具变量。选用"嵌入式系统软件投入"作为工具变量进行 2SLS 回归,其理论逻辑在于嵌入式系统较多应用于数字图像压缩技术、信息系统安全等,且此类投入不太可能对绿色发展水平产生直接影响,满足工具变量的相关性及外生性原则。

在进行内生性检验时,考虑到传统的 Hausman 检验无法精准判断检验对象为变量内生性还是系数矩阵差异性,故采用杜宾吴豪斯曼(DWH)检验,其原假设 H0:解释变量为外生变量,若 p 值大于 5% 显著性水平,则表示无法拒绝原假设,即模型不具有内生性。应用 Stata 15.0 软件计算得到内生性检验结果(见表 9-14)显示,稳健得分 chi2(1)为 0.13526,对应 p 值为 0.7104>0.05;鲁棒回归 F(1,202)的值为 0.126294,对应的 p 值为 0.7385>0.05,表明没有充分的证据证明模型具有内生性,说明回归结果是可靠的。

表 9-14　数据资本影响绿色发展的 DWH 内生性检验结果表

统计量	统计值	P-value
Robust score chi2(1)	0.13526	0.7104
Robust regression F(1,202)	0.126294	0.7385

9.3　基于面板门槛模型的非线性效应分析

数据资本总体对绿色发展具有明显的驱动作用,但各地区在基础设施投入、研发投入、应用投入方面存在较大的异质性,数据资本对绿色发展水平的影响可能存在以某变量为调节因子的非线性关系,即调节因子处于不同区间,数据资本对绿色发展水平的影响可能存在差异。因此,采用面板门槛模型识别各门槛变量的调节作用,以检验数据资本与绿色发展水平之间的非线性关系。

9.3.1　面板门槛模型构建

面板门槛回归模型可以准确估计门槛值,并对门槛效应进行显著性检验。其基本形式为:

$$y_{it} = u_i + x_{it}\beta_1 \cdot I(q_{it} \leqslant \gamma) + x_{it}\beta_2 \cdot I(q_{it} > \gamma) + \varepsilon_{it}$$

（式 9 - 9）

式中,y_{it} 为被解释变量,x_{it} 为解释变量,i 表示个体标签 $i = (1, 2, \cdots, n)$,t 表示每个个体的年份,q_{it} 为模型的门槛变量,γ 为门槛值;$I(*)$ 为示性函数,如果括号内表达为真时取值为 1,反之则取值为 0。根据门槛变量与门槛值的相对大小关系,当 β_1 与 β_2 不一致时,模型可分为两段:

$$y_{it} = \begin{cases} u_i + x_{it}\beta_1 + \varepsilon_{it}, q_{it} \leqslant \gamma \\ u_i + x_{it}\beta_2 + \varepsilon_{it}, q_{it} > \gamma \end{cases}$$

（式 9 - 10）

分别将基础设施投入（$Basic_{it}$）、研发投入（$R\&D_{it}$）、应用投入（$Apply_{it}$）作为门槛变量,构建以下包含控制变量的门槛回归模型。

模型Ⅰ（基础设施投入为门槛变量）:

$$Green_{it} = \alpha_0 + \beta_{11}Basic_{it} \cdot I(Basic_{it} \leqslant \gamma_1) + \beta_{12}Basic_{it} \cdot I(Basic_{it} > \gamma_1) + \beta_2 R\&D_{it} + \beta_3 Apply_{it} + \beta_4 EPI_{it} + \beta_5 Industry_{it} + \beta_6 EC_{it} + \varepsilon_{it}$$

（式 9 - 11）

模型Ⅱ（研发投入为门槛变量）:

$$Green_{it} = \alpha_0 + \beta_1 Basic_{it} + \beta_{21} R\&D_{it} \cdot I(R\&D_{it} \leqslant \gamma_2) + \beta_{22} R\&D_{it} \cdot I(R\&D_{it} > \gamma_2) + \beta_3 Apply_{it} + \beta_4 EPI_{it} + \beta_5 Industry_{it} + \beta_6 EC_{it} + \varepsilon_{it}$$

（式 9 - 12）

模型Ⅲ（应用投入为门槛变量）:

$$Green_{it} = \alpha_0 + \beta_1 Basic_{it} + \beta_2 R\&D_{it} + \beta_{31} Apply_{it} \cdot I(Apply_{it} \leqslant \gamma_3) + \beta_{32} Apply_{it} \cdot I(Apply_{it} > \gamma_3) + \beta_4 EPI_{it} + \beta_5 Industry_{it} + \beta_6 EC_{it} + \varepsilon_{it}$$

（式 9 - 13）

9.3.2　门槛效应检验

为确保模型估计的准确性,先对变量门槛效应进行检验。采用自抽样法（Bootstrap）确定各门槛变量对应的门槛个数,对样本数据单一门槛、双重门槛和三重门槛分别反复抽样 300 次。为防止极端值的影响,将门槛变量的搜索范围控制在 5% 至 95% 分位数之间,应用 Stata 软件计算,结果

（见表 9‐15）显示，当以基础设施投入为门槛变量时，单一门槛 p 值为
0.068，通过了 10%水平下显著性检验，双重门槛和三重门槛没有通过显著
性检验，表明以基础设施投入为门槛变量时适用于单一门槛模型；当以研
发投入为门槛变量时，单一门槛 p 值为 0.077，通过了 10%水平下显著性
检验，双重门槛和三重门槛没有通过显著性检验，表明以研发投入为门槛
变量时亦适用于单一门槛模型；当以应用投入为门槛变量时，其门槛效应
不显著，表明应用投入对绿色发展水平的影响程度不随数据资本投入的增
加而改变。

表 9‐15　数据资本影响绿色发展的门槛效应自抽样检验结果

	门槛变量	门槛类型	F 统计量	p 值	临界值		
					10%	5%	1%
模型 Ⅰ	基础设施投入 ($Basic_{it}$)	单一门槛 Single	20.560	0.068 *	19.329	23.343	36.163
		双重门槛 Double	20.590	0.130	24.780	37.329	58.352
		三重门槛 Triple	13.900	0.393	38.350	49.343	70.632
模型 Ⅱ	研发投入 ($R\&D_{it}$)	单一门槛 Single	20.960	0.077 *	19.280	23.066	30.347
		双重门槛 Double	18.050	0.190	24.890	31.221	41.188
		三重门槛 Triple	17.210	0.423	33.711	42.427	54.488
模型 Ⅲ	应用投入 ($Apply_{it}$)	单一门槛 Single	14.160	0.327	20.679	25.496	41.205
		双重门槛 Double	12.110	0.217	15.874	18.686	24.873
		三重门槛 Triple	9.820	0.323	17.849	29.480	47.838

注：F 统计量、p 值临界值均是通过 Bootstrap 方法反复抽样（300 次）模拟得出，***、
**、* 分别表示在 1%、5%和 10%水平下显著。

在确定样本数据和变量适用的门槛模型后,对其门槛变量的门槛值进行确定,并检验门槛值的置信区间(见表9-16),当门槛变量为基础设施投入、研发投入时,其门槛估计值分别为10.137、10.579。

表9-16　数据资本影响绿色发展的门槛估计值及置信区间

门槛变量	门槛类型	门槛值	95%置信区间
基础设施投入($Basic_{it}$)	单一门槛	10.137	(10.099,10.155)
研发投入($R\&D_{it}$)	单一门槛	10.579	(10.543,10.661)

为了检验门槛估计值的真实性,应用 Stata 软件分别绘制三个门槛变量在95%置信区间下的似然比函数图(见图9-3)。根据门槛模型原理,门槛估计值是似然比统计量 LR 趋近于0时对应的 γ 值,其中 LR 统计量最低点对应的横轴值为真实门槛值,虚线表示5%临界线。由于两个门槛变量对应的 LR 值均明显低于临界线,且最低点的横轴值与门槛估计值相近,故可认为上述门槛估计结果真实有效。

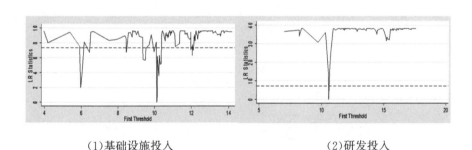

(1)基础设施投入　　　　　　　　(2)研发投入

图9-3　数据资本影响绿色发展的似然函数图

9.3.3　结果与分析

运用面板门槛估计方法,分别对基础设施投入、研发投入为门槛变量的门槛模型相关参数进行估计(见表9-17、表9-18),表明两者对绿色发展水平均存在显著的门槛效应。

第一,门槛变量为基础设施投入,其对绿色发展水平存在显著的单一门槛效应。当基础设施投入小于门槛值($Basic_{it} \leqslant 10.137$)时,系数估计值为0.128且在1%水平下通过显著性检验,表明基础设施投入对绿色发展水平有显著的正向效应。当跨过门槛值($Basic_{it} > 10.137$)后,系数估计值为-0.033且在1%水平下通过显著性检验,表明继续增加基础设施投入会产生抑制效果。因此,基础设施投入对绿色发展水平有明显的先扬后抑的作用,呈"倒U形"趋势。

第二,门槛变量为研发投入,其对绿色发展水平存在显著的单一门槛效应。当研发投入小于门槛值($R\&D_{it} \leqslant 10.579$)时,系数估计值为0.092且在1%水平下通过显著性检验,表明研发投入对绿色发展水平有显著的正向效应。当跨过门槛值($R\&D_{it} > 10.579$)后,系数估计值为-0.162且在1%水平下通过显著性检验,表明继续增加研发投入会产生抑制作用。因此,研发投入对于绿色发展水平也有明显的先扬后抑的作用,呈"倒U形"趋势。

表 9 - 17　数据资本影响绿色发展的门槛模型结果(门槛:基础设施投入)

变量	系数估计值	Prob.	95%置信区间	
R&D	-0.184 ***　(-7.490)	0.000	-0.233	-0.136
Basic・1(Basic$\leqslant$ 10.137)	0.128 ***　(3.560)	0.000	0.057	0.200
Basic・1(Basic$>$ 10.137)	-0.033 ***　(-1.130)	0.000	-0.09	-0.025
Apply	-0.005　(-0.480)	0.631	-0.025	0.015
industry	-0.001　(-0.580)	0.565	-0.000	0.000
EPI	0.002　(0.310)	0.757	-0.009	0.013
EC	-1.154 ***　(-12.950)	0.000	-1.330	-0.978
常数项	0.329 ***　(109.230)	0.000	0.323	0.335
Prob(F)	0			

注:*** 、** 、* 分别表示在1%、5%和10%水平下显著,括号内为z值。

表 9-18 数据资本影响绿色发展的门槛模型结果(门槛:研发投入)

变量	系数估计值	Prob.	95%置信区间	
Basic	−0.065 ***	0.026	−0.121	−0.008
	(−2.250)			
R&D · 1(R&D≤ 10.579)	0.092 ***	0.000	0.027	0.183
	(2.510)			
R&D · 1(R&D> 10.579)	−0.162 ***	0.000	−0.214	−0.11
	(−6.170)			
Apply	−0.011	0.273	−0.031	0.009
	(−1.100)			
industry	−0.001	0.207	−0.001	0.000
	(−1.270)			
EPI	0.006	0.314	−0.005	0.017
	(1.010)			
EC	−1.255 ***	0.000	−1.435	−1.074
	(−13.700)			
常数项	0.329 ***	0.000	0.323	0.335
	(110.790)			
Prob(F)	0			

注:*** 、** 、* 分别表示在 1%、5%和 10%水平下显著,括号内为 z 值。

9.4 实证分析的初步结论

以上从经济增长水平、环境承载能力和政府政策强度 3 个方面,对中国绿色发展水平进行综合评价,在此基础上以绿色发展水平为被解释变量,以数据资本的主成分为核心解释变量,以环境治理投资、能源结构和产业结构为控制变量,利用 2013—2019 年的省级面板数据,通过空间计量模型等方法分析数据资本对绿色发展的影响。

第一,数据资本对绿色发展具有多元化驱动效应。数据资本的不同方面对绿色发展的驱动效应有明显差异,基础设施投入对绿色发展中低水平地区有不显著的正向效应,对高水平地区有显著的弱负面影响;研发投入对绿色发展水平有显著的正向效应;应用投入对绿色发展水平没有显著影响。数据资本对绿色发展不同方面的驱动效应也有明显差异,对经济增长的驱动效应随着经济水平的上升越来越强,对政府政策有较强的稳定影响,对环境承载能力的影响很小。

第二,数据资本对绿色发展的影响具有地区异质性。东部地区各省份基础设施投入对绿色发展水平有显著的正向效应,中西部基础设施投入有显著的负向效应;研发投入对东部地区整体、中部地区绿色发展低水平省份有显著的正向效应,对西部的绿色发展水平没有显著影响。

第三,基础设施投入和研发投入对绿色发展具有"先扬后抑"的单一门槛效应,呈明显"倒 U 形"趋势。因此,在基础设施投入和研发投入上,初期要进行大力度投入以达到绿色发展的要求,投入具有一定规模后要把握节奏,避免过度投入造成资源浪费。

10 数据资本对开放发展的驱动效应

为了验证数据资本对开放发展的推动作用,根据开放发展理念的要求,从主动开放、双向开放、全面开放和共赢开放 4 个方面,对中国开放发展进行水平测度,在此基础上利用 2013—2019 年的省级面板数据,以开放发展水平为被解释变量,以数据资本为解释变量,分析数据资本对开放发展水平的影响,论证表明数据资本对开放发展具有显著的驱动效应。

10.1 中国开放发展水平测度

10.1.1 指标体系构建

10.1.1.1 指标初选

根据开放发展理念的科学内涵,参考开放发展的理论分析和国际经验,遵循统计分析的基本原则,以下从主动开放、双向开放、全面开放和共赢开放 4 个方面,进行开放发展水平测度指标的初选。

第一,主动开放。主动开放需要一定的基础条件,主要包括基础设施、商务成本和生态环境。基础设施指标选取人均道路拥有量、长途光缆线路长度密度、互联网宽带接入端口和国际互联网使用率。商务成本指标选取在岗职工平均工资、工业用水用电成本指数和房价收入比。生态环境指标选取单位 GDP 二氧化硫排放量、建成区绿化覆盖率和工业废气治理设施处理能力。

第二,双向开放。党的十九大强调坚持引进来和走出去并重,促进双向开放发展。"引进来"指标选取进口总额、实际利用外资总额、对外承包工程完成额和国际旅游外汇收入。"走出去"指标选取出口总额、高技术产品出口比重、对外直接投资额和对外非金融投资额。

第三,全面开放。全面开放主要从结构优化、发展质量和经济增长角度考察。结构优化指标选取服务业增加值比重和固定资产投资额。发展质量指标选取财政收入占 GDP 比重和国内旅游收入。经济增长指标选取人均 GDP、货运量和社会消费品零售总额。

第四,共赢开放。实行开放发展的目标之一就是在合作中达到求同存异、互利共赢,主要包括财政和税收、人才培养、R&D 投入和产出,以及文化交流。财政和税收指标选取税收总额和一般公共预算。人才培养指标选取人均教育经费投入、普通高等学校数量和教育公共预算支出。R&D 投入和产出指标选取万人 R&D 全时当量、R&D 经费投入强度、万人专利授权数、高技术产业新产品销售收入和技术市场成交额。文化交流指标选取对外交流项目数和对外交流活动参与人员数等。

10.1.1.2　数据来源

中国开放发展水平测度的数据,主要来自国家统计局和《中国统计年鉴》《中国商务年鉴》《中国科技统计年鉴》《国际统计年鉴》等,包括 30 个省(市、自治区)2009—2019 年的数据,不含西藏、香港、澳门、台湾等地区的数据。

对部分缺失数据,采用平滑法进行填补。

10.1.1.3　指标筛选

同一指标体系中,指标之间的重叠性即指标出现冗余,会造成分析结果失真,故需对初选指标进行筛选以降低冗余度,以保证指标体系的科学性。采用因子分析方法,将经过标准化处理的数据采用 KMO 和 Bartlett 方法进行检验,结果(见表 10 - 1)显示指标筛选前 KMO 度量值为 0.605,通过检验。出于精确度考虑,根据相关系数表将相关性差的指标进行剔除,包括人均道路拥有量、国际互联网用户率、货运量等。指标筛选后 KMO 度量值为 0.886,远高于 0.605,且在 Bartlett 球形度检验上 p 值为 0.000,通过了显著性水平检验。因此,第二次检验结果表明筛选后的指标适合进行水平测度。

表 10 - 1　开放发展水平评价指标的 KMO 和 Bartlett 检验

	Bartlett 的球形度检验	
指标筛选前	取样足够度的 Kaiser-Meyer-Olkin 度量	0.605
	近似卡方 20820.868	
	df741	
	Sig.000	

	Bartlett 的球形度检验	
指标筛选后	取样足够度的 Kaiser-Meyer-Olkin 度量	0.886
	近似卡方 14570.486	
	df325	
	Sig.000	

表 10‐2　开放发展水平评价指标体系

一级指标	二级指标	三级指标		三级指标权重
开放发展水平	主动开放（0.21271）	基础设施（0.08363）	互联网宽带接入端口	0.04081
			水电气供应能力	0.04282
		商务成本（0.12908）	劳动力成本	0.04241
			生产成本	0.04396
			土地成本	0.04271
	双向开放（0.22610）	引进来（0.15387）	进口总额	0.03607
			实际利用外资总额	0.04029
			国际旅游外汇收入	0.03841
			对外承包工程完成额	0.03910
		走出去（0.07223）	出口总额	0.03582
			对外非金融投资额	0.03641
	全面开放（0.24905）	结构优化（0.08477）	服务业增加值占 GDP 比重	0.04305
			固定资产投资完成额	0.04172
		发展质量（0.08061）	财政收入占 GDP 的比重	0.03937
			国内旅游收入	0.04124
		经济增长（0.08367）	人均 GDP	0.04247
			社会消费品零售总额	0.04120
	共赢开放（0.31214）	财政税收（0.04110）	税收总额	0.04110
		人才培养（0.08525）	普通高等学校数量	0.04293
			教育公共预算支出	0.04232
		R&D 投入（0.03987）	万人 R&D 全时当量	0.03987
		R&D 产出（0.07302）	万人专利授权数	0.03723
			高技术产业产品销售收入	0.03579
		文化交流（0.07290）	对外文化交流活动项目数	0.03684
			交流活动参与交流人员数	0.03606

10.1.1.4　指标权重设置

第一,数据预处理。对各指标的测度数据采用极差法进行标准化处理,以消除各指标在数量级和量纲上的差异。标准化计算公式为:

$$Y_{ij} = \begin{cases} \dfrac{X_{ij} - \min(X_{ij})}{\max(X_{ij}) - \min(X_{ij})}, & X_{ij} \text{是正向指标;} \\ \dfrac{\max(X_{ij}) - X_{ij}}{\max(X_{ij}) - \min(X_{ij})}, & X_{ij} \text{是负向指标;} \end{cases} \quad (\text{式 } 10\text{-}1)$$

第二,指标体系权重确定。采用熵权 Topsis 法对筛选后的指标计算权重,形成开放发展水平评价指标体系(见表 10-2)。在二级指标上,主动开放指标的权重为 21.27%,双向开放指标为 22.61%,全面开放指标为 24.91%,共赢开放指标为 31.21%,总体均衡略有差异。在三级指标上,25 个三级指标的权重均在 4%左右,分布较为均衡。

10.1.2　测度结果与分析

采用熵权 Topsis 法对 2009—2019 年中国开放发展进行水平测度,结果(见表 10-3)显示:全国及 30 个省(市、自治区)的开放发展水平均呈上升趋势,但各省份之间有明显差异。

表 10-3　代表性年度开放发展水平综合得分表

地区	2009		2013		2016		2019		年均增长率	排序
	得分	排序	得分	排序	得分	排序	得分	排序		
北京	0.1619	4	0.2237	6	0.2692	6	0.3010	6	0.0727	24
天津	0.1165	9	0.1523	11	0.2092	7	0.1624	17	0.0752	23
河北	0.1005	14	0.1361	14	0.1669	12	0.1988	12	0.0930	15
山西	0.0808	20	0.0954	24	0.1072	23	0.1343	21	0.0830	20
内蒙古	0.0770	24	0.0973	22	0.1054	25	0.1219	25	0.0956	13
辽宁	0.1173	8	0.1785	7	0.1373	15	0.1514	20	0.0458	30
吉林	0.0712	27	0.0883	26	0.0994	26	0.1223	24	0.0975	12
黑龙江	0.0771	23	0.0972	23	0.1056	24	0.1167	26	0.0723	25
上海	0.1897	3	0.3173	3	0.3128	3	0.3013	5	0.0698	26
江苏	0.2196	2	0.3231	2	0.3813	2	0.4325	2	0.0796	22
浙江	0.1449	7	0.2280	5	0.2886	5	0.3465	3	0.1001	9

地区	2009		2013		2016		2019		年均增长率	排序
	得分	排序	得分	排序	得分	排序	得分	排序		
安徽	0.0917	16	0.1327	15	0.1626	13	0.1979	13	0.0915	16
福建	0.0954	15	0.1372	13	0.1731	10	0.2079	10	0.0947	14
江西	0.0795	21	0.1051	20	0.1345	16	0.1714	15	0.1055	6
山东	0.1502	6	0.2328	4	0.3009	4	0.3342	4	0.0877	18
河南	0.1006	13	0.1555	10	0.2017	8	0.2402	8	0.1035	8
湖北	0.1041	11	0.1408	12	0.1706	11	0.2105	9	0.0999	10
湖南	0.0891	17	0.1249	16	0.1572	14	0.2060	11	0.0993	11
广东	0.2983	1	0.4709	1	0.6200	1	0.5638	1	0.0905	17
广西	0.0737	25	0.0933	25	0.1174	20	0.1580	18	0.1084	4
海南	0.0857	18	0.0859	27	0.0887	28	0.1074	27	0.0583	28
重庆	0.0785	22	0.1098	19	0.1297	18	0.1715	14	0.1121	3
四川	0.1151	10	0.1623	9	0.1945	9	0.2571	7	0.1080	5
贵州	0.0686	28	0.0845	28	0.1072	22	0.1570	19	0.1202	2
云南	0.1564	5	0.1682	8	0.0892	27	0.1023	28	0.1046	7
陕西	0.0850	19	0.1106	18	0.1286	19	0.1629	16	0.0867	19
甘肃	0.0663	29	0.0749	29	0.0866	29	0.0955	29	0.0796	21
青海	0.1016	12	0.1212	17	0.1299	17	0.1275	22	0.0488	29
宁夏	0.0644	30	0.0702	30	0.0765	30	0.0884	30	0.2036	1
新疆	0.0717	26	0.1020	21	0.1094	21	0.1225	23	0.0602	27

第一，2009—2019 年中国开放发展水平逐年上升。2019 年全国开放发展水平的得分为 0.2024，较 2009 年上升 82.18%；不同年度的上升幅度有明显差异，但总体呈稳定上升的态势。

第二，广东、江苏、上海、山东和北京排名长期稳定在前列。2009—2019 年，广东连续 11 年为第 1 名，江苏稳定在第 2 名，上海除 2012 年排第 6 名外其余均稳定在前 5 名，山东除 2009 年排第 6 名外其他年份在第 4 名、第 5 名，北京排名均为前 6 名。

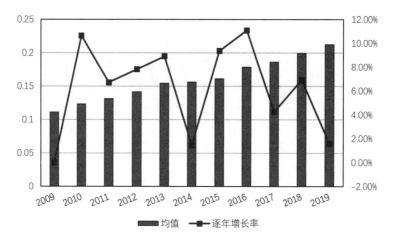

图 10 - 1 2009—2019 年开放发展水平均值及增速图

第三,宁夏、贵州、重庆、广西和四川的开放发展水平上升幅度较大,其中四川在 2019 年的排名已列前 7 名。天津、辽宁、海南、云南和青海的开放发展水平排名总体呈下降趋势,宁夏、甘肃和海南排名长期靠后,其中宁夏排名均在末位但年均增长率排首位。

10.1.3 聚类分析

应用 SPSS 18.0 软件对二级指标变量进行系统聚类,结果(见表 10 - 4)显示山西、内蒙古、吉林等 13 个省份聚合为一类,天津、河北、辽宁等 11 个省份聚为一类,广东、北京、上海等 6 个省份聚为一类。

第一类,开放发展优越型省份。北京、上海、江苏、浙江、山东和广东的得分排名靠前,在各二级指标上总体表现均衡,排名较为稳定。该类别拥有良好的经济、科技和文化基础,产业优势明显、科技实力较强、开放意识浓厚、地理交通条件优越,开放发展水平位居全国前列。

第二类,开放发展平庸型省份。天津、河北和辽宁等省份总体有较好的经济基础,正处于高速发展阶段,对提升开放发展水平有迫切需求,但与开放发展前沿省份还有一定距离。

第三类,开放发展落后型省份。该类别在开放发展上与其他省份存在明显差距,在开放发展的某一方面、某一层面存在"木桶效应"。

表 10 - 4　开放发展水平的聚类结果表

类别	地区
优越型	北京、上海、江苏、浙江、山东、广东
平庸型	天津、河北、辽宁、安徽、福建、河南、湖北、湖南、四川、云南、青海
落后型	山西、内蒙古、吉林、黑龙江、江西、广西、海南、重庆、贵州、陕西、甘肃、宁夏、新疆

对三类地区开放发展水平的二级指标进行分析,结果(见图 10 - 2)显示优越型地区在二级指标上均高于平庸型、落后型地区,优越型地区的各二级指标得分均在 0.51 左右且较稳定;平庸型地区的得分均低于 0.40,落后型地区的得分均低于 0.34,且各二级指标间差距较大。三类地区在双向开放指标上的差距最大,优越型地区得分是落后型地区的近 6 倍,是平庸型地区的近 2.9 倍,说明不同类型区域间的开放发展水平存在严重不平衡现象。

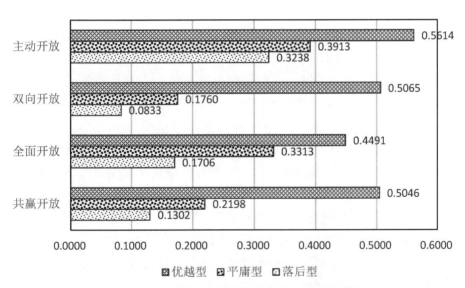

图 10 - 2　三类地区开放发展水平的二级指标差异

10.1.4　中国开放发展水平综合评价

第一,中国开放发展水平稳步上升,在 2016 年后上升速度加快。开放发展水平综合得分的年均增长率均为正数,各省份的开放发展水平均呈现良好的上升态势。2015 年 10 月,党的十八届五中全会提出开放发展理念,2016 年起开放发展水平明显提高。

第二,不同类型区域的开放发展水平差异较大,开放发展优越型地区的省份不仅总得分排名靠前,在各二级指标上总体表现均衡,开放发展水平不断上升;落后型地区的开放发展水平明显偏低。

第三,不同类型地区在双向开放指标上的差异最大,优越型地区的得分达到落后型地区的近 6 倍,是平庸型地区的近 2.9 倍。

10.2　数据资本影响开放发展的实证分析

10.2.1　变量说明和描述统计

10.2.1.1　数据来源

数据资本影响开放发展实证分析的数据,主要来源于国家统计局、中国统计信息网和《中国金融年鉴》《中国财政年鉴》等,包括 30 个省(市、自治区)2013—2019 年的数据,不含西藏、香港、澳门、台湾等地区的数据。

第一,对原始数据缺失值的处理,采用平滑法在 Excel 中完成。

第二,对客运量总计(pas)、涉外税收收入(tax)取对数处理,分别记为 lnpas、lntax,其余变量采用原始数据。

10.2.1.2　变量说明

被解释变量为开放发展水平,通过开放发展水平评估指标体系测度得到,能够比较全面地反映我国开放发展情况,故选择测度值作为被解释变量。

核心解释变量为数据资本,通过基础设施投入、研发投入、应用投入等 3 个二级指标的主成分分析选取(见 7.2.1 变量说明与描述统计)。

为使模型估计结果更加精确,选择交通基础设施、科技和教育水平、外资企业税负作为控制变量。

第一,选取客运量总计(记为 pas)测度交通基础设施水平。交通基础设施是一个国家或地区对外交流的基本条件,基础设施越完善,贸易成本越低,开放发展水平也会随之提高。RavnMO 和 MazzengaE 的研究表明,运输成本对两国间贸易福利有显著影响。① Behrens 认为交通条件是国际贸易的决定因素之一,拥有较好交通基础设施的国家经济更容易受益于国际贸易,取得区域经济的较快增长,良好的交通基础设施为国家和区域间的人员贸易往来提供便利。② 刘生龙和胡鞍钢在引力模型中引入交通条件的变量,证明交通基础设施的改进会对区域间贸易产生显著的正向作用。③

第二,选取技术市场成交比重(记为 tec)测度科技和教育水平。科技、教育能够提升对外贸易活动中的社会分工和合作水平,技术市场成交比重可以反映科技实力和开放发展潜力。

第三,选取涉外税收收入(记为 tax)测度外资企业税负。外资企业税负是指外资企业在本土投资所承担的各种税负之和,能够直接反映一个国家或地区对外商的开放程度,税负越低即贸易壁垒越小,表明开放程度越高。Garrett 和 Mitchell 研究发现,贸易壁垒小的国家或地区更容易吸收外商直接投资。④ 黄先海和杨高举认为本国开放度直接受到政府税收政策的影响。⑤

10.2.1.3　描述性统计

为消除异方差和多重共线性的影响,将数据资本的 3 个主成分取对数处理,结果(见表 10-5)显示:基础设施投入(lnx1)的最小值为 3.6447、最大值为 7.6721、标准差为 0.7600,研发投入(lnx2)的最小值为 3.6630、最大值为 14.7840、标准差为 2.0332,应用投入(lnx3)的最小值为 6.7098、最大值为18.4527、标准差为 2.3235,说明各省份之间数据资本分布不均衡,其中应用投入差异最大,其次为研发投入差异,基础设施投入差异最小。

此外,开放发展水平的最小值为 7.0247、最大值为 71.0222、均值为 17.8213,说明各省份的开放发展水平差异较大、发展不平衡。

① Ravn M O, Mazzenga E. International Business Cycles: The Quantitative Role of Transportation Costs[J].Journal of International Money and Finance,2004,23(4):645-671.

② Behrens K. International Integration and Regional Inequalities: How Important Is National Infrastructure? [J]. Manchester School,2011,79(5):952-971.

③ 刘生龙,胡鞍钢.交通基础设施与中国区域经济一体化[J].经济研究,2011,(3):72-82.

④ Garrett G, Mitchell D. Globalization, Government Spending and Taxation in the OECD [J]. European Journal of Political Research,2001,39(2):145-177.

⑤ 黄先海,杨高举,CEPA 的动态经济效应分析[C]//中国美国经济学会,广东外语外贸大学.改革开放三十年来中美经贸关系的回顾与展望.上海:上海社会科学院出版社,2008:530-544.

表 10 - 5　数据资本影响开放发展模型的变量描述性统计

变量名	均值	标准差	最小值	最大值
Y	17.8213	10.5178	7.0247	71.0222
lnx1	6.1074	0.7600	3.6447	7.6721
lnx2	11.1896	2.0332	3.6630	14.7840
lnx3	13.8885	2.3235	6.7098	18.4527
lnpas	10.7504	0.8843	7.2596	12.1051
tec	1.5756	2.7122	0.0188	16.0700
lntax	14.7875	1.6000	10.7665	18.0000

10.2.2　开放发展水平的探索性空间分析

考虑到开放发展水平可能存在空间依赖关系,在采用空间计量模型分析前需通过空间自相关检验,进行探索性空间分析。

10.2.2.1　空间权重矩阵

第一,邻接权重矩阵。该矩阵假设当不同省域之间接壤时,则可能发生空间交互作用。例如,若省份 i 与省份 j 接壤,则两者的权重系数为 1,否则为 0。邻接矩阵的定义为:

$$W_{ij} = \begin{cases} 1 & \text{省域 i 和省域 j 相邻} \\ 0 & \text{其他} \end{cases} (i \neq j) \qquad (式 10 - 2)$$

第二,反距离权重矩阵。该矩阵假设空间效应不只存在于接壤的相邻省份之间,有些省份即使不接壤但也互有空间效应,且两者之间的距离越靠近,空间效应越强。该矩阵弥补了邻接权重矩阵中仅以省份之间是否接壤来衡量空间效应的不足,公式为:

$$W_{ij} = \begin{cases} \dfrac{1}{d_{ij}} & i \neq j \\ 0 & i \neq j \end{cases} \qquad (式 10 - 3)$$

第三,嵌套权重矩阵。综合考虑现实情况,空间关联或依赖不只是取决于地理距离单个因素,各省份的经济发展、基础设施、文化交流、产业结构等因素都会导致省份之间产生空间效应。因此,嵌套权重矩阵将地理因素、经济因素相结合设置矩阵,其定义为:

$$W_{QT} = W_{ij} \cdot \text{diag}(X_1, X_2, \cdots, X_n) \qquad (式 10 - 4)$$

式中,W_{ij} 是式 10.3 的反距离权重矩阵,$\text{diag}(\cdots)$ 中的 X 采取各省份

的人均 GDP,其为对角矩阵。

10.2.2.2　全局自相关检验

为了验证各省份的开放发展水平不是随机分布,因此采用全局自相关检验进行证明。基于开放发展水平测度指标和数据,应用 Stata 15.0 软件计算全局 Moran's I 值,结果(见表 10-6)显示:2013—2019 年各省(市、自治区)开放发展水平的 Moran's I 值在 0.107 与 0.233 之间波动,表明开放发展水平在地理上呈现明显的集聚现象;整体 Moran's I 值呈 U 形特征,从 2013 年的 0.200、2014 年的 0.233,到 2018 年下降为 0.107,2019 年又上升到 0.141,表明各省份开放发展水平在空间上不是随机的;2013—2019 年开放发展水平的 Moran's I 值在 10%水平下均为显著,且 p 值小于 0.1,表明开放发展水平具有空间相关性;全局 Moran's I 值在 7 年间均为正值且通过显著性检验,表明各省份的开放发展水平具有较为显著的正相关性。

因此,在分析开放发展水平影响因素时需将空间影响因素纳入考虑范围,构建空间面板模型。

表 10-6　2013—2019 年全国开放发展水平的 Moran's I 统计值

年份	Moran's I	理论值	方差	Z 得分	p 值 *
2013	0.200 ***	−0.034	0.086	2.716	0.003
2014	0.233 ***	−0.034	0.089	3.003	0.001
2015	0.163 **	−0.034	0.084	2.349	0.009
2016	0.152 **	−0.034	0.082	2.267	0.012
2017	0.121 *	−0.034	0.080	1.936	0.026
2018	0.107 *	−0.034	0.078	1.801	0.036
2019	0.141 **	−0.034	0.089	1.984	0.024

注:***、**、* 分别表示在 1%、5%和 10%水平下显著。

10.2.2.3　局部自相关检验

全局 Moran's I 体现了空间自相关性的总体趋势,但无法对局部区域间的差异进行分析。因此,采用嵌套权重矩阵对各省份与周边省份之间的空间差异进行检验。

通过各年度局部 Moran's I 散点图分析,可将各省份开放发展水平的空间关联程度划分为 4 种类型:高—高(H-H)、高—低(H-L)、低—高(L-H)和低—低(L-L),其分布在四个象限,以反映不同的空间依赖关系。位于第一象限的 H-H 表示开放发展高水平省份被高水平省份包围,位于第二象限的 H-L 表示开放发展低水平省份被高水平省份包围,以此类推;其中,第二、第四象限的开放发展水平区域空间差异大。

2013 和 2019 年的局部 Moran's I 散点图(见图 10-3)显示,绝大部分的省份 2013 和 2019 年的观测值均在第一象限(H-H 型)和第三象限(L-L型),表明开放发展水平具有明显的"高高集聚"和"低低集聚"特征;对照 2019 年的全局 Moran's I 值较 2013 年明显下降,表明各省份开放发展水平的空间正向自相关性逐渐减弱,空间集聚特征下降。

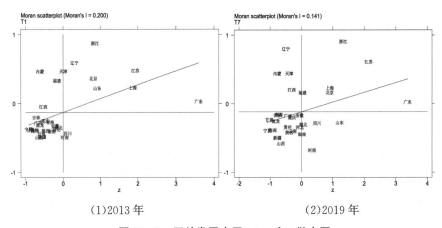

(1)2013 年　　　　　　　　　　(2)2019 年

图 10-3　开放发展水平 Moran's I 散点图

基于 2013 和 2019 年的 Moran's I 散点图,整理可得各省份开放发展水平的空间集聚形式(见表 10-7)。总体上,2013 和 2019 年均呈现 H-H集聚形式的省份大多属于东部地区,其中北京、上海、江苏和浙江一直属于 H-H 型,属于 L-L 型的多在中西部地区,两者均表现为正的空间自相关;属于 L-H、H-L 型的表示负的空间自相关,有天津、河南等省份。

一个非典型现象,即广东由 2013 年的 L-L 型转变成 2019 年的 H-H型,可能是广东省依托毗邻港澳的有利条件,专注于自身发展,对周围省份的正向溢出效应不明显,随着开放发展水平和总体实力的上升,对周围省份的开放发展的带动作用不断加强,在 2019 年呈现出 H-H 型集聚效应。

表 10 - 7 各省份开放发展水平空间集聚形式

城市	2013 年	2019 年	城市	2013 年	2019 年
北京	H-H	H-H	河南	H-L	H-L
天津	L-H	L-H	湖北	L-L	L-L
河北	L-L	L-L	湖南	L-L	L-L
山西	L-L	L-L	广东	L-L	H-H
内蒙古	L-H	L-H	广西	L-L	L-L
辽宁	H-H	L-H	海南	L-L	L-L
吉林	L-L	L-L	重庆	L-L	L-L
黑龙江	L-L	L-L	四川	H-L	H-L
上海	H-H	H-H	贵州	L-L	L-L
江苏	H-H	H-H	云南	L-L	L-L
浙江	H-H	H-H	陕西	L-L	L-L
安徽	L-L	L-L	甘肃	L-L	L-L
福建	L-H	L-H	青海	L-L	L-L
江西	L-H	L-H	宁夏	L-L	L-L
山东	H-H	H-L	新疆	L-L	L-L

10.2.3 数据资本影响开放发展水平的回归分析

通过莫兰指数分析可知,开放发展水平具有显著空间效应,故采用空间面板模型对数据资本影响开放发展水平的空间效应进行分析。

10.2.3.1 实证模型构建

为了分析数据资本与开放发展之间的关系,设定基准面板模型为:

$$Y_{it} = \alpha + \beta_1 dacap_{it} + \beta_2 convar_{it} + \mu_i + \lambda_t + \varepsilon_{it} \quad (式 10 - 5)$$

式中,i 表示省域,t 表示年份,Y 表示各省域的开放发展水平;$dacap$ 表示数据资本,即基础设施投入、研发投入和应用投入;$convar$ 表示控制变量,即科技和教育水平、交通基础设施、外资企业税负;μ_i 表示不随时间变化的个体固定效应;λ_t 表示控制时间固定效应;ε_{it} 为随机扰动项。

由于开放发展水平的空间依赖性,在式 10.5 中引入空间因素,构建空间面板模型如下:

$$Y_{it} = \alpha + \delta \sum_{i=1}^{n} w_{it} Y_{it} + \theta \sum_{i=1}^{n} w_{it} dacap_{it} + \beta_1 dacap_{it} +$$

$$\beta_2 \, convar_{it} + \mu_i + \lambda_t + \varepsilon_{it} \qquad \text{(式 10 - 6)}$$

式中，δ 为自回归项的回归系数，表示其他地区对本地区被解释变量的影响；θ 为核心解释变量空间交互项的弹性系数；W_{it} 为空间权重矩阵。

10.2.3.2 不考虑空间因素的回归分析

在不考虑空间效应的影响下，先对面板数据进行普通回归分析（见表 10 - 8）。在不加入控制变量的情况下，不论是混合 OLS 模型、固定效应模型还是随机效应模型，数据资本的 3 个二级指标对开放发展水平的影响均为显著。对于混合 OLS 模型，基础设施投入、研发投入、应用投入对开放发展水平在 5% 水平下均有显著正向影响，三者的系数估计值分别为 0.0333、0.0066、0.0192。对于固定效应模型，基础设施投入、应用投入对开放发展水平在 1% 水平下有显著正向影响，研发投入对开放发展水平在 5% 水平下有显著负向影响，三者的系数估计值分别为 0.0252、0.0130、−0.0030。随机效应模型的估计结果与固定效应模型的结果类似。

在加入控制变量的情况下，固定效应模型、随机效应模型的估计结果变化不大，混合 OLS 模型的显著性有所降低，但各模型回归系数的正负性没有变化，表明数据资本的 3 个二级指标对开放发展水平的影响是稳健的。

表 10 - 8　数据资本影响开放发展的普通面板回归结果

变量	混合 OLS	FE	RE
lnx1	0.0333 ***	0.0252 ***	0.02659 ***
	(0.0098)	(0.0062)	(0.0062)
lnx2	0.0066 **	−0.0030 **	−0.0022 *
	(0.0032)	(0.0012)	(0.0012)
lnx3	0.0192 ***	0.0130 ***	0.0150 ***
	(0.0033)	(0.0027)	(0.0026)
常数项	−0.3718 ***	−0.1268 ***	−0.1732 ***
	(0.0428)	(0.0431)	(0.0423)
控制变量	不控制	不控制	不控制
R-squared	0.7002	0.6912	0.6981
Hausman 检验		0.0000	
lnx1	0.0372 ***	0.0222 ***	0.0249 ***
	(0.0103)	(0.0057)	(0.0057)

变量	混合 OLS	FE	RE
lnx2	0.0040	−0.0022 *	−0.0023 *
	(0.0034)	(0.0012)	(0.0012)
lnx3	0.0052	0.0088 ***	0.0094 ***
	(0.0048)	(0.0026)	(0.0026)
常数项	−0.4948 ***	−0.2784	−0.3461 **
	(0.0810)	(0.3110)	(0.1410)
控制变量	控制	控制	控制
R-squared	0.7431	0.6293	0.6824
Hausman 检验		0.0000	

注：*** 、** 、* 分别表示在 1%、5% 和 10% 水平下显著，括号内为稳健标准误。

10.2.3.3　空间计量模型选择

由于开放发展水平存在显著的空间相关性，以下采用空间杜宾模型对数据资本影响开放发展水平进行分析，通过 LM 检验、Hausman 检验、LR 检验和 Wald 检验确定模型选择的合理性。

第一，LM 检验（见表 10 - 9）显示，不论是否加入控制变量，LMERR 和 LMLAG 的 p 值均通过 10% 显著性水平检验，R-LMERR 和 R-LMLAG 也通过 1% 显著性水平检验。因此，拒绝将空间杜宾模型设置为空间误差模型或空间滞后模型。

表 10 - 9　数据资本影响开放发展模型的 LM 检验结果表

是否加入控制变量	检验方法	统计量	p 值
是	Moran's I	4.495	0.000
	LMERR	17.679	0.000
	R-LMERR	17.795	0.000
	LMLAG	3.253	0.071
	R-LMLAG	3.37	0.066
否	Moran's I	9.102	0.000
	LMERR	70.283	0.000
	R-LMERR	104.819	0.000
	LMLAG	1.266	0.060
	R-LMLAG	35.802	0.000

第二，Hausman 检验。空间杜宾模型分为随机效应模型和固定效应模型，可以通过 Hausman 检验确定。由于 Hausman 检验的 p 值为0.0000，显著通过 1%的置信水平，拒绝原假设，故采用固定效应模型进行估计。

第三，LR 检验和 Wald 检验。出于严谨性考虑，进一步采用 LR 检验和 Wald 检验，判定空间杜宾模型能否退化为空间误差模型或空间滞后模型。检验结果（见表 10－10）显示，在 LR 检验中无论是 SDM 与 SAR 比较，还是 SDM 与 SEM 比较，p 值均通过 1%水平下显著性检验；在 Wald 检验中，通过 $\delta=0$ 检验判断可将 SDM 转化为 SEM，通过 $\delta+\theta\beta=0$ 检验判断，可将 SDM 转化为 SAR，Wald 检验的 p 值均在 1%水平下显著，故应采用固定效应的空间杜宾模型。

表 10－10　数据资本影响开放发展模型的 LR 检验与 Wald 检验结果

检验方法	比较模型	统计量	p 值
LR 检验	比较 SDM 与 SAR 模型	35.47	0.000
	比较 SDM 与 SEM 模型	39.58	0.000
Wald 检验	比较 SDM 与 SAR 模型	24.83	0.000
	比较 SDM 与 SEM 模型	22.75	0.000

10.2.3.4　空间杜宾模型回归分析

以数据资本的 3 个二级指标分别和同时作为解释变量，进行固定效应空间杜宾模型回归，结果（见表 10－11）显示，基础设施投入和研发投入的系数估计值在 1%水平下为 1.8524、1.4265，表明两者对开放发展水平均具有显著的正向效应；应用投入对开放发展水平有正向影响但不显著。在空间加权项中，W×lnx2 通过 1%水平检验且系数估计值为负，表明研发投入对周边省份开放发展水平具有显著抑制作用；W×lnx1 的系数估计值为负，W×lnx3 的系数估计值为正，但两者的影响均不显著，表明基础设施投入、应用投入对周边省份开放发展水平存在弱效应。

当 3 个二级指标同时作为解释变量时，回归结果与其单独作为解释变量的结果相似。

表 10－11　数据资本影响开放发展的固定空间杜宾模型回归结果

变量	（1）	（2）	（3）	（4）
lnx1	1.8524 ***			1.4729 ***
	(0.001)			(0.004)

变量	（1）	（2）	（3）	（4）
lnx2		1.4265 ***		1.2565 ***
		(0.000)		(0.000)
lnx3			0.3064	0.2487
			(0.315)	(0.392)
W×lnx1	−1.0120			−2.3862 **
	(0.257)			(0.024)
W×lnx2		−1.5473 ***		−1.4085 ***
		(0.000)		(0.000)
W×lnx3			0.8104	1.2739 **
			(0.108)	(0.031)
控制变量	控 制	控 制	控 制	控 制
R-squared	0.706	0.719	0.685	0.751
N	210	210	210	210

注：***、**、*分别表示在1%、5%和10%水平下显著，括号内为p值。

10.2.3.5 直接效应和间接效应分析

由于空间杜宾模型中包含空间滞后解释变量和被解释变量，估计结果不能直接反映其边际效应，也不能准确反映各解释变量对开放发展水平的直接影响。因此，通过对模型求偏微分，以评估各解释变量对开放发展水平影响的直接效应和间接效应。

第一，直接效应分析。回归结果（见表10－12）显示，在解释变量中，基础设施投入、研发投入的系数估计值在1%水平下为1.4465、1.2200，表明两者对开放发展水平具有显著正的直接效应；应用投入的系数估计值为0.3027，未通过显著性检验，表明其对开放发展水平存在正的直接效应，但不显著。在控制变量中，交通基础设施、科技和教育水平、外资企业税负的回归系数均通过5%显著性水平检验，表明三者对开放发展水平均具有正的直接效应。

第二，间接效应分析。在解释变量中，基础设施投入、研发投入的系数估计值在5%水平下为−2.5225、−1.3953，表明两者对开放发展水平具有负的间接效应，基础设施投入、研发投入的增加会导致周边省份开放发展水平的降低；应用投入的系数估计值在5%水平下为1.4863，表明其对开放发展水平具有正向间接效应，应用投入的增加会带动周边省份开放发展水平的上升。在控制变量中,交通基础设施、科技和教育水平均通过 1% 显著性检验且回归系数为正,说明交通基础设施、科技和教育水平的提升会带动周边省份开放发展水平的上升;外资企业税负的回归系数为正但未通过显著性检验,说明本地开放发展水平受周边省份外资企业税负的影响较弱。

表 10 - 12　数据资本影响开放发展的固定空间杜宾模型分解的回归结果

变量	直接效应	间接效应	总效应
lnx1	1.4465 ***	−2.5225 **	−1.0760
	(0.006)	(0.042)	(0.427)
lnx2	1.2200 ***	−1.3953 ***	−0.1754
	(0.000)	(0.000)	(0.198)
lnx3	0.3027	1.4863 **	1.7891 **
	(0.272)	(0.027)	(0.013)
lnpas	3.8019 ***	10.1237 ***	13.92562 ***
	(0.005)	(0.003)	(0.000)
tec	0.0066 ***	0.0164 ***	0.0230 ***
	(0.002)	(0.008)	(0.001)
lntax	2.6267 **	1.6003	4.227
	(0.044)	(0.597)	(0.174)

注:*** 、** 、* 分别表示在 1%、5% 和 10% 水平下显著。

10.2.3.6　基于地区发展的异质性分析

为了进一步分析在开放发展不同水平地区解释变量影响的差异性,对聚类分成的 3 类地区分别进行空间杜宾分析(见表 10 - 13)。

第一,基础设施投入对优越型、平庸型和落后型 3 类地区开放发展水平具有显著的正向直接效应,其系数估计值分别为 1.2074、3.4623、1.5151,均通过 1% 显著性水平检验,表明 3 类地区的开放发展水平都会随着基础设施投入的增加而上升。此外,基础设施投入在优越型地区对开放发展水平的间接效应不显著;在平庸型、落后型地区具有显著负向间接效应,表明这两类地区基础设施投入增加,对周边省份开放发展水平存在抑制作用。

第二,研发投入对优越型、平庸型和落后型 3 类地区开放发展水平具有显著的正向直接效应,其系数估计值分别为 0.3632、0.2692、0.3587,均通过 10% 显著性水平检验,表明研发投入在 3 类地区都可以提高开放发展水平。此外,研发投入在落后型地区对开放发展水平具有显著负向间接效应,表明落后型地区研发投入的增加,对周边省份开放发展水平存在抑制作用;其对另两类地区的间接效应不显著。

第三,应用投入对优越型、落后型地区开放发展水平具有显著正向直接效应,系数估计值分别为 2.0765、1.0633,表明这两类地区应用投入的增加对本地开放发展水平上升具有促进作用;其对平庸型地区开放发展水平的直接效应不显著。此外,应用投入在落后型地区对开放发展水平具有显著正向间接效应,表明落后型地区的应用投入增加,周边省份开放发展水平也会上升;其在另两类地区的间接效应不显著。

表 10-13 三类地区数据资本影响开放发展的固定空间杜宾模型回归结果

类型	变量	直接效应	间接效应	总效应
优越型	lnx1	1.2074 ***	1.3770	2.5844 *
		(0.001)	(0.264)	(0.049)
	lnx2	0.3632 *	0.4529	0.8161
		(0.024)	(0.543)	(0.613)
	lnx3	2.0765 *	0.8987	2.9752
		(0.079)	(0.451)	(0.341)
	lnpas	4.6160 ***	−8.7330 **	−4.1170 **
		(0.000)	(0.023)	(0.037)
	tec	0.8964	2.6169	3.5133
		(0.351)	(0.157)	(0.808)
	lntax	0.0617	1.0405	1.1022
		(0.556)	(0.572)	(0.248)
平庸型	lnx1	3.4623 ***	3.0085 ***	6.4708
		(0.000)	(0.000)	(0.000)
	lnx2	0.2692 *	−0.1554	0.1138
		(0.093)	(0.229)	(0.194)
	lnx3	0.3171	−0.0245	0.2926
		(0.453)	(0.944)	(0.665)
	lnpas	0.5979	−1.6405 ***	−1.0426 *
		(0.579)	(0.003)	(0.031)
	tec	0.7566 **	0.3671	1.1237
		(0.017)	(0.277)	(0.672)
	lntax	0.5092	1.9770 **	2.4862
		(0.710)	(0.012)	(0.594)

（续表）

类型	变量	直接效应	间接效应	总效应
落后型	lnx1	1.5151 ***	1.2809 **	2.7960 *
		(0.006)	(0.015)	(0.069)
	lnx2	0.3587 ***	−0.3270 ***	0.0314
		(0.000)	(0.001)	(0.468)
	lnx3	1.0633 ***	0.9309 ***	1.9942
		(0.000)	(0.000)	(0.152)
	lnpas	0.3633	−0.8551	0.4918
		(0.281)	(0.157)	(0.591)
	tec	1.6989	−0.0032	1.6957
		(0.404)	(0.109)	(0.749)
	lntax	1.3633	1.2245 ***	2.5878
		(0.961)	(0.009)	(0.721)

注：*** 、** 、* 分别表示在 1%、5% 和 10% 水平下显著，括号内为 p 值。

10.2.4　稳健性检验

为进一步检验估计结果的可靠性，采用邻接权重矩阵进行模型的稳健性检验，仍选择固定效应的空间杜宾模型。检验结果（见表 10－14）显示，在直接效应上，基础设施投入、研发投入对开放发展水平均存在正的直接效应，与表 10－11 和表 10－12 的估计结果相似；在间接效应上，估计结果存在微小的差异。因此，固定效应的空间杜宾模型的估计结果是稳健的，具有较高的可靠性。

表 10－14　邻接权重矩阵下数据资本影响开放发展模型的回归结果

变量	空间杜宾固定效应	直接效应	间接效应
lnx1	1.5313 ***	1.5491 ***	−1.1864 **
	(0.000)	(0.000)	(0.039)
lnx2	1.3257 **	1.0893 *	−1.3791 *
	(0.048)	(0.057)	(0.085)
lnx3	0.3571	0.8222	0.3406 **
	(0.259)	(0.254)	(0.041)

变量	空间杜宾固定效应	直接效应	间接效应
W×lnx1	−1.1223 ***		
	(0.009)		
W×lnx2	−1.2308 *		
	(0.098)		
W×lnx3	1.0513 **		
	(0.014)		
R-squared	0.763		

注：***、**、* 分别表示在 1%、5% 和 10% 水平下显著，括号内为 p 值。

10.3　基于灰色关联法的相似性分析

数据资本影响开放发展水平的固定效应空间杜宾模型分析结果表明，数据资本在二级指标上对开放发展水平均存在影响，以下采用灰色关联法进一步分析其影响程度。

10.3.1　灰色关联度方法

灰色关联法是依据灰色关联度，即不同因素间发展趋势的异同程度，对影响因素和行为结果之间的相似性进行量化分析的一种方法，通过确定参考序列和数个比较序列的几何形状相似程度，进一步分析两种序列之间的联系紧密程度。其中，参考序列是反映系统行为特征的序列，比较序列是影响系统行为之因素组成的序列，灰色关联度反映参考序列曲线和比较序列曲线之间的关联性。灰色关联分析的步骤如下：

第一步，确定参考序列和比较序列。确定指标，构建原始评价矩阵、参考序列和比较序列。

参考序列的构建公式为：

$$Y_0 = \{y_0(t) \mid t = 1,2,\ldots,n\} = (y_0(1), y_0(2),\ldots,y_0(n))$$

（式 10 - 7）

式中，t 表示不同年份，n 表示年份数。

比较序列的构建公式为：

$$X_i = \{x_i(t) \mid t = 1,2,\ldots,n\} = (x_i(1), x_i(2),\ldots,x_i(n))$$

（式 10 - 8）

式中，i 表示不同影响因素指标（$i=1,2,\cdots,m$，m 为影响因素指标数），t 表示不同年份，n 表示年份数。

第二步，数据标准化。各个指标的量纲、数量级不同，需对原始数据进行无量纲化处理，采用初值法对数据进行标准化。标准化公式为：

$$X'(t)=\frac{X(t)}{X(1)} \tag{式 10 - 9}$$

第三步，计算关联系数，公式为：

$$\zeta_i(t)=\frac{\min_i\min_t|y(t)-x_i(t)|+\rho\cdot\max_i\max_t|y(t)-x_i(t)|}{|y(t)-x_i(t)|+\rho\cdot\max_i\max_t|y(t)-x_i(t)|}$$

$$\tag{式 10 - 10}$$

其中，ρ 为分辨系数，在（0，1）取值，一般取 0.5。

第四步，计算关联度，公式为：

$$r_i=\frac{1}{n}\sum_{t=1}^{n}\zeta_i(t) \tag{式 10 - 11}$$

第五步，关联度排序。计算出关联度后，对关联度进行排序，即如果 r1＞r2，则参考序列 y 与比较序列 x1 的联系更紧密。

10.3.2　结果与分析

以 2013—2019 年各省份开放发展水平综合得分作为参考序列，以数据资本指标的 3 个主成分 lnx1、lnx2、lnx3 的序列作为比较序列，对参考序列和比较序列的数据进行标准化后进行关联系数计算。计算结果（见表 10‑15）显示，3 个指标与参考序列的关联系数呈现稳定或增加的趋势，呈增加趋势的是基础设施投入 lnx1 指标、研发投入 lnx2 指标，表明两者对开放发展水平的影响越来越强；应用投入 lnx3 指标的关联系数虽然未呈增加趋势，但一直处于较高水平，表明其长期以来与开放发展水平紧密相关。

表 10‑15　数据资本二级指标与开放发展水平的关联系数计算结果

序列年份	2013	2014	2015	2016	2017	2018	2019
lnx1	0.953	0.933	0.925	0.908	0.973	0.983	0.989
lnx2	0.849	0.872	0.873	0.887	0.900	0.933	0.943
lnx3	0.868	0.852	0.840	0.816	0.897	0.863	0.883

根据关联系数值，用公式 10.11 计算数据资本的三级指标与开放发展

水平的关联度值并进行排序,结果(见表10-16)显示根据三级指标构建的比较序列与参考序列关联度排名前3的依次为:信息传输、软件和信息技术服务业固定资产投入,信息传输、软件和信息技术服务业人员薪资,通信行业固定资产投资。三者分属基础设施投入、研发投入和基础设施投入。

信息传输、软件和信息技术服务业固定资产投入,通信行业固定资产投资反映的是数据资本中基础设施投入情况,两者与参考序列关联度高,表明基础设施投入对开放发展水平影响强。

信息传输、软件和信息技术服务业人员薪资反映的是数据资本中研发投入情况,与参考序列关联度高,表明研发投入对开放发展水平影响强。

综合关联度得分和排序,数据资本的二级指标对开放发展水平的影响,由强到弱依次为基础设施投入、研发投入和应用投入。

表 10-16 数据资本三级指标与开放发展水平的关联度结果

序列	序列名称	序列所属分类	关联度	排名
X2	信息传输、软件和信息技术服务业固定资产投入	基础设施投入	1.000	1
X6	信息传输、软件和信息技术服务业人员薪资	研发投入	0.999	2
X1	通信行业固定资产投资	基础设施投入	0.987	3
X3	科学研究和技术服务业固定资产投入	基础设施投入	0.876	4
X5	计算机、通信及其他电子设备新产品开发经费	研发投入	0.761	5
X4	计算机、通信及其他电子设备 R&D 经费	研发投入	0.738	6
X7	科学研究和技术服务业人员薪资	研发投入	0.654	7
X9	信息技术服务投入	应用投入	0.559	8
X8	软件产品收入	应用投入	0.501	9
X10	嵌入式系统投入	应用投入	0.405	10

10.4 实证分析的初步结论

以上从主动开放、双向开放、全面开放和共赢开放 4 个方面,对中国开放发展水平进行综合评价,在此基础上以开放发展水平为被解释变量,以数据资本的主成分为核心解释变量,以科技和教育水平、交通基础设施和外资企业税负为控制变量,利用 2013—2019 年的省级面板数据,通过空间计量模型等分析数据资本对开放发展的影响。

第一,数据资本对开放发展具有显著的驱动效应。在数据资本的二级指标中,基础设施投入和研发投入对开放发展水平具有显著的正向影响,且影响程度逐年增强;应用投入对开放发展水平也为正向影响;数据资本对开放发展水平的影响由强到弱依次为基础设施投入、研发投入和应用投入。

第二,数据资本对开放发展存在空间溢出效应。数据资本的投入具有空间溢出效应,对周边省份的开放发展水平存在比较显著的影响,其中基础设施投入、研发投入是负向间接效应,说明两者会对周边省份开放发展水平产生抑制作用;应用投入是正向间接效应,说明本地开放发展水平随着周边省份应用投入的增加而上升。究其原因,一是对本地基础设施投入的增加,可能会导致对周边省份投入的减少,不利于其开放发展;二是本地研发投入的增加会吸引周边省份数据行业人员,抑制周边省份的开放发展;三是应用投入增加有利于跨地区的市场流动,会带动周边省份开放发展。

第三,数据资本对优越型、平庸型和落后型地区开放发展的作用程度不同。直接效应中,基础设施投入、研发投入对3类地区的开放发展水平均有显著的正向直接效应,应用投入对落后型地区有显著正向直接效应。间接效应中,数据资本的3个二级指标对落后型地区开放发展水平均有显著影响,其中基础设施投入和应用投入为正、研发投入为负,基础设施投入对平庸型区域开放发展水平具有正向间接效应。

11 数据资本对共享发展的驱动效应

为了验证数据资本对共享发展的推动作用,根据共享发展理念的要求,从提高收入水平、增加就业机会、提升教育质量、加强社会服务和建设健康中国 5 个方面,对中国共享发展进行水平测度,在此基础上利用 2013—2019 年的省级面板数据,以共享发展水平为被解释变量、数据资本为解释变量,分析数据资本对共享发展水平的影响,论证表明数据资本对共享发展具有显著的驱动效应。

11.1 中国共享发展水平测度

11.1.1 指标体系构建

11.1.1.1 指标初选

根据共享发展理念的科学内涵,参考共享发展的理论分析和国际经验,遵循统计分析的基本原则,以下从提高收入水平、增加就业机会、提升教育质量、加强社会服务和建设健康中国 5 个方面,进行共享发展水平测度的指标初选(见表 11-1)。其中,提高收入水平应包括提高劳动报酬在初次分配中的比重、完善再分配机制、发挥第三次分配作用等,增加就业机会包括扩大就业容量、提升就业质量、扩大公益性岗位安置等,提升教育质量包括促进教育公平、培养紧缺人才和技能人才等,加强社会服务包括完善社会保障和社会救助体系、加强基层民主和自治等,建设健康中国包括完善公共医疗卫生、应对人口老龄化等。

11.1.1.2 数据来源

中国共享发展的水平测度的数据,主要来自《中国统计年鉴》《中国劳动统计年鉴》《中国卫生统计年鉴》及各地区统计年鉴(统计公报),包括 31 个省(市、自治区)2005—2019 年的数据,不含香港、澳门、台湾等地区的数据。

对缺失数据,运用移动平均的方法进行填补。

表 11－1　共享发展水平评价指标初选

一级	二级	三级指标	指标定义	类型
共享发展	提高收入水平	劳动报酬指数	劳动者报酬占 GDP 比重（%）	＋
		收入差距指数	城乡居民可支配收入比（城/乡）	－
		行业收入差距	行业工资泰尔系数	－
		财产收入指数	年末城乡居民人均存款余额（万元/人）	＋
	增加就业机会	劳动参与指数	就业人数占总人口比重（%）	＋
		失业指数	年末城镇登记失业率（%）	－
		技术人员指数	科学研究和技术服务业就业人员占就业人数比重（%）	＋
		公益岗位指数	公共管理、社会保障和社会组织就业人员占就业人数比重（%）	＋
	提升教育质量	文盲指数	15 岁以上人口文盲率（%）	－
		师生比指数	中小学师生比（教师人数＝1）	＋
		高等教育指数	普通高等学校在校生占总人口比重（%）	＋
		图书指数	人均拥有公共图书馆藏量（册/人）	＋
	加强社会服务	养老保险指数	城乡居民社会养老保险参保人数占总人口比重（%）	＋
		医疗保险指数	基本医疗保险年末参保人数占总人口比重（%）	＋
		贫困救助指数	居民最低生活保障人数占总人口的比重（%）	－
		社会组织指数	每万人拥有自治组织单位数（个）	＋
	建设健康中国	卫生人员指数	每万人拥有卫生技术人员数量（人）	＋
		卫生床位指数	每万人医疗机构床位数（张）	＋
		老年抚养指数	老年人口抚养比（%）	－
		性别比指数	性别比（女＝100）	－

注:(1)指标类型"＋""－"表示指标与共享发展的正、负向关系;(2)行业工资泰尔系数的计算公式为 $T = \dfrac{1}{N} \sum_{i=1}^{n} \dfrac{y_i}{\bar{y}} log \dfrac{y_i}{\bar{y}}$,n 为行业种类数,y_i 为第 i 个行业的工资收入,$\bar{y}$ 为行业工资收入的平均值;(3)相对于失业保险、工伤保险和生育保险,养老和医疗保险更具代表性,也能突出共享发展社会服务方向。

11.1.1.3　指标检验

为保证指标体系的科学性,需进行辨识度、冗余度检验。

指标体系冗余度(RD)常被用于衡量指标体系的独立性和冗余性,采用平均相关系数测算指标体系的冗余度,计算公式为:

$$RD = \frac{\sum\limits_{i=1}^{n}\sum\limits_{j=1}^{n}|r_{ij}| - n}{n^2 - n}$$　　　　(式11-1)

式中,r_{ij} 为两个指标间相关系数,n 为指标的个数;指标间相关系数之和越小,RD 值越小,表示指标体系的冗余信息越少。一般地,指标体系冗余性以 RD=0.5 为界,当 RD<0.5 时可以接受,否则不可以接受。

指标的辨识度可用变异系数(CV)来衡量,计算公式为:

$$CV = \frac{SD}{\bar{x}} \times 100\%$$　　　　(式11-2)

式中,SD 为各指标的标准差,$\bar{x}$ 为平均值。

对初选指标的冗余度检验显示,RD 值为 0.351(小于临界值 0.5),说明指标体系独立性较强。辨识度检验显示,CV 最小的值为 0.188,说明指标体系具有较高可靠性。因此,初选指标通过检验。

11.1.1.4　指标权重设置

为消除量纲的影响,需要通过标准化对变量进行无量纲化处理。由于所选指标与共享发展既有正相关系又有负相关系,故采用极值法对数据进行标准化,计算步骤如下:

正向指标标准化:$X_{ij} = \dfrac{x_{ij} - \min(x_{1j}, x_{2j}, \cdots x_{nj})}{\max(x_{1j}, x_{2j}, \cdots x_{nj}) - \min(x_{1j}, x_{2j}, \cdots x_{nj})}$

(式11-3)

负向指标标准化:$X_{ij} = \dfrac{\max(x_{1j}, x_{2j}, \cdots x_{nj}) - x_{ij}}{\max(x_{1j}, x_{2j}, \cdots x_{nj}) - \min(x_{1j}, x_{2j}, \cdots x_{nj})}$

(式11-4)

其中,x_{ij} 表示标准化前第 i 个省份第 j 个评价指标的数据,X_{ij} 表示标准化后第 i 个省份第 j 个评价指标的数据。

根据指标反映信息的可靠程度,采用熵值法确定权重,计算步骤如下:

信息熵计算:$E_j = -K\sum\limits_{i=1}^{m} P_{ij} ln(P_{ij})$　　　　(式11-5)

信息熵贡献度:$d_j = 1 - E_j$　　　　(式11-6)

指标权重:$W_j = \dfrac{d_j}{\sum\limits_{j=1}^{m} dj}$　　　　(式11-7)

其中，$K = \dfrac{1}{ln(m)}$ 保证 $0 \leqslant E_j \leqslant 1$，$P_{ij} = \dfrac{x_{ij}}{\sum_{i=1}^{m} x_{ij}}$ 表示第 j 个指标下第 i 个方案的贡献度。

通过对 20 个基础指标的数据标准化处理和熵值法计算，得到共享发展水平测度指标的权重，结果（见表 11-2）显示共享发展水平的 5 个二级指标权重均在 20% 左右，分布较均衡，其中建设健康中国指标的权重最大；20 个三级指标的权重均在 5% 左右，分布也较均衡，其中文盲指数、性别比指数的权重最高（均为 5.26%），劳动参与指数、医疗保险指数、图书指数的权重最低（分别为 4.70%、4.66%、4.49%）。

表 11-2 共享发展水平评价指标权重

一级指标	二级指标	权重/%	三级指标	权重/%
共享发展	提高收入水平	20.29	劳动报酬指数	5.14
			城乡收入差距	5.20
			行业收入差距	5.23
			财产收入指数	4.71
	增加就业机会	19.60	劳动参与指数	4.70
			失业指数	5.21
			技术人员指数	4.78
			公益岗位指数	4.91
	提升教育质量	19.88	文盲指数	5.26
			师生比指数	5.07
			高等教育指数	5.06
			图书指数	4.49
	加强社会服务	19.75	养老保险指数	4.90
			医疗保险指数	4.66
			贫困救助指数	5.21
			自治组织指数	4.98
	建设健康中国	20.48	卫生人员指数	4.97
			卫生床位指数	5.04
			老年抚养指数	5.21
			性别比指数	5.26

11.1.2 测度结果与分析

11.1.2.1 测度结果

通过对 20 个基础指标进行数据标准化处理、指标权重确定和加权求和,最终得到 31 个省(市、自治区)2005—2019 年共享发展水平的测度结果(见表 11-3)。

2005—2019 年,贵州共享发展水平上升最明显,2019 年较 2005 年总体上升 51.79%;天津共享发展水平上升幅度最低,2019 年较 2005 年总体上升 5.19%。到 2019 年,除安徽、云南和甘肃外的 28 个省(市、自治区)共享发展水平得分均超过 0.46,且有 11 个省市超过 0.5,处于中等偏上水平。其中,得分最高的北京为 0.6758,其后依次是上海、浙江为 0.5603 和 0.5280,排名最后的安徽、云南、甘肃为 0.4551、0.4514 和 0.4503。

表 11-3　代表性年度共享发展水平测度结果　　　单位:%

地区	2005	2009	2011	2013	2015	2017	2019	增长
北京	0.5442	0.6013	0.6292	0.6309	0.6059	0.6363	0.6758	24.18
天津	0.4634	0.4688	0.4927	0.5019	0.4688	0.4930	0.4875	5.19
河北	0.3646	0.3709	0.3912	0.4108	0.4266	0.4603	0.4767	30.73
山西	0.3948	0.4084	0.4153	0.4306	0.4305	0.4649	0.5027	27.32
内蒙古	0.3594	0.3782	0.4114	0.4099	0.4336	0.4663	0.4702	30.85
辽宁	0.3972	0.4288	0.4551	0.4775	0.4826	0.4836	0.5017	26.31
吉林	0.3756	0.3846	0.4160	0.4287	0.4434	0.4508	0.4957	31.98
黑龙江	0.3684	0.4053	0.4312	0.4301	0.4479	0.4764	0.4912	33.32
上海	0.4883	0.5338	0.5469	0.5371	0.5226	0.5405	0.5603	14.75
江苏	0.3806	0.4015	0.4221	0.4424	0.4569	0.4872	0.5107	34.16
浙江	0.3747	0.4195	0.4746	0.4974	0.5080	0.5117	0.5280	40.92
安徽	0.3386	0.3415	0.3617	0.3793	0.3979	0.4058	0.4551	34.42
福建	0.3491	0.3871	0.4199	0.4303	0.4427	0.4799	0.4933	41.30
江西	0.3544	0.3793	0.3949	0.3994	0.4101	0.4500	0.4786	35.04
山东	0.3690	0.3937	0.3979	0.4212	0.4562	0.4725	0.4821	30.66
河南	0.3718	0.3851	0.3913	0.4249	0.4347	0.4885	0.5057	36.01
湖北	0.3831	0.3889	0.4055	0.4387	0.4639	0.4969	0.5206	35.90

地区	2005	2009	2011	2013	2015	2017	2019	增长
湖南	0.3354	0.3629	0.3769	0.3975	0.4217	0.4631	0.4868	45.13
广东	0.4033	0.4298	0.4402	0.4713	0.4804	0.4888	0.4957	22.91
广西	0.3469	0.3394	0.3598	0.3818	0.4186	0.4706	0.4837	39.42
海南	0.3582	0.3784	0.4335	0.4218	0.4429	0.4512	0.4922	37.42
重庆	0.3389	0.3519	0.3834	0.4395	0.4689	0.4863	0.5099	50.46
四川	0.3427	0.3536	0.3667	0.3857	0.4117	0.4526	0.4825	40.79
贵州	0.3086	0.2951	0.3004	0.3549	0.3890	0.4157	0.4684	51.79
云南	0.3033	0.2978	0.3403	0.3457	0.3637	0.4262	0.4514	48.85
西藏	0.3498	0.3916	0.3957	0.4053	0.4137	0.4403	0.4871	39.26
陕西	0.3642	0.3763	0.3993	0.4249	0.4464	0.4741	0.5012	37.60
甘肃	0.3520	0.3462	0.3395	0.3693	0.3759	0.4206	0.4503	27.93
青海	0.3620	0.3872	0.4113	0.4158	0.4185	0.4685	0.4902	35.43
宁夏	0.3551	0.3739	0.3901	0.4471	0.4565	0.4934	0.4907	38.19
新疆	0.3852	0.4140	0.4271	0.4469	0.4675	0.4845	0.5248	36.24

11.1.2.2 静态分析

31个省（市、自治区）2005—2019年共享发展水平得分，最大值为0.6758，最小值为0.2951。按三分位分类法，将(0.29,0.42)划分为共享发展低水平、将(0.42,0.55)划分为中等水平、将(0.55,0.68)划分为高水平。

第一，共享发展水平总体现状。2019年，31个省份共享发展水平得分均超过0.42，全部进入共享发展中等以上水平，总体呈从东到西逐渐降低的特征（见图11-1）。其中，北京和上海共享发展水平得分超过0.55，属于高水平，其他29个省份属于中等水平；浙江、新疆、湖北等9省份得分超过0.5，属于中等偏上水平；贵州、安徽、云南和甘肃得分低于0.47，属于中等偏下水平。

第二，各二级指标现状。2019年，我国东、中、西部地区在5个二级指标中，除增加就业机会外其他4个指标得分都超过0.09（见图11-2）。在提高收入水平、提升教育质量、加强社会服务上，呈现从东到西逐渐降低的状况。在增加就业机会上，东部地区得分最高，中部地区得分最低。在建设健康中国上，西部地区得分最高，东部地区得分最低。

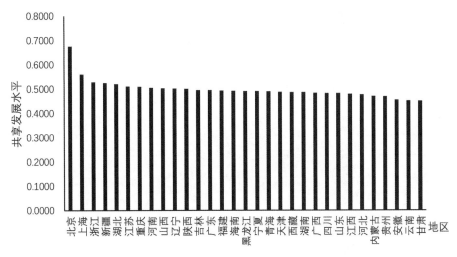

图 11 - 1　中国 31 个省(市、自治区)2019 年共享发展水平

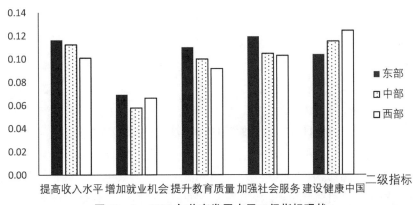

图 11 - 2　2019 年共享发展水平二级指标现状

11.1.2.3　动态分析

第一,动态演进分析。采用核密度估计方法对省际共享发展指数的分布特征进行分析,样本期代表性年度的核密度曲线图(见图 11 - 3)显示,全国和东、中、西部地区共享发展水平的核密度曲线均有着明显的右移趋势,表明共享发展指数是从低水平向高水平不断运动的演进过程;中部地区的曲线波峰和开口宽度变化不大,表明共享发展水平的整体差异变化不大;全国和东、西部地区的曲线波峰由平缓变为陡峭、开口宽度变小,表明全国和东、西部地区的共享发展水平的整体差异有所减小。

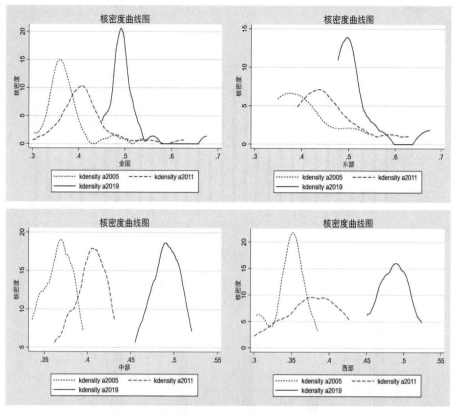

图 11‑3　代表性年度共享发展指数核密度曲线

第二,高中低水平分析。31 个省(市、自治区)2005 和 2019 年共享发展水平分布的动态变化显示,2005 年北京、上海和天津共享发展水平得分超过 0.42,属于中等水平,其他 28 个省份均属于低水平;2019 年北京和上海超过 0.55,属于高水平,其他 29 个省份均属于中等水平,说明我国这 15 年的共享发展取得明显进步。

第三,全国平均水平分析。2005—2019 年,全国共享发展水平整体呈稳定上升趋势(见图 11‑4)。2019 年全国得分为 0.50,较 2005 年上升33.4%,处于中等偏上水平。2005—2007 年,共享发展水平上升较平缓。2008 年起开始加速上升,2015 年得分上升至 0.45。2015 年 10 月,党的十八届五中全会提出共享发展理念,2016 年后上升速度进一步加快。

第四,东西中区域分析。2005—2019 年,东、中、西部地区共享发展水平均呈逐年上升趋势。2019 年,东部地区共享发展水平得分为 0.52,较2005 年增长 27%;中部地区得分为 0.49,较 2005 年增长 34.8%;西部地区得分为 0.49,较 2005 年增长 40.3%。同期,东部地区共享发展水平得分一直高于全国平均水平,中、西部地区均低于全国平均水平,但中、西部地区与东部地区的差距逐渐缩小,西部地区与中部地区的水平已很接近。总体上,全国共享发展水平"东高西低"的特征有所改善但仍很明显。

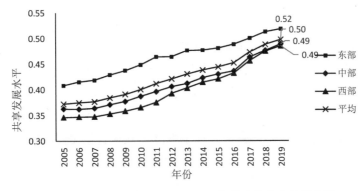

图 11‑4　东中西地区 2004—2018 年共享发展水平折线图

第五,各二级指标分析。2005—2019 年,共享发展水平的 5 个二级指标均为逐年增加的趋势(见图 11‑5),建设健康中国、提高收入水平 2 项指标一直处于较高位置,说明我国始终重视保障人民健康,同时致力于提高收入水平、缩小收入差距。加强社会服务指标自 2015 年 10 月党的十八届五中全会提出共享发展理念后增速明显加快,在改善公共服务、健全社会保障方面取得显著成效。

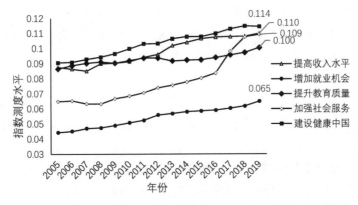

图 11‑5　共享发展水平 5 个二级指标 2005—2019 年均值折线图

11.1.3　中国共享发展水平综合评价

第一,中国共享发展水平不断提高。全国总体的共享发展水平,从

2005年的中低水平上升到2019年中等偏上水平。自2016年起,共享发展水平上升速度明显加快。

第二,31个省(市、自治区)共享发展水平差异较大。由于经济基础、自然条件和公共服务等发展因素不同,各地区共享发展的原有水平、提升速度也各不相同,全国共享发展水平"东高西低"的特征仍很明显。从2016年起中、西部共享发展水平上升速度加快,和东部地区差距逐渐缩小,西部已达到中部地区水平。但是,中、西部和东部地区还有较大差距。

第三,共享发展水平的5个二级指标得分均逐年提高,但各指标的水平和上升速度有较大差异。加强社会服务指标自2016年起快速提高,说明共享发展理念推动公共服务和社会保障见效快。但是,提高收入水平、增加就业机会、提升教育质量、建设健康中国对经济发展有更强的依赖性,要扎扎实实发展经济,为共享发展打牢基础。

11.2 数据资本影响共享发展的实证分析

11.2.1 变量说明和描述统计

11.2.1.1 数据来源

数据资本影响共享发展实证分析的数据,主要来源为《中国统计年鉴》、《中国科技统计年鉴》和《中国环境统计年鉴》,包括30个省(市、自治区)2013—2019年的数据,不含西藏、香港、澳门、台湾等地区的数据。

对缺失数据,运用移动平均的方法进行填补。

11.2.1.2 变量说明

被解释变量为共享发展水平,通过共享发展水平评估指标体系测度得到,能够比较全面地反映我国共享发展状况,故选择其测度值作为被解释变量。

核心解释变量为数据资本,通过基础设施投入、研发投入、应用投入等3个二级指标的主成分分析选取(见7.2.1变量说明与描述统计)。

控制变量为人口自然增长率、财政自给率、经济开放度、创新水平、环境指数。研究发现,人口资源环境、经济水平、创新要素、财政分权等在一定程度上影响共享发展水平。因此,选取人口自然增长率测算人口发展速度,选取财政自给率测算政府财政水平,选取"进出口总额/GDP"测算经济开放度,选取"专利申请授权量/万人"测算创新水平,选取"工业污染治理完成投资/GDP"测算环境情况。

表 11‑4　数据资本影响共享发展模型的变量说明

变量类型	变量名称	符号	计算方法
被解释变量	共享发展水平	Share	共享发展指标体系测度得到
解释变量	数据资本	Data	数据资本 3 个二级指标主成分
	基础设施投入	Basic	基础设施投入 3 个三级指标主成分
	研发投入	R&D	研发投入 4 个三级指标主成分
	应用投入	Apply	应用投入 3 个三级指标主成分
控制变量	人口自然增长率	People	人口出生率—人口死亡率
	财政自给率	Finance	财政收入/财政支出
	经济开放度	Open	进出口总额/GDP
	创新水平	Innovate	专利申请授权量/万人
	环境指数	Environment	工业污染治理完成投资/GDP

11.2.1.3　描述性统计

为消除异方差和多重共线性的影响,将数据资本及其二级指标取对数处理,结果(见表 11‑5)显示:数据资本(LnData)最小值为 8.669、最大值为 18.618、标准差为 2.133;基础设施投入(LnBasic)的最小值为 3.645、最大值 7.672、标准差为 0.760,研发投入(LnR&D)的最小值是 3.663、最大值是 14.784、标准差 2.033,应用投入(LnApply)的最小值为 6.710、最大值 18.453、标准差为 2.323,说明各省份之间数据资本分布不均衡,其中应用投入差异最大,其次为研发投入差异,基础设施投入差异最小。

此外,共享发展水平的最小值为 0.346、最大值为 0.676、平均值为 0.463,说明各省份共享发展水平差异较大、发展不平衡。

表 11‑5　数据资本影响共享发展模型的变量描述性统计

变量名称	样本量	平均数	标准差	最小值	最大值
Share	210	0.463	0.052	0.346	0.676
LnData	210	14.234	2.133	8.669	18.618
LnBasic	210	6.107	0.760	3.645	7.672

（续表）

变量名称	样本量	平均数	标准差	最小值	最大值
LnR&D	210	11.190	2.033	3.663	14.784
LnApply	210	13.889	2.323	6.710	18.453
People	210	5.125	2.800	−1.010	11.470
Finance	210	0.498	0.187	0.151	0.931
Open	210	0.265	0.305	0.013	2.208
Innovate	210	11.536	12.691	0.003	61.149
Environment	210	0.001	0.001	0.00002	0.010

11.2.2 共享发展水平的探索性空间分析

考虑到共享发展水平可能存在空间依赖关系,在采用空间计量模型分析前需通过空间自相关检验,进行探索性空间分析。

11.2.2.1 空间权重矩阵

空间权重矩阵能够反映共享发展水平是否存在空间关联性,同时考虑地区间经济与地理上的空间相关性,选择经济距离空间权重矩阵,使用人均 GDP 的差额作为测度地区间"经济距离"的指标,公式为:

$$W = \begin{cases} \dfrac{1}{|gdp_i - gdp_j|}, i \neq j \\ 0, i = j \end{cases} \qquad (式 11-8)$$

式中,$|gdp_i - gdp_j|$ 为 2013—2019 年人均地区生产总值的均值差额绝对值。

11.2.2.2 全局自相关检验

采用经济距离空间权重矩阵进行空间自相关关系的 Moran's I 检验,若 Moran's I 值大于 0 表明存在正相关关系,小于 0 表明存在负相关关系;其值越大,相关关系越强,空间集聚效应越显著;反之则越弱。

检验结果(见表 11-6)显示,共享发展水平的全局 Moran's I 值在 7 年内均为正值,且均在 1% 水平下显著,表明共享发展水平呈现显著的正向空间相关性,其中 2013 年全局 Moran's I 值最大、2018 年最小。2013—2017 年,共享发展水平的 Moran's I 值位于 0.429 与 0.460 之间,表明其空间相关性程度比较稳定。2016 年后共享发展水平的 Moran's I 值有所下降,表明其空间集聚性逐渐减弱,呈现出局部差异扩大的态势。2019 年共享发展水平的 Moran's I 值开始上升,表明其空间集聚性有所加强。

表 11 - 6　共享发展水平各年度全局 Moran's I 值

变量	2013	2014	2015	2016	2017	2018	2019
I	0.460 ***	0.447 ***	0.441 ***	0.452 ***	0.429 ***	0.388 ***	0.394 ***
	(4.174)	(4.132)	(3.980)	(4.189)	(4.110)	(4.060)	(4.250)

注:*** 、** 、* 分别表示在 1%、5% 和 10% 水平下显著,括号内为 z 值。

11.2.2.3　局部自相关检验

为检验相邻省份之间的空间相关关系,通过代表性年度共享发展水平的局部莫兰散点图(见图 11 - 6)分析发现,大部分省(市、自治区)都位于第一象限(高—高集聚)和第三象限(低—低集聚),表明大部分省份与相邻省份表现出相似的聚类特征,也进一步证明共享发展水平存在显著的空间正相关性。

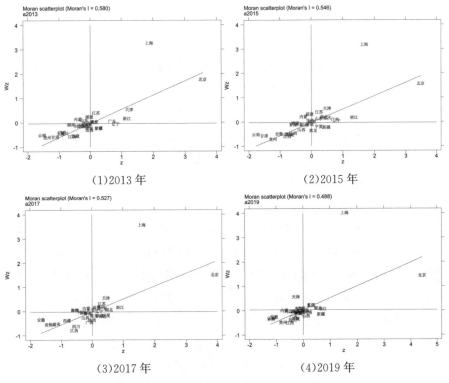

(1)2013 年　　　　　　　　　　(2)2015 年

(3)2017 年　　　　　　　　　　(4)2019 年

图 11 - 6　代表性年度共享发展指数空间散点图

11.2.3 数据资本影响共享发展水平的回归分析

通过莫兰指数分析可知共享发展水平具有显著空间效应,故采用空间面板模型对数据资本影响共享发展水平的空间效应进行分析。

11.2.3.1 实证模型构建

为了分析数据资本对共享发展水平的影响,先对直接传导机制构建基本模型,公式为:

模型 I $Share_{it} = \alpha + \beta_1 X_{it} + \beta_2 Z_{it} + \mu_i + \lambda_t + \varepsilon_{it}$

(式 11 - 9)

式中,$Share_{it}$ 表示共享发展水平,X_{it} 表示核心解释变量分别为:数据资本及其二级指标——基础设施投入、研发投入和应用投入,Z_{it} 表示控制变量:人口自然增长率、财政自给率、经济开放度、创新水平和环境指数,μ_i 表示不随时间变化的个体固定效应,λ_t 表示控制时间固定效应,ε_{it} 为随机扰动项。

为进一步分析数据资本对共享发展水平的空间溢出效应,在式 11.9 中引入数据资本和共享发展水平的空间交互项,将其拓展为空间面板计量模型:

模型 II $Share_{it} = \alpha + \delta \sum_{i=1}^{n} w_{it} Share_{it} + \theta \sum_{i=1}^{n} w_{it} X_{it} + \beta_1 X_{it} +$

$\beta_2 Z_{it} + \mu_i + \lambda_t + \varepsilon_{it}$ (式 11 - 10)

式中,δ 为空间自回归系数,θ 为核心解释变量空间交互项的弹性系数,w_{it} 为空间权重矩阵,μ_i 为个体效应,λ_t 为时间效应,ε_{it} 为误差项。

11.2.3.2 不考虑空间因素的回归分析

通过对模型 I 进行 Hausman 检验得到 p 值为 0.0000,故强烈拒绝原假设"随机效应模型为正确模型",说明应采用固定效应模型。模型 I 以数据资本及其二级指标——基础设施投入、研发投入、应用投入分别为解释变量,以及 3 个二级指标同时为解释变量,应用 Stata 15.0 软件进行面板固定效应模型回归,结果(见表 11 - 7)显示:数据资本的系数估计值在 1%水平下为 0.00883,基础设施投入的系数估计值分别为 1%水平下 0.0221和 5%水平下 0.0181,研发投入的系数估计值在 1%水平下分别为 0.00324和 0.00325,应用投入的系数估计值分别为 1%水平下 0.00977 和 5%显著水平下 0.00723,表明数据资本及其基础设施投入、研发投入、应用投入对共享发展水平均有显著的正向影响;其中,基础设施投入推动共享发展水平提高的幅度最大,研发投入对共享发展水平的影响最显著。

在控制变量中,财政自给率对共享发展水平具有显著负向效应,环境指数对共享发展水平具有显著负向效应。

表 11 - 7　数据资本影响共享发展的面板固定效应模型回归结果

	(1)	(2)	(3)	(4)	(5)
LnData	0.00883***				
	(2.94)				
LnBasic		0.0221***			0.0181**
		(3.74)			(2.75)
LnR&D			0.00324***		0.00325***
			(4.35)		(4.57)
LnApply				0.00977***	0.00723**
				(3.42)	(2.49)
People	−0.00342*	−0.00359**	−0.00103	−0.00324*	−0.00205
	(−2.03)	(−2.06)	(−0.53)	(−2.01)	(−1.33)
Finance	−0.270***	−0.276***	−0.286***	−0.259***	−0.208***
	(−3.42)	(−4.75)	(−3.48)	(−3.30)	(−3.47)
Open	−0.0135	−0.0116	−0.0216**	−0.0112	−0.00678
	(−1.02)	(−1.05)	(−2.02)	(−0.85)	(−0.67)
Innovate	0.000443	0.000357	0.000494	0.000435	0.000244
	(0.87)	(0.83)	(0.94)	(0.86)	(0.55)
Environment	−8.808**	−7.623**	−9.051*	−8.339**	−6.769*
	(−2.11)	(−2.16)	(−2.13)	(−2.03)	(−1.87)
常数项	0.498***	0.491***	0.658***	0.481***	0.410***
	(7.32)	(11.93)	(16.51)	(7.12)	(8.46)
N	210	210	210	210	210

注:***、**、*分别表示在1%、5%和10%水平下显著,括号内为 z 值。

11.2.3.3　空间计量模型选择

考虑到实际存在的空间效应,以下采用空间杜宾模型分析数据资本和共享发展水平的关系,通过 Hausman 检验、LM 检验、LR 检验和 Wald 检验作为模型的选择依据。

第一,Hausman 检验。在采用空间杜宾模型进行估计之前,应通过

Hausman 检验进一步确定空间交互效应的存在形式是随机的，还是固定的。检验显示 p 值均为 0.000，强烈拒绝原假设"随机效应模型为正确模型"，故采用含有固定效应的空间计量模型进行估计。

第二，LM 检验。LMErr 检验空间自相关误差模型，是在不存在空间自回归的假设下，检验是否存在空间随机干扰项相关；LMLag 检验空间自回归滞后模型，是在不存在空间随机干扰项相关的假设下，检验是否存在空间自回归效应。检验结果（见表 11－8）显示，LMErr 检验和 LMLag 检验均在 1% 水平下显著，接受含有空间滞后的被解释变量与误差项存在空间自相关，表明模型含有空间滞后与空间自相关误差项。因此，应选择空间杜宾模型作为估计模型。

表 11－8　数据资本影响共享发展模型的 LM 检验结果

核心解释变量		数据资本			数据资本的二级指标		
Test		Statistic	df	p-value	Statistic	df	p-value
Spatial error：	Moran's I	5.288	1	0.000	6.264	1	0.000
	Lagrange multiplier	25.255	1	0.000	35.614	1	0.000
	Robust Lagrange multiplier	34.476	1	0.000	33.130	1	0.000
Spatial lag：	Lagrange multiplier	6.657	1	0.000	13.497	1	0.000
	Robust Lagrange multiplier	15.878	1	0.001	11.013	1	0.001

第三，LR 检验。空间面板杜宾模型退化 LR 检验，可以检验空间杜宾模型能否退化成空间自回归模型（SAR）（lambda＝theta＝0）或者空间误差模型（SEM）（rho＝theta＝0）。检验结果（见表 11－9）显示，SDM 与 SAR 模型比较的 LR 统计量值分别为 30.91 和 54.84，p 值均为 0.000；SDM 与 SEM 模型比较的 LR 统计量值分别为 45.32 和 72.23，p 值均为 0.000。因此，SDM 模型不能退化成 SAR 模型或 SEM 模型。

表 11－9　数据资本影响共享发展模型的 LR 检验结果

核心解释变量	数据资本		数据资本的二级指标	
Test	LR 统计量	P 值	LR 统计量	P 值
比较 SDM 与 SAR 模型	30.91	0.000	54.84	0.000
比较 SDM 与 SEM 模型	45.32	0.000	72.23	0.000

第四，Wald 检验。Wald 统计量能够进一步检验可否将 SDM 转化为 SAR 或 SEM。其中，通过 $\delta=0$ 检验，判断可否将 SDM 转化为 SEM，通过 $\delta+\theta\beta=0$ 检验，判断可否将 SDM 转化为 SAR。检验结果表明，以数据资本为核心解释变量时，Wald 统计量的 p 值分别为 0.0793 和 0.0132，均在 1% 水平下显著；以数据资本二级指标为核心解释变量时，Wald 统计量的 p 值分别为 0.0005 和 0.0000，均在 1% 水平下显著。因此，应选择固定效应的空间杜宾模型。

11.2.3.4 空间杜宾模型回归分析

分别以数据资本和基础设施投入、研发投入、应用投入为解释变量，以及同时以 3 个二级指标为解释变量的空间杜宾模型回归结果（见表 11－10）显示，数据资本的系数估计值为 0.00145，表明数据资本对共享发展水平具有正向影响，但不显著；基础设施投入的系数估计值在 1% 水平下分别为 0.00804 和 0.00721，研发投入的系数估计值在 1% 水平下分别为 0.00602 和 0.00572，应用投入的系数估计值分别 0.000974 和 0.000439，表明基础设施投入、研发投入对共享发展水平有显著的正向影响，应用投入对共享发展水平具有正向影响但不显著。

从空间加权项看，数据资本的空间滞后项系数为正，但不显著；在二级指标中，研发投入的空间滞后项系数显著为负，表明其对邻近地区的共享发展具有负向空间溢出效应；应用投入的空间滞后项系数为正，但只有其单独作为解释变量时显著，表明此时应用投入对邻近地区的共享空间具有正向空间溢出效应；基础设施和空间滞后项系数不显著。

表 11－10 数据资本影响共享发展的空间杜宾模型回归结果

变量	(1)	(2)	(3)	(4)	(5)
LnData	0.00145				
	(1.67)				
LnBasic		0.00804***			0.00721***
		(2.98)			(2.62)
LnR&D			0.00602***		0.00572***
			(3.12)		(3.01)
LnApply				0.000974	0.000439
				(0.60)	(0.28)
控制变量	控制	控制	控制	控制	控制

变量	（1）	（2）	（3）	（4）	（5）
W×LnData	0.00940				
	(1.40)				
W×LnBasic		0.00482			0.00342
		(0.74)			(0.52)
W×LnR&D			−0.00624***		−0.00619***
			(−3.11)		(−3.13)
W×LnApply				0.00549***	0.00489
				(1.62)	(1.45)
控制变量	控制	控制	控制	控制	控制
Spatial					
rho	0.695***	0.669***	0.718***	0.692***	0.689***
	(12.64)	(12.82)	(13.61)	(12.47)	(12.19)
Variance					
sigma2_e	0.000103***	0.000100***	0.000989***	0.000103***	0.0000953***
	(9.95)	(9.94)	(9.92)	(9.95)	(9.94)
N	210	210	210	210	210

注：***、**、*分别表示在1%、5%和10%水平下显著,括号内为z值。

11.2.3.5 空间效应分解回归分析

为了分析解释变量的直接影响和空间溢出效应,将空间杜宾模型的影响分解为直接效应、间接效应和总效应,从3个方面解释数据资本及其基础设施投入、研发投入、应用投入对共享发展水平的空间效应。

当解释变量为数据资本且含控制变量时,空间杜宾模型效应分解的回归结果(见表11-11)显示,数据资本的系数估计值分别为0.00287和0.0191,表明数据资本对共享发展水平具有正的直接效应和正的间接效应,但均不显著。

当解释变量分别为基础设施投入、研发投入和应用投入且含控制变量时,空间杜宾模型效应分解的回归结果(见表11-12)显示,基础设施对数投入的系数估计值分别为1%水平下0.00932和0.0283(不显著),表明基础设施投入对共享发展水平具有显著正的直接效应;研发投入的系数估计值分别为1%水平下0.00517和5%水平下−0.00658,表明研发投入对共享发展水平具有显著正的直接效应和显著负的间接效应,即研发投入提高了本地共享发展水平,但降低了相邻省份的共享发展水平;应用投入的系数估计值分别为 0.00170 和 0.0155,表明应用投入对共享发展水平具有正的直接效应和正的间接效应,但均不显著。

表 11 - 11　数据资本影响共享发展的空间杜宾模型效应分解结果

变量	直接效应	间接效应	总体效应
LnData	0.00287	0.0191	0.0220
	(1.30)	(1.50)	(1.53)
People	−0.000416	−0.0131*	−0.0135*
	(−0.44)	(−2.55)	(−2.47)
Finance	−0.0372	−0.121	−0.158
	(−1.06)	(−0.57)	(−0.69)
Open	−0.00487	−0.0205	−0.0254
	(−0.68)	(−0.42)	(−0.48)
Innovate	−0.000905**	−0.00101	−0.00191
	(−2.68)	(−0.61)	(−1.12)
Environment	−1.855	−16.75	−18.61
	(−1.36)	(−1.79)	(−1.83)

注:*** 、** 、* 分别表示在1%、5%和10%水平下显著,括号内为 z 值。

表 11 - 12　数据资本二级指标影响共享发展的空间杜宾模型效应分解结果

变量	直接效应	间接效应	总体效应
LnBasic	0.00932***	0.0283	0.0376
	(2.61)	(1.26)	(1.51)
LnR&D	0.00517***	−0.00658**	−0.00141
	(2.97)	(−2.25)	(−0.52)
LnApply	0.00170	0.0155	0.0172
	(0.86)	(1.35)	(1.32)
People	−0.000324	−0.00581	−0.00613
	(−0.32)	(−0.93)	(−0.91)
Finance	−0.0347	−0.0231	−0.0577
	(−0.92)	(−0.10)	(−0.22)

（续表）

变量	直接效应	间接效应	总体效应
Open	0.00191	0.0449	0.0468
	(0.23)	(0.77)	(0.72)
Innovate	−0.00111***	0.000914	−0.000193
	(−3.08)	(0.54)	(−0.11)
Environment	−1.693	−9.328	−11.02
	(−1.23)	(−0.90)	(−0.97)

注：***、**、*分别表示在1%、5%和10%水平下显著，括号内为z值。

11.2.3.6 基于地区发展的异质性分析

由于共享发展水平和数据资本在区域分布上都存在着明显的异质性特点，数据资本对共享发展水平的影响也可能存在地区上的异质性。对东、中、西部地区分组回归结果（见表11-13）表明，数据资本对三者的共享发展水平均具有正的直接效应和间接效应，其中对中部地区具有显著正的间接效应，其他均不显著。

在控制变量中，人口自然增长率对东部具有显著正的直接效应和显著负的间接效应，对中部具有显著负的直接效应，对西部具有显著负的间接效应；财政自给率对西部具有显著负的间接效应；经济开放度对中部具有显著正的直接效应和显著正的间接效应；创新水平对东部具有显著负的直接效应和显著正的间接效应，对中部具有显著正的直接效应；环境指数对东部具有显著负的直接效应。

为了进一步分析数据资本的二级指标对共享发展水平的影响，分别以基础设施投入、研发投入、应用投入为解释变量，对东、中、西部地区进行空间效应分解回归，结果（见表11-14）显示，基础设施投入对三者共享发展水平的空间效应均不显著；东部研发投入的系数估计值在5%水平下分别为0.00947和−0.0106，西部直接效应的系数估计值在10%水平下为0.00639，表明其对东部地区具有显著正的直接效应和显著负的间接效应，对西部具有显著正的直接效应；中部应用投入的系数估计值分别为10%水平下0.00709和5%水平下0.0356，表明其对中部具有显著正的直接效应和显著正的间接效应。

表 11-13　东中西部数据资本影响共享发展的空间效应分解结果

地区	变量	直接效应	间接效应	总体效应
东部地区	LnData	0.00465	0.00900	0.0137
		(1.77)	(1.57)	(1.85)
	People	0.00357*	−0.00611*	−0.00254
		(2.34)	(−2.03)	(−0.82)
	Finance	−0.0277	0.0405	0.0127
		(−0.59)	(0.33)	(0.09)
	Open	−0.0144	0.0527	0.0383
		(−0.66)	(1.19)	(0.77)
	Innovate	−0.00142**	0.00287***	0.00145
		(−2.78)	(3.40)	(1.96)
	Environment	−14.95***	−4.146	−19.09*
		(−3.68)	(−0.52)	(−1.99)
中部地区	LnData	0.00547	0.0340**	0.0395**
		(1.72)	(2.83)	(2.77)
	People	−0.00746***	−0.00705	−0.0145
		(−3.34)	(−0.86)	(−1.57)
	Finance	−0.0105	−0.137	−0.148
		(−0.22)	(−0.92)	(−0.84)
	Open	0.223**	0.534**	0.757**
		(3.15)	(2.70)	(3.19)
	Innovate	0.00377***	−0.00106	0.00271
		(4.21)	(−0.49)	(1.09)
	Environment	−0.727	−20.43**	−21.16**
		(−0.30)	(−3.21)	(−2.83)
西部地区	LnData	0.00385	0.00551	0.00937
		(0.67)	(0.40)	(0.55)
	People	−0.00184	−0.00894*	−0.0108*
		(−1.38)	(−2.00)	(−2.09)
	Finance	−0.169	−0.482**	−0.651***
		(−1.92)	(−2.87)	(−3.44)

（续表）

地区	变量	直接效应	间接效应	总体效应
西部地区	Open	−0.0141	−0.0614	−0.0755*
		(−1.40)	(−1.88)	(−2.01)
	Innovate	0.000558	−0.000875	−0.000317
		(0.40)	(−0.29)	(−0.09)
	Environment	0.463	−4.801	−4.338
		(0.31)	(−1.02)	(−0.81)

注：***、**、*分别表示在1%、5%和10%水平下显著，括号内为z值。

表 11 − 14　东中西部数据资本影响共享发展的空间效应分解结果

地区	变量	直接效应	间接效应	总体效应
东部地区	LnBasic	0.0102	0.0229	0.0330
		(1.80)	(1.44)	(1.72)
	LnR&D	0.00947**	−0.0106**	−0.00117
		(2.92)	(−3.01)	(−0.71)
	LnApply	0.00288	0.00594	0.00882
		(1.25)	(1.19)	(1.36)
中部地区	LnBasic	0.00164	0.0273	0.0289
		(0.37)	(1.31)	(1.24)
	LnR&D	0.000142	−0.0000231	0.000119
		(0.05)	(−0.01)	(0.06)
	LnApply	0.00709*	0.0356**	0.0427**
		(2.56)	(3.17)	(3.21)
西部地区	LnBasic	0.00411	−0.00148	0.00263
		(0.41)	(−0.03)	(0.04)
	LnR&D	0.00639*	−0.00527	0.00112
		(2.31)	(−0.81)	(0.15)
	LnApply	−0.00409	0.0199	0.0158
		(−0.43)	(0.35)	(0.24)

注：***、**、*分别表示在1%、5%和10%水平下显著，括号内为z值。

11.3 基于中介效应模型的驱动路径分析

为了进一步解释数据资本对共享发展的影响机制，以下采用中介效应模型分析数据资本对共享发展水平的驱动路径。

11.3.1 数据资本驱动共享发展的机理

共享发展涉及就业、教育、社会保障等方面，需要大量的、源源不断的物质资料保障。这就需要培育经济增长新动能，推动产业结构优化升级，实现经济高质量发展，为共享发展提供可靠的物质基础。

数据资本的投入，一方面具有产业创新效应，以区块链、云计算、人工智能等为核心的大数据技术研发，会推动高新技术产业的规模化升级，形成产业链和产业集群，促进数字产业化；另一方面具有产业融合效应，推动大数据技术和传统产业（包括农业、工业和传统服务业）的融合，促进传统产业的数字化、自动化、智能化转型，推动产业结构升级。

产业结构升级本质上就是资源从低效率部门流向高效率部门，进一步提升生产效率，直接结果是生产总值的增长。按照国民经济核算体系，国内生产总值的分配为劳动者报酬、生产税净额、固定资本消耗、营业盈余。因此，国内生产总值增长一是劳动报酬增加，意味着收入水平的提高；二是生产税增加，为公共服务和社会保障提供的财政支持加大；三是固定资本消耗的增加，即对固定资产损耗的补偿增加，以满足企业再生产的需求，为增加就业机会创造条件；四是营业盈余的增加，即资本要素获取的回报增加，可以激励其继续投资，进一步扩大社会再生产规模。因此，产业结构升级带来的生产总值增长，为提高共享发展水平提供了实现途径，创造了物质基础（见图 11-7）。

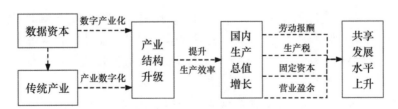

图 11-7 数据资本对共享发展的驱动路径

11.3.2 模型构建与变量选取

中介效应模型是研究 X 对 Y 的影响时,是否通过中介变量 M 再去影响 Y。因此,采用中介效应模型对产业结构是否为中介变量进行检验,分析数据资本对共享发展的驱动路径、作用机制。检验步骤为:在数据资本指数 Data 对于共享发展指数 Share 的线性回归模型Ⅲ的系数显著性通过检验基础上,分别构建 Data 对于中介变量产业结构 Industry 的线性回归模型Ⅳ,以及 Data 与中介变量 Industry 对 Share 的回归模型 V,通过 β_1、γ_1、θ_1、θ_2 等回归系数的显著性判断中介效应是否存在。

回归模型的具体形式设定为:

模型Ⅲ $Share_{it} = \alpha + \beta_1 ln\, Data_{it} + \beta_2\, Z_{it} + \mu_i + \lambda_t + \varepsilon_{it}$

(式 11 - 11)

模型Ⅳ $Industry_{it} = \alpha + \gamma_1 lnData_{it} + \gamma_2\, Z_{it} + \mu_i + \lambda_t + \varepsilon_{it}$

(式 11 - 12)

模型 V $Share_{it} = \alpha + \theta_1 ln\, Data_{it} + \theta_2\, Industry_{it} + \theta_3 Z_{it} +$

$\mu_i + \lambda_t + \varepsilon_{it}$ (式 11 - 13)

其中,被解释变量为共享发展水平 Share,由共享发展水平指标体系测度得到;核心解释变量为数据资本 Data,由数据资本的二级指标进行主成分分析得到;中介变量为产业结构 Industry,根据"配第—克拉克定理"采用第三产业增加值占 GDP 的比重构造产业结构升级指数;控制变量选取人口自然增长率、财政自给率、经济开放度、创新水平、环境指标。

11.3.3 结果与分析

对中介效应模型进行分析,结果显示中介效应的 Sobel 检验 p 值为0.0875,表明中介效应成立(见表 11 - 15)。

在第(1)列中,数据资本的系数估计值在 1% 水平下为 0.00883,表明数据资本对共享发展水平具有显著正向影响;在第(2)列中,数据资本的系数估计值在 1% 水平下为 0.0258,表明数据资本对产业结构有显著正向影响;在第(3)列中将产业结构作为中介变量,加入数据资本对共享发展水平影响的回归方程,显示产业结构的系数估计值在 5% 水平下为 0.153,表明产业结构对共享发展水平具有显著正向影响,数据资本的系数估计值在10% 水平下为 0.00489,相比第(1)列系数值有所下降,但正负号没有变化。因此,数据资本通过产业结构升级,驱动共享发展水平上升。

表 11 - 15　数据资本驱动共享发展的中介效应回归结果

	（1）	（2）	（3）
	Share	Industry	Share
LnData	0.00883***	0.0258***	0.00489*
	（2.94）	（3.30）	（1.73）
Industry			0.153**
			（2.71）
控制变量	控制	控制	控制
个体固定	控制	控制	控制
时间固定	控制	控制	控制
常数项	0.498***	0.345**	0.446***
	（7.32）	（2.47）	（6.63）
Sobel 检验值			0.0875*
N	210	210	210

注：***、**、*分别表示在 1%、5% 和 10% 水平下显著,括号内为 z 值。

11.4　实证分析的初步结论

以上从提高收入水平、增加就业机会、提升教育质量、加强社会服务和建设健康中国 5 个方面,对中国共享发展水平进行综合评价,在此基础上以共享发展水平为被解释变量,以数据资本及其主成分为核心解释变量,以人口自然增长率、财政自给率、经济开放度、创新水平、环境指数为控制变量,利用 2013—2019 年的省级面板数据,通过空间计量模型等分析数据资本对共享发展的影响。

第一,数据资本对共享发展具有显著的驱动效应。基础设施投入、研发投入、应用投入对共享发展水平均具有显著为正的直接效应,表明三者都显著提高了共享发展水平,其中基础设施投入带动共享发展水平提高最显著,研发投入对共享发展水平的影响最稳定。究其原因,基础设施投入可以提高社会公共服务水平;研发投入一方面可以扩大就业,提高收入水平,另一方面可以促进数据资本在教育、医疗和社会服务中的应用。

第二,数据资本对共享发展存在空间溢出效应。数据资本对共享发展水平存在正向溢出效应,其中基础设施投入、应用投入对共享发展水平存在正向溢出效应,即基础设施投入、应用投入的增加会带动相邻地区共享发展水平上升;研发投入对共享发展水平存在显著负向溢出效应,即研发投入的增加不利于相邻地区共享发展水平上升。究其原因,基础设施投入和应用投入能够带动本地和相邻地区的信息化、智能化发展,促进本地和相邻地区共享发展水平的提高;研发投入可以增强本地区自主研发能力,吸引相邻地区人力资源向本地区集聚,可能降低相邻地区共享发展水平。

第三,数据资本通过产业结构升级驱动共享发展。数据资本对共享发展水平和产业结构升级都具有显著正向影响,产业结构升级对共享发展水平也具有显著正向影响,说明产业结构升级是数据资本对共享发展的驱动路径。

12　研究结论和建议

本书以数据资本为研究对象,以马克思主义理论为指导,根据经济科学的基本原理和方法,从技术经济学、计量经济学、政治经济学和新发展理念的视角,综合运用大数据技术、数理统计等研究方法,对数据资本的基本规律和经济社会作用进行系统研究,提出了数据资本的概念体系和功能体系。

12.1　数据资本是资本运动的新方式

在现代市场经济条件下,大数据技术的广泛应用,为资本的扩张创造了一个新市场——以数据资源和大数据技术为核心的数据市场。由此,数据资本成为资本运动的新方式。

第一,数据资本就是数据资源转变为数据资产,经过市场流通成为货币化的来源和最终价值。从其演进的历史、技术、经济路径看,数据资本是对资本形态的进一步抽象,大数据技术的商业化应用是数据流通的物质技术基础,数据资产化是数据资本化的前置条件。

第二,信息透明机制和数据利润。信息透明机制是指运用大数据技术的一系列方法工具,通过对市场信息进行收集、分析,以生成明确表达未来供需状态的数据信息,使市场信息不对称向信息透明转变,是数据资本利用信息技术对市场变化进行预测的经济社会过程,包括信息全透明机制和信息半透明机制。数据资本驱动的信息透明机制,可以有效降低市场盲目性,从而提升资源利用效率,使企业获得额外的市场收益——数据利润。数据利润,是指数据资本带来的超出原有利润的额外利润。

第三,全球数据垄断和企业数据垄断。资本对数据利润的追逐,加上数据市场的广阔空间和更便于资本迅速集中的特点,使数据市场成为垄断资本最合适的新市场,金融垄断也发展为数据垄断。数据资本的国际垄断,是指数据资本在全球范围追逐垄断利润而进行的跨国数据垄断,其主要特点是垄断资本操纵国家机器,利用经济、技术和国际政治等优势强占国际数据市场以攫取超额利润,本质上是全球数据垄断。企业数据垄断是数据平台企业利用所掌握的规模巨大的用户数据,有针对性地进行市场和消费者分析而生成数据产品,以满足购买者经营活动的需要,通过控制数据产品的供给获取垄断利润。因此,要根据数据资本的垄断扩张本性和大数据交易特点,制定数据资本的市场交易流通规则。

第四,数据资本推动形成自觉市场。在非数据化时代,市场调节往往是在商品的交换发生之后,企业通过销量增减、价格波动等信息反馈,在利益的驱动下自发地进行生产调节。随着数据资本加入现代市场经济,市场信息透明机制不仅能够及时获取市场信息,掌握供需的实时动态,而且能够对信息进行快速、有效的分析,掌握市场的变化趋势,企业在预判、预测的基础上对未来生产经营作出超前决策,使市场调节发展成为自觉调节,通过规模化定制生产有效降低生产成本,赚取数据利润,实现对市场经济体制的重构。

第五,我国数据资本存量具有较大规模。根据数据资本的价值构成,运用会计方法从基础设施投入、研发投入和应用投入进行测算,结果显示 2019 年全国数据资本存量达 14.33 万亿元,但东部地区明显高于中西部地区。数据资本经济密度总体稳定在 12.07% 与 15.02% 之间,东部地区的数据资本经济密度高于中西部地区。数据资本自然密度逐年增长,从 2013 年的人均 0.53 万元增长到 2019 年的 1.02 万元。

12.2 数据资本是经济发展的新动能

党的十八大以来,我国经济高质量发展水平总体呈稳步提升的趋势,但各地区在创新发展、协调发展、绿色发展、开放发展、共享发展上也存在明显差异。数据资本作为新生产要素,在新发展理念的 5 个维度上,表现出对经济高质量发展的显著驱动效应,已成为经济发展的新动能。

第一,数据资本对创新发展、协调发展、绿色发展、开放发展、共享发展具有显著的驱动效应。基础设施投入、研发投入和应用投入对协调发展、共享发展具有显著推动作用,基础设施投入和研发投入对创新发展、开放发展具有显著的推动作用,研发投入对绿色发展有显著推动作用。

第二,数据资本对经济高质量发展存在空间溢出效应和差异性。数据资本对周边省份的协调发展、共享发展具有比较显著的带动作用，应用投入对周边省份开放发展也有带动作用，但数据资本对周边省份创新发展存在一定的抑制的作用。数据资本对绿色发展的影响具有地区差异，对东部地区的绿色发展有显著推动作用。

第三，数据资本对经济高质量发展存在非线性效应。基础设施投入对创新发展具有推动作用，但投入达到一定规模后作用有所减弱；研发投入达到一定规模才会显著推动创新发展；应用投入对创新发展具有显著推动作用，但达到一定规模后反而有微弱的抑制作用。数据资本和协调发展之间存在耦合效应，且两者的互相促进作用越来越显著。基础设施投入和研发投入对绿色发展具有"先扬后抑"的单一门槛效应，呈明显"倒 U 形"趋势。基础设施投入和研发投入对开放发展的影响逐年增强，数据资本影响开放发展的程度由强到弱依次为基础设施投入、研发投入和应用投入。数据资本通过产业结构升级驱动共享发展。

12.3 发挥数据资本作用，推动经济高质量发展

我国发展仍然处于重要战略机遇期，但机遇和挑战都有新的发展变化。党的十九届五中全会作出这一重大论断，要求统筹中华民族伟大复兴战略全局和世界百年未有之大变局，深刻认识我国社会主要矛盾变化带来的新特征新要求，深刻认识错综复杂的国际环境带来的新矛盾新挑战。百年未有之大变局的核心变量，是中国之变——从过去等待机遇到逐步转变为塑造机遇、创造机遇。因此，要从百年未有之大变局把握战略机遇期，自觉遵循资本运动规律，抓住第四次产业革命的历史机遇，充分发挥数据资本的作用，推动我国经济高质量发展。

12.3.1 规划布局数据要素投入

第一，适度加快信息通信基础设施建设。信息通信基础设施，包括以新一代信息软件技术为代表的智能化基础设施，是数据资本的基础要素，也是经济高质量发展的重要物质技术基础。推动新时代经济高质量发展，要按照"规划＋建设＋更新"的模式，适度加快信息通信基础设施建设。一是信息通信基础设施领先地区，要在现有设施体系较为完备的基础上，规划新一代设备的建设投入，进一步发挥对其他地区的示范引领作用。二是信息通信基础设施较好的地区，要通过投入建设一批基础设备设施，进一

步完善基础设施功能体系。三是信息通信基础设施较薄弱的地区,要更新一批技术、功能落后的设备设施,为本地区经济高质量发展提供良好的基础条件。

第二,超前布局数据科学和技术研究。研发投入是数据资本的核心要素。推动新时代经济高质量发展,要按照"预研＋开发＋应用"的模式,超前布局数据科学和技术研究。一是研发投入领先的地区,要在现有研发水平和投入基础上,进一步布局基础科学研究和新一代技术研发,通过预研创造技术增量,实现"0 到 1"的突破,加快解决"卡脖子"问题。二是研发投入具有一定规模的地区,要在现有科学原理基础上进行技术开发,尽快形成应用型数据技术和产品体系。三是研发投入较薄弱的地区,要以现有技术产品的商业化应用为切入点,充分利用成熟的技术和产品,为本地区经济高质量发展提供技术服务。

第三,有序推进数据要素的商业化产业化。应用投入是数据资本的主体要素。推动新时代经济高质量发展,要按照"试点＋推广＋改造"的模式,有序推动数据资本的产业化应用。一是应用投入领先地区,要在现有应用规模和应用深度的基础上,对数据资本的新场景应用开展试点,探索获取稳定市场利润的商业模式,为经济高质量发展开辟新增长点。二是应用投入达到一定规模的地区,要依托现有商业模式,推广数据资本的产业化应用,提升产业化的市场规模、效益,为经济高质量发展扩大空间。三是应用投入薄弱的地区,要以产业结构和资源优势为基础,推动传统产业的数字化改造,通过数据资本和其他资本的融合提升全要素生产率,为本地区经济高质量发展提供新动能。

第四,规划布局数据要素投入要遵循数据资本的基本规律,把握好投入的力度、节奏和空间布局。对具有显著门槛效应的投入项目,在初期要加大力度尽快达到显效规模,后期的投入要适当控制以避免投入冗余、浪费资源。对具有显著溢出效应的投入项目,要在全国范围进行合理布局,充分发挥投入的正外部性,避免负外部性对经济发展的抵消、抑制效应。

12.3.2　完善数据市场监管体系

第一,数据资本是新的生产要素,具有和其他资本不同的内涵、特点。发挥数据资本推动经济高质量发展的积极作用,要把握利益均衡、力度均衡、手段均衡,逐步完善对数据资本的监管体系,通过政策法律技术等加强监管,为数据资本的健康发展提供保障。

一是利益均衡,就是资本利益和社会利益兼顾。发挥数据资本推动经济高质量发展的作用,就要保护数据资本的合法利益,使其得到相应的回报,实现自我发展;同时,又要保障社会利益和公民权利,特别是数据保护和信息安全、反数据垄断。要遵守宪法和法律的规定,使双方的正当利益都得到依法保护,使全体社会成员都可以享受数据资本促进经济高质量发展的红利,切实增强人民群众的获得感、幸福感。

二是力度均衡,就是对数据资本相关政策制度的执行宽严有度。数据资本所依托的信息和大数据科学技术正在快速发展,其经济社会影响还有很多未知和不确定性,相关政策制度的执行要审慎行使自由裁量权,对执行效果和连锁反应要有事前研判,要建立应急反应预案和纠错机制,努力避免对数据资本监管的大起大落,保证经济秩序和市场预期的稳定,保证经济的可持续发展。

三是手段均衡,就是对数据资本的监管要坚持法治化方向,做到行政手段和法律手段相得益彰。由于数据资本正在快速变化发展,行政手段的快速高效可以及时应对新情况、新问题,是对数据资本进行监管的必要手段。同时,对其积累的成功经验要认真总结,通过法定程序上升为法律,进一步丰富法治手段的内容和方式方法。依法治国是全面建设社会主义现代化国家的必然要求,要坚持依法对数据资本进行监管,充分发挥法治化手段规范、权威的优势,通过法律手段、行政手段的密切配合,保证数据资本健康发展。

第二,要按照建设全国统一大市场的要求,构建统一的数据市场体系。加快建设全国统一大市场是构建新发展格局的重要基础,只有建立统一的市场制度规则,才能促进商品、要素、资源在更大范围内高效流动。因此,要推进数据要素市场监管公平统一,使各类市场主体平等高效地配置数据资源,发挥数据平台对建设现代流通网络的放大作用,畅通国内大循环,促进国内国际双循环。

第三,要从中华民族伟大复兴战略全局,保护我国的数据资源。数据资源是重要的战略资源,随着国际数据竞争的不断加剧,其战略价值日益凸显。完善数据市场监管体系,要根据数据资源的特点将监管体系和技术体系紧密结合,从数据收集、存储、分析和交易全过程,在硬件、软件上设置保护屏障,确保我国数据资源安全。

12.3.3　加强数据资本理论研究

数据资本的出现尽管时间很短,但已对经济和社会产生了广泛、深刻的影响,并且仍处在快速演变过程中,人们对数据资本运动规律的具体表现和经济社会影响的认识还比较粗浅。因此,要紧跟数据技术和应用的前沿发展,加强对数据资本的理论研究。

第一,加强对数据资本的多学科综合研究。数据资本的影响不仅反映在经济领域,也改变了人们的思维方式、行为习惯和社会结构、治理模式。对数据资本及其基本规律在经济、社会、文化、政治等方面的表现,要从经济学、心理学、社会学、教育学、政治学、管理学和信息技术等学科进行综合研究,不断拓展、深化对数据资本基本规律的认识,提高在新技术条件下遵循社会发展规律的自觉意识。

第二,加强对数据资本经济社会功能的研究。根据数据技术和应用的新特点、新变化,立足新发展阶段的新要求、新任务,开展数据资本促进国内大循环和高水平对外开放,以及数据资本推动共同富裕等研究,探索数据资本参与构建新发展格局、推动经济高质量发展的机理机制,并进一步开展发挥数据资本作用的对策研究,提高组织领导经济建设和社会治理的能力、水平。

第三,加强与数据资本关联的风险和防范研究。要从中华民族伟大复兴战略全局和世界百年未有之大变局出发,统筹发展和安全,加强对国际数据竞争的研究,包括数据技术和产业发展战略、全球数据垄断、"数字冷战"、数据资源的战略安全等,以及相关风险的判断、预警和防范体系研究,超前谋划有利于发挥数据资本作用的外部条件。

参考文献

[1] 阿林科特尔,W.保罗·科克肖特.计算、复杂性与计划——再谈社会主义核算论战[J].李陈华,译.当代世界社会主义问题,2007(2):26-53.

[2] 安东尼·吉登斯.第三条道路——社会主义的复兴[M].郑戈,译.北京:北京大学出版社,2000:4.

[3] 安虎森,汤小银.新发展格局下实现区域协调发展的路径探析[J].南京社会科学,2021(8):29-37.

[4] 安秀梅,李丽珍,王东红.财政分权、官员晋升激励与区域共享发展[J].经济与管理评论,2018,34(4):27-39.

[5] 白瑞雪,白暴力,王国成,程艳敏.新时代中国特色社会主义生态经济思想及其重大意义研究[J].当代经济研究,2022,(1):43-53.

[6] 北京师范大学,西南财经大学,国家统计局.2016中国绿色发展指数报告[M].北京:北京师范大学出版社,2016.

[7] 布鲁斯,拉斯基.从马克思到市场:社会主义对经济体制的求索[M].上海:格致出版社,1998.

[8] 蔡欣磊,范从来,林键.区域一体化下的共享发展:成效和机制——以长三角扩容为准自然实验的测度[J].南通大学学报(社会科学版),2021,37(3):42-51.

[9] 陈德铭.实行更加积极主动的开放战略,全面提高开放型经济水平[J].求是,2012(24):37-39.

[10] 陈江生.新时代中国发展与全面扩大开放[J].理论视野,2019(5):44-52.

[11] 陈景华,陈姚,陈敏敏.中国经济高质量发展水平、区域差异及分布动态演进[J].数量经济技术经济研究,2020,37(12):108-126.

[12] 陈兴海,王诤诤,鲁文霞.上海科创引擎企业驱动全球科创中心发展创新效率测度——基于DEA-Tobit模型的实证分析[J].科技管理研究,2016,36(10):61-65.

[13] 崔凡.全球三大自由贸易港的发展经验及其启示[J].人民论坛·学术前沿,2019(22):48-53+158.

[14] 戴双兴.数据要素市场为经济发展注入新动能[N].光明日报,2020-05-12(16).

[15] 邓小平文选:第3卷[M].北京:人民出版社,1993.

[16] 董江爱,刘铁军.协调发展:内涵、困境及破解路径[J].当代世界与社义,2016(2):19-24.

[17] 恩格斯.自然辩证法[M].北京:人民出版社,2018.

[18] 范柏乃,张莹.区域协调发展的理念认知、驱动机制与政策设计:文献综述[J].兰州学刊,2021(4):115-126.

[19] 范建平,郭子微,吴美琴.区域共享发展水平测度与分析[J].统计与决策,2021,37(10):101-105.

[20] 范斯义,刘伟.科技创新促进城乡融合高质量发展作用机理及实践路径[J].科技管理研究,2021,41(13):40-47.

[21] 范昕,李江风,陈万旭,等.河南省县域尺度城镇化协调发展时空差异及影响因素[J].水土保持研究,2018,25(4):309-316.

[22] 方行明,魏静,郭丽丽.可持续发展理论的反思与重构[J].经济学家,2017(3):24-31.

[23] 高质量发展研究课题组,韩保江,邹一南.中国经济共享发展评价指数研究[J].行政管理改革,2020(7):14-26.

[24] 耿步健,段然.生态集体主义:《1844年经济学哲学手稿》原典释义及其现实意义[J].宁夏社会科学,2020(2):27-33.

[25] 郭付友,高思齐,佟连军,等.黄河流域绿色发展效率的时空演变特征与影响因素[J].地理研究,2022,41(1):167-180.

[26] 郭亚军.综合评价理论方法及应用[M].北京:科学出版社,2007:6-8.

[27] 郭永杰,米文宝,赵莹.宁夏县域绿色发展水平空间分异及影响因素[J].经济地理,2015,35(3):45-51+8.

[28] 郭周明.新时代推动形成全面开放新格局思考[J].中国高校社会科学,2018(5):19-25+157.

[29] 国家发展改革委经济研究所课题组.推动经济高质量发展研究[J].宏观经济研究,2019(2):5-17.

[30] 国家统计局.东西中部和东北地区划分方法[EB/OL].(2015-12-22)[2023-03-21].http://www.stats.gov.cn/ztjc/zthd/sjtjr/dejtjkfr/tjkp/201106/t20110613_71947.htm.

［31］哈里·马格多夫,保罗·斯威齐.当代资本主义新变化:金融化、积累危机与社会主义的未来［M］.张雪琴,译.北京:社会科学文献出版社,2020.

［32］韩喜平.整体把握共享发展理念的四个向度［J］.社会科学家,2016(12):30-34.

［33］郝淑双,朱喜安.中国区域绿色发展水平影响因素的空间计量［J］.经济经纬,2019,36(1):10-17.

［34］何晓群.应用回归分析［M］.北京:电子工业出版社,2017:5

［35］洪开荣,浣晓旭,孙倩.中部地区资源—环境—经济—社会协调发展的定量评价与比较分析［J］.经济地理,2013,33(12):16-23.

［36］洪银兴.可持续发展的经济学问题［J］.求是学刊,2021,48(3):19-33.

［37］洪银兴.论创新驱动经济发展战略［J］.经济学家,2013(1):5-11.

［38］侯睿婕.中国研发资本存量估算及其经济效应研究［D］.杭州:浙江工商大学,2020.

［39］胡鞍钢,鄢一龙,等.中国新理念［M］.杭州:浙江人民出版社,2016:78-96.

［40］胡键.基于大数据的国家实力:内涵及其评估［J］.中国社会科学,2018(6):183-192.

［41］胡锦涛文选:第2卷［M］.北京:人民出版社,2016:365-366.

［42］胡西武,黄越,黄立军,等.基于SCM的宁夏内陆开放型经济试验区实施效应评估［J］.软科学,2018,32(12):99-103+108.

［43］黄晶,彭雪婷,孙新章,等.可持续革命——塑造人类文明发展新范式［J］.中国人口·资源与环境,2021,31(1):1-6.

［44］黄磊,吴传清.环境规制对长江经济带城市工业绿色发展效率的影响研究［J］.长江流域资源与环境,2020,29(5):1075-1085.

［45］黄先海,杨高举.CEPA的动态经济效应分析［C］//中国美国经济学会、广东外语外贸大学.改革开放三十年来中美经贸关系的回顾与展望.上海:上海社会科学院出版社,2008:530-544.

［46］黄禹铭.东北三省城乡协调发展格局及影响因素［J］.地理科学,2019,39(8):1302-1311.

［47］黄云鑫,李琳娜,李裕瑞,等.黄土丘陵沟壑区城乡协调发展研究［J］.中国农业资源与区划,2021,42(9):136-145.

［48］黄再胜.数据的资本化与当代资本主义价值运动新特点［J］.马克思主义研究,2020(6):124-135.

[49] 吉亚辉,罗朋伟.产业协调与区域经济协调的耦合研究［J］.开发研究,2018(5):15-21.

[50] 贾向桐.科技创新视域下的生态可持续发展问题［J］.人民论坛·学术前沿,2020(2):50-57.

[51] 江泽民文选:第3卷［M］.北京:人民出版社,2006:2.

[52] 揭昊.建设高水平自由贸易港的国际实践与启示［J］.宏观经济管理,2019(2):84-90.

[53] 景维民,裴伟东.国家共享水平测度——中国与发达国家的比较［J］.社会科学,2019(7):31-42.

[54] 兰海霞,赵雪雁.中国区域创新效率的时空演变及创新环境影响因素［J］.经济地理,2020,40(2):97-107.

[55] 黎新伍,徐书彬.基于新发展理念的农业高质量发展水平测度及其空间分布特征研究［J］.江西财经大学学报,2020(6):78-94.

[56] 李勃昕,韩先锋,李辉."引进来"与"走出去"的交互创新溢出研究［J］.科研管理,2021,42(8):122-130.

[57] 李翀.我国对外开放程度的度量与比较［J］.经济研究,1998(1):28-31.

[58] 李丹,董琴."引进来""走出去"与我国对外开放新格局的构建［J］.中国特色社会主义研究,2019(2):41-46.

[59] 李国平,李宏伟.绿色发展视角下国家重点生态功能区绿色减贫效果评价［J］.软科学,2018,32(12):93-98.

[60] 李晖,李詹.省际共享发展评价体系研究［J］.求索,2017(12):87-95.

[61] 李留新.绿色文化有力支撑绿色发展［J］.人民论坛,2019(16):92-93.

[62] 李青,黄亮雄.中国省际开放度的经济指标体系与政策走向［J］.改革,2014(12):118-126.

[63] 李仙娥.数字劳动:美好生活的新课题［N/OL］.中国社会科学报,2019-06-04［2023-04-01］.http://ex.cssn.cn/zx/bwyc/201906/t20190604_4912579.shtml.

[64] 李雪娇,何爱平.政治经济学的新境界:从人的全面自由发展到共享发展［J］.经济学家,2016(12):5-11.

[65] 梁春梅.科学发展观的可持续发展系统［J］.理论学刊,2011(7):25-28.

[66] 梁苏会,郝井华.城市协调发展战略与决策辅助模型研究［J］.统计与决策,2016(13):41-43.

[67] 梁文凤.共享经济发展下中国绿色就业战略转型研究[J].改革与战略,2017,33(5):141-143+153.

[68] 列宁全集:第38卷[M].北京:人民出版社,1986:166.

[69] 林森.互联网平台垄断的表现、影响及应对措施[J].中国发展观察,2021(22):62-64.

[70] 刘德海.绿色发展理念的科学内涵与价值取向[J].江苏社会科学,2017(3):1-7.

[71] 刘凤义,李臻.共享发展的政治经济学解读[J].中国特色社会主义研究,2016(2):27-32.

[72] 刘欢,邓宏兵,谢伟伟.长江经济带市域人口城镇化的时空特征及影响因素[J].经济地理,2017,37(3):55-62.

[73] 刘建华,王明照,姜照华.基于空间计量模型的河南省创新能力时空演化及影响因素研究[J].地域研究与开发,2020,39(4):35-40.

[74] 刘晶,何伦志.丝绸之路经济带核心区新型城镇化驱动因素量化分析与对策——基于LASSO的变量筛选[J].干旱区地理,2019,42(6):1478-1485.

[75] 刘生龙,胡鞍钢.交通基础设施与中国区域经济一体化[J].经济研究,2011(3):72-82.

[76] 刘淑茹,魏晓晓.新时代新型城镇化与产业结构协调发展测度[J].湖南社会科学,2019(1):88-94.

[77] 刘耀彬,郑维伟.新时代区域协调发展新格局的战略选择[J].华东经济管理,2022,36(2):1-11.

[78] 刘英.坚持平台经济反垄断[N].中国纪委监察报,2021-03-11(007).

[79] 吕健,张宜慧.优质高等教育机会公平对共享发展的影响分析[J].现代教育管理,2019(10):7-13.

[80] 吕洁华,史永姣,李楠.经济增长阻碍绿色发展吗?——中国绿色城市化的高质量发展之路[J].社会科学战线,2021(11):51-61.

[81] 马克思恩格斯文集:第1卷[M].北京:人民出版社,2009:295.

[82] 马克思恩格斯选集:第1卷[M].北京:人民出版社,2012:272.

[83] 马克思恩格斯选集:第4卷[M].北京:人民出版社,1995:229-239.

[84] 马克思恩格斯选集:第2卷[M].北京:人民出版社,1995:46.

[85] 马骥.中美竞争背景下华为5G国际拓展的政治风险分析[J].当代亚太,2020(1):4-49.

[86] 马勇,黄智洵.长江中游城市群绿色发展指数测度及时空演变探析——基于 GWR 模型[J].生态环境学报,2017,26(5):794-807.

[87] 毛泽东.经济问题与财政问题[M].延安:东北书店,1947.

[88] 毛泽东文集:第 6 卷[M].北京:人民出版社,1999:495-496.

[89] 毛泽东文集:第 7 卷[M].北京:人民出版社,1999:23-26+228.

[90] 孟小峰,朱敏杰,刘立新,等.数据垄断与其治理模式研究[J].信息安全研究,2019,5(9):789-797.

[91] 宁吉喆.构建全面开放新格局,汇聚共同发展新动能[J].宏观经济管理,2019(1):5-6.

[92] 派恩.大规模定制:企业竞争的新前沿[M].北京:中国人民大学出版社,2000:102-117.

[93] 彭晓静.京津冀城市群创新效率及影响因素研究[J].技术经济与管理研究,2021(2):118-122.

[94] 乔俊峰,张春雷.转移支付、政府偏好和共享发展——基于中国省级面板数据的分析[J].云南财经大学学报,2019,35(1):15-28.

[95] 秦宣.大数据与社会主义[J].教学与研究,2016(5):5-14.

[96] Robert I. Kabacoff. R 语言实战[M].北京:人民邮电出版社,2016:342.

[97] 任保平,李佩.以新经济驱动我国经济高质量发展的路径选择[J].陕西师范大学学报(哲学社会科学版),2020,49(2):113-124.

[98] 任丹丽.民法典框架下个人数据财产法益的体系构建[J].法学论坛,2021,36(2):89-98.

[99] 任理轩,坚持绿色发展(深入学习贯彻习近平同志系列重要讲话精神),人民日报,2015-12-22(07).

[100] 阮云婷,徐彬.城乡区域协调发展度的测度与评价[J].统计与决策,2017(19):136-138.

[101] 单豪杰.中国资本存量 K 的再估算:1952—2006 年[J].数量经济技术经济研究,2008,25(10):17-31.

[102] 邵彦敏,张洪玮.共享发展理念对世界发展理论和实践的创新[J].社会科学战线,2020(9):247-252.

[103] 申卫星.论数据用益权[J].中国社会科学,2020(11):110-131.

[104] 盛磊.以数据要素资源助推经济高质量发展[J].人民论坛·学术前沿,2020(17):13-21.

[105] 史丹,李玉婷.北欧四国能源政策体系及借鉴意义[J].人民论坛·学

术前沿,2015(1):6-21.

[106] 孙卫.促进科技创新与实体经济协同发展[J].中国科技论坛,2020(6):5-7.

[107] 孙肖远.共享发展理念的理论内涵与实践价值[J].科学社会主义,2016(4):71-76.

[108] 孙志燕,侯永志.对我国区域不平衡发展的多视角观察和政策应对[J].管理世界,2019,35(8):1-8.

[109] 唐志鹏,刘卫东,刘红光.投入产出分析框架下的产业结构协调发展测度[J].中国软科学,2010(3):103-110.

[110] 王慧艳,李新运,徐银良.科技创新驱动我国经济高质量发展绩效评价及影响因素研究[J].经济学家,2019(11):64-74.

[111] 王建正,王思远,王莹.定制规模化——大规模定制研究新视角[J].现代制造工程,2014(5):136-140.

[112] 王鹏,尤济红.中国环境管制效果的评价研究[J].经济社会体制比较,2016(5):25-42.

[113] 王棋辉.论五大发展理念之"开放发展"的现实意义[J].现代商贸工业,2020,41(2):23-25.

[114] 王文涛,曹丹丹.互联网资本与民营经济高质量发展:基于企业创新驱动路径视角[J].统计研究,2020,37(3):72-84.

[115] 王彦霞,王培安.新型城镇化视角下县域城镇化时空格局及聚集特征——以浙江省为例[J].干旱区地理,2019,42(2):423-432.

[116] 王艳飞,刘彦随,严镔,等.中国城乡协调发展格局特征及影响因素[J].地理科学,2016,36(1):20-28.

[117] 王育宝,陆扬,王玮华.经济高质量发展与生态环境保护协调耦合研究新进展[J].北京工业大学学报(社会科学版),2019,19(5):84-94.

[118] 维克托·迈尔-舍恩伯格,肯尼思·库克耶.大数据时代[M].周涛,等,译.杭州:浙江人民出版社,2013:78-79+9+12.

[119] 魏和清,方智.我国研发投入要素的区域差异及时空演化特征[J].统计与决策,2020,36(6):48-53.

[120] 文传浩,李春艳.论中国现代化生态经济体系:框架、特征、运行与学术话语[J].西部论坛,2020,30(3):1-14.

[121] 闻玉银.对市场盲目性的再认识[J].南京师大学报(社会科学版),1987(2):14-18.

[122] 夏先良.完整、准确、全面把握习近平开放发展观化解当前中国面临

的新挑战[J].人民论坛·学术前沿,2021,(13):84-105+143.

[123] 谢春涛.中国共产党如何建设社会主义现代化强国[N].光明日报,
2022-1-19(11).

[124] 徐军海,黄永春.科技人才集聚能够促进区域绿色发展吗[J].现代经
济探讨,2021(12):116-125.

[125] 徐瑞慧.高质量发展指标及其影响因素[J].金融发展研究,2018
(10):36-45.

[126] 徐翔,赵墨非.数据资本与经济增长路径[J].经济研究,2020(10):
38-54.

[127] 亚当·斯密.国民财富的性质和原因的研究[M].郭大力,王亚南,译.
北京:商务印书馆,1972:5-19.

[128] 阎学通.数字时代的中美战略竞争[J].北京:世界政治研究,2019
(2):1-18.

[129] 杨轶波.中国分行业物质资本存量估算(1980—2018年)[J].上海经
济研究,2020(8):32-45.

[130] 姚丹.中国绿色经济指标体系构建及空间统计分析[D].广州:暨南
大学,2014.

[131] 姚鹏,叶振宇.中国区域协调发展指数构建及优化路径分析[J].财经
问题研究,2019(9):80-87.

[132] 易淼.技术创新与利益共享的统一:新科技革命如何推进社会主义共
享发展[J].西部论坛,2020,30(1):31-38.

[133] 殷继国.大数据市场反垄断规制的理论逻辑与基本路径[J].政治与
法律,2019(10):134-148.

[134] 尤瓦尔·赫拉利.今日简史:人类命运大议[M].林俊宏,译.北京:中
信出版社,2018:55-90.

[135] 游皓麟.R语言预测实战[M].北京:电子工业出版社,2016:105+
203+320.

[136] 于源,黄征学.区域协调发展内涵及特征辨析[J].中国财政,2016
(13):56-57.

[137] 余文涛,吴士炜.互联网平台经济与正在缓解的市场扭曲[J].财贸经
济,2020(5):146-160.

[138] 岳立,薛丹.黄河流域沿线城市绿色发展效率时空演变及其影响因素
[J].资源科学,2020,42(12):2274-2284.

[139] 詹宇波,王梦韬,王晓萍.中国信息通信技术制造业资本存量度量:

1995—2010[J].世界经济文汇,2014(4):62 - 74.

[140] 张波.京津冀城乡协调发展的内涵、问题与对策[J].经济研究参考,
2017(34):57 - 63.

[141] 张博胜,杨子生.中国城乡协调发展与农村贫困治理的耦合关系[J].
资源科学,2020,42(7):1384 - 1394.

[142] 张广婷,王陈无忌.主动变革、开放包容与制度创新:新中国70年吸
引外资的内在逻辑[J].世界经济研究,2019(12):3 - 12＋131.

[143] 张可云,项目.中国省会城市国际化水平比较研究[J].地域研究与开
发,2011,30(4):51 - 53＋60.

[144] 张立生.基于市级尺度的中国城乡协调发展空间演化[J].地理科学,
2016,36(8):1165 - 1171.

[145] 张薇,秦兆祥.日本"魅力乡村建设"有哪些好做法[J].人民论坛,
2017(25):120 - 121.

[146] 张晓玲.可持续发展理论:概念演变、维度与展望[J].中国科学院院
刊,2018,33(1):10 - 19.

[147] 张尹.新时代中国生态经济伦理的问题、误区与应对[J].云南社会科
学,2022(1):84 - 90.

[148] 张卓群,张涛,宋梦迪,等.新发展理念指标评价研究综述[J].城市与
环境研究,2019(4):98 - 110.

[149] 赵满华.共享发展的科学内涵及实现机制研究[J].经济问题,2016
(3):7 - 13＋66.

[150] 赵彦云,吴翌琳.中国区域创新模式及发展新方向——基于中国31
个省区市2001—2009年创新指数的分析[J].经济理论与经济管理,
2010(12):69 - 77.

[151] 赵彦云,甄峰,吴翌琳,等.金融危机下的中国区域创新能力——中国
31个省区市创新能力指数2008年实证和2009年展望[J].经济理
论与经济管理,2009(8):60 - 65.

[152] 郑世林,杨梦俊.中国省际无形资本存量估算:2000—2016年[J].管
理世界,2020,36(9):67 - 81.

[153] 郑世林,张美晨.科技进步对中国经济增长的贡献率估计:1990—
2017年[J].世界经济,2019,42(10):73 - 97.

[154] 中国科学院可持续发展战略研究组.2011中国可持续发展战略报
告:实现绿色经济转型[M].北京:科学出版社,2012.

[155] 中国南海研究院课题组.迪拜、新加坡成功经验的宝贵启示——"流

量"和"腹地"是怎样创造出来的? [J].今日海南,2019(8):54-57.

[156] 中国中共党史学会编.中国共产党历史系列辞典[M].北京:中共党史出版社、党建读物出版社,2019.

[157] 周景彤,盖新哲.积极主动对外开放新定位[J].中国金融,2017(10):80-81.

[158] 朱东波.习近平绿色发展理念:思想基础、内涵体系与时代价值[J].经济学家,2020(3):5-15.

[159] 邹一南,韩保江.中国经济协调发展评价指数研究[J].行政管理改革,2021(10):65-74.

[160] 左鹏.共享发展的理论蕴涵和实践指向[J].思想理论教育导刊,2016(1):86-90.

[161] Akerlof G A. The Market for "Lemons": Quality Uncertainty and the Market Mechanism [J]. The Quarterly Journal of Economics, 1970, 84(3): 488-500.

[162] Aoyagi C, Ganelli G. Asia's Quest for Inclusive Growth Revisited [J]. Journal of Asian Economics, 2015, 40:29-46.

[163] Asian Development Bank. Towarda New Asian Development Bankina New Asia: Report of the Eminent Persons Group [R]. Manila: ADB, 2007:13.

[164] Badgaiyan B. Measuring Inclusive Growth [J]. SSRN Electronic Journal, 2011.

[165] Behrens K. International Integration and Regional Inequalities: How Important Is National[J]. The Manchester School, 2011, 79(5):952-971.

[166] Birdsall N, Meyer C J. The Median Is the Message: A Good Enough Measure of Material Wellbeing and Shared Development Progress[J]. Global Policy, 2015, 6(4):343-357.

[167] Boyaci T, Özer Ö. Information Acquisition for Capacity Planning Via Pricing and Advance Selling: When to Stop and Act? [J]. Operations Research: The Journal of the Operations Research Society of America, 2018(5): 1328-1349.

[168] Breuker D. Towards Model-Driven Engineering for Big Data Analytics: An Exploratory Analysis of Domain-Specific Languages for Machine Learning [C]//Hawaii International

Conference on System Sciences.Waikoloa:IEEE,2014:758 – 767.

[169] Bushman R, Smith A. Financial Accounting Information and Corporate Governance[J]. Journal of Accounting & Economics, 2001. DOI:10.2139/ssrn.253302.

[170] Cho S H,Wu J J,Boggess W G. Measuring Interactions Among Urbanization, Land Use Regulations, and Public Finance [J]. American Journal of Agriculture Economics,2003(85): 988 – 999.

[171] Coase R H. The problem of social cost[J].Journal of Law and Economics,1960,56(4):1 – 44.

[172] Corrado C, Hulten C, Sichel D. Intangible Capital and Economic Growth[R]. NBER Working Papers,No.11948.

[173] Coughlin C C, et al. State Characteristics and the Location of Foreign Direct Investment within the United States [J]. The Review of Economics and Statistics, 1991,73(4): 675 – 683.

[174] Daly H E, et al.Valuing the earth:economics,ecology,ethics[J]. The MIT Press,1993.

[175] Didrik N. Tree Boosting with XGBoost — Why Does XGBoost Win "Every" Machine Learning Competition [D]. Norway: Norwegian University of Science and Technology, 2016.

[176] Diercks G, Larsen H, Steward F. Transformative Innovation Policy: Addressing Variety in an Emerging Policy Paradigm[J]. Research Policy, 2018, 48(4): 880 – 894.

[177] Dong J Q, Yang C H. Business Value of Big Data Analytics: A Systems-Theoretic Approach and Empirical Test[J]. Information & Management, 2018,57(1):103124.1 – 103124.9.

[178] Foster J B. The Financialization of Capitalism [J]. Monthly Review:An Independent Socialist Magazine,2007,58(11):1 – 12.

[179] Foster J B, Magdoff F. Monopoly — Finance Capital[M]//The Great Financial Crisis. New York: Monthly Review Press, 2009:69.

[180] Galí J, Monacelli T. Monetary Policy and Exchange Rate Volatility in a Small Open Economy[J].The Review of Economic Studies,2005,72(3):707 – 734.

[181] Garrett G, Mitchell D. Globalization, Government Spending and

Taxation in the OECD [J]. European Journal of Political Research，2001，39(2)：145-177.

[182] Gennaioli N，La Porta R，Florencio Lopez-de-Silanes，et al Human Capital and Regional Development[J]. The Quarterly Journal of Economics,2013,128 (1)：105-164.

[183] Goldsmith R W. A Perpetual Inventory of National Wealth[M]// Studies in Income and Wealth，Volume14. Cambridge，MA： NBER,1951:5-73.

[184] Grassman S. Long-Term Trends in Openness of National Economies[J].Oxford Economic Papers，1980,32(1):123-133.

[185] Halliday F E. Iran：Dictatorship and Development[M]. New York:Penguin Books,1979:18-19.

[186] Hall R E，Jones C I. Why Do Some Countries Produce So Much More Output per Worker than Others[R]. NBER Working Papers，1999，No.6564.

[187] Haque N，Montsel P. Capital Mobility in Developing Countries— Some Empirical Test[R]. IMF Working Papers:1991,19(10)： 1391-1398.

[188] Harberger A. Perspectives on Capital and Technology in Less Developed Countries[M]//Artis M J，Nobay A R. Contemporary Economic Analysis,London:Croom Helm,1978:69-151.

[189] Hautz J，Seidl D，Whittington R. Open Strategy：Dimensions， Dilemmas，Dynamics[J]. Long Range Planning，2016，50(3)： 298-309.

[190] Hussain M，Imitiyaz I. Urbanization Concepts，Dimensions and Factors[J].International Journal of Recent Scientific Research， 2018,9(1)：23513-23523.

[191] Jeyacheya J，Hampton M P. Wishful Thinking or Wise Policy? Theorising Tourism-Led Inclusive Growth：Supply Chains and Host Communities[J]. World Development,2020,131.

[192] Kahneman D. Tversky A. Prospect Theory：An Analysis of Decision under Risk[J]. Econometrica，1979,47(2)：263-291.

[193] Kunst R，Marin D. The Export Productivity Relationship:A Time Series Representation for Austria[J]. Empirica，1987，14(1)：

55 −75.

[194] Lasserre B, Mundt A. Competition Law and Big Data: The Enforcers' View[J]. Italian Antitrust Review, 2017(1). DOI:10.12870/IAR − 12607.

[195] Magdoff H, Sweezy P M. Banks: Skating on Thin Ice[M]//The End of Prosperity, Monthly Review Press, 1977, 43 − 44 + 47 + 50 −51.

[196] Manafi I, Marinescu D E. The Influence of Investment in Education on Inclusive Growth — Empirical Evidence from Romania vs. EU[J]. Procedia — Social and Behavioral Sciences, 2013:93:225 − 240.

[197] Manyika, J, Chui M, Brown J, et al. Big Data: The Next Frontier for Innovation, Competition and Productivity [R]. McKinsey Global Institute, 2011:2 − 3.

[198] Martin C J. The Sharing Economy: A Pathway to Sustainability or a Nightmarish Form of Neoliberal Capitalism? [J]. Ecological Economics, 2016, 121: 149 − 159.

[199] Mutiiria O M, Ju Q J, Dumor K. Infrastructure and Inclusive Growth in Sub-Saharan Africa: An Empirical Analysis [J]. Progress in Development Studies,2020,20(3):187 − 207.

[200] Nakamura L. Intangibles: What Put the New in the New Economy? [J]. Business Review,1999:3 − 16.

[201] Next 10. 2012 California Green Innovation Index [R]. San Francisco, CA: Next 10, 2012

[202] OECD. Second Task Force on the Capitalization of Research and Development in National Accounts[R]. OECD Working Paper, 2012,No.STD/CSTAT/WPNA(2012)29.

[203] OECD. Towards Green Growth: Monitoring Progress: OECD Indicator[R].Paris:OECD,2011:17 − 37.

[204] Rauniyar G, Kanbur R. Inclusive Growth and Inclusive Development: A Review and Synthesis of Asian Development Bank Literature[J]. Journal of the Asia Pacific Economy, 2010, 15(4): 455 − 469.

[205] Ravn M O, Mazzenga E. International Business Cycles: The

Quantitative Role of Transportation Costs [J]. Journal of International Money and Finance,2004,23(4) 645 - 671.

[206] Roderick L. Discipline and Power in the Digital Age: The Case of the US Consumer Data Broker Industry[J]. Critical Sociology, 2014,40(5):729 - 746.

[207] Sebastian E. Openness,Productivity and Growth: What Do We Really Know[J]. Journal of Development Economics,1998(3): 383 - 398.

[208] Shironitta K. Global Structural Changes and Their Implication for Territorial CO_2 emissions[J]. Journal of Economic Structures, 2016,5(1):1 - 18.

[209] Sugden C.Is Growth in Asia and the Pacific Inclusive[J].Social Science Electronic Publishing,2013:28 - 30.

[210] Syuntyurenko O V, Gilyarevskii R S. Tasks of Information Support of Innovative Economic Development and the Role of Engineering[J].Scientific and Technical Information Processing, 2017,44(2):107 - 118.

[211] Tabellini G. Culture and Institutions: Economic Development in the Regions of Europe[J]. Journal of the European Economic Association,2010,8(4):677 - 716.

[212] UNEP. Measuring Progress Towards an Inclusive Green Economy [R]. Nairobi: UNEP,2012.

[213] Whajah J, Bokpin G A, Kuttu S. Government Size, Public Debt and Inclusive Growth in Africa[J]. Research in International Business and Finance,2019,49:225 - 240.

[214] World Economic Forum Annual Meeting: Will the Future Be Human? [EB/OL].https://www.weforum.org/events/world-economic-forum-annual-meeting-2018/sessions/will-the-future-be-human.

[215] Ye M J, Li G Z. Internet Big Data and Capital Markets: A Literature Review[J],Financial Innovation,2017,3(1):80 - 97.

[216] Zhou T, Jiang G H, Zhang R J, etal. Addressing the Rural in Situ Urbanization (RISU) in the Beijing-Tianjin-Hebei Region: Spatio-Temporal Pattern and Driving Mechanism [J]. Cities, 2018,75:50 - 58.

索　引